教師と学校のレジリエンス

子どもの学びを支えるチーム力

C・デー／Q・グー 著
小柳和喜雄／木原俊行 監訳

Resilient Teachers, Resilient Schools
Building and sustaining quality in testing times
Christopher Day, Qing Gu

北大路書房

**RESILIENT TEACHERS, RESILIENT SCHOOLS: Building and
Sustaining Quality in Testing Times**
by Christopher Day and Qing Gu
Copyright © 2014 by C. Day and Q. Gu
All Rights Reserved.
Authorised translation from English language edition published
by Routledge, a member of the Taylor & Francis Group.
Japanese translation published by arrangement with Taylor &
Francis Group through The English Agency (Japan) Ltd.

日本語版に寄せて

　我々は，この本が，小柳和喜雄教授や共訳者の手によって，日本語訳されたことを嬉しく思う。そして，研究者や政策立案者，校長，教師に情報を提供し，レジリエントである教師の資質能力の重要性について考える機会になることを期待している。もし児童生徒が，学習や学業達成に関して最善の機会を得る必要があるなら，文化や教育システムが何であれ，彼らは最善の教師によって教えられなければならない。しかし最善であるということは，教師の資格のレベルの高さや教職生活全般を通じて教師が真面目に働き続ければそれでよいというものではない。そこでは，必ずしも学びたいと望んでいない児童生徒たちを教え，避けがたい複雑な出来事に対応する能力が求められる。また新たな政策による要請や社会の期待の中で，それに向けてチャレンジしていく能力も求められる。これを行うには，教師たち自身が生涯学び続けるだけでなく，時に不安定になる環境下での授業に対しても，感情をコントロールし，そして知的にチャレンジし続けていくことができなくてはならない。

　我々は，これまで世界中の学校で教師と出会う機会を得てきた。そしてそこで，学校外からの説明責任の要請が高まるにつれ，ストレスやモラルの低下を感じている教師の報告を見てきた。また一方で，そうした困難に立ち向かい，成果を得ている教師や「ストレス」とうまくつきあっている多くの教師とも出会ってきた。多くの場合，そこには，教師自身の強さだけでなく，学校の同僚や管理職の支援的な文化があった。教師たちは，非公式，公式の専門的な学びや職能開発を行い，専門的な学習共同体や学校間のネットワークなどを構築していた。レジリエンスは，時として極端な逆境の中で何かに挑戦しなくてはいけない場面や，個人的また職業的に予想しづらい事情の中で何かをしなくてはならない場面に現れる。しかし，より目を向けなくてはならないことは，希望をもち続け，すべての児童生徒が最善の成果に至るために，ハードワークもいとわず，専門知識や情熱をもって行動する「日常のレジリエンス」である。この本を読むにつれ，あなたが自分の仕事に有益となることを見いだし，そこに新たな理解や専門的に関わり続けようとする意志をもつことを我々は望んでいる。

クリストファー・デー（英国ノッチンガム大学）
キン・グー（英国ノッチンガム大学）

教師と学校のレジリエンス

　本書は，教師たちの心理学的な特性や教職の特徴，職場の状況とリーダーによる支援との間に存在している，複雑でダイナミックな相互作用関係を明らかにしようとしている。それは，政策，職場，専門職としての立場や個人的環境の変化にもかかわらず，教職に留まっている教師が自身のキャリアにおいて成果を導き出し続けることを可能にしてくれる。

　教師のストレスやそのバーンアウトについては，長年にわたって多くの書物が刊行されてきた。しかし，挑戦を余儀なくされる改革に遭遇して，専門職としての人生を通じて教師がコミットメントやその有能さを保つことに関して何が本質的な諸条件となるかを報告するような研究は，ほとんど存在していなかった。そこで我々は，本書で，教育学研究，心理学研究，社会－文化研究，そして神経－科学研究を幅広く参照しながら，教師のレジリエンスについて，そのダイナミックな性質，形態，実践を論じている。その際には，多様な国々の初等及び中等教育の様々な学校に勤務する教師たちの生の声を拾い上げたり，また，教師の仕事や生活，彼らのアイデンティティに関する自らの研究知見を取り上げたりする。これらを通じて，教師のレジリエンスとは，極端な逆境から復活する力だけではなく，日常的にレジリエンスを発揮する資質であることを主張したい。そして，それによって，教師は，専門職としての人生に付随する，避けがたい不確かさに対して建設的に対応するために求められる，コミットメントと有能さを保ち続けられることを述べたい。

　教師のレジリエンスは，自然に備わっているとか，過去の経験に規定されているといった，個々人の属性や特性に単純に還元されるものではない。むしろ彼らが働きまた生活している，知的，社会的，組織的な環境によって育まれるものである。そうした考え方を，我々は論じ，また結論に位置づけている。本書『教師と学校のレジリエンス』の内容は，学校における教育の質やスタンダードを改善しようとしている，政策立案者，スクールリーダー，教師，養成機関や職能開発組織の関係者にとって，きわめて重要な関心事となるに違いなかろう。

クリストファー・デー（英国ノッチンガム大学教育学部教授）
キン・グー（英国ノッチンガム大学学校教育学部・
　　　学校とコミュニティ研究センター准教授）

我々は，本書を，環境を問わず，その職業を通じて，日常のレジリエンスの資質を磨いているすべての教師に捧げる。それは，彼らが教えている学習者に関する知識や教科に関する知識を培い，教室での実践にこれらの知識を応用し，生徒一人ひとりの学びやその学業達成に向けての改善に努めている教師に対してである。また何が助けとなり，何がその妨げとなるかを理解しようと追究している人々にも，この本を捧げたい。

日本語版に寄せて　*i*
教師と学校のレジリエンス　*iii*
献辞　*iv*
まえがき　*ix*
イントロダクション　*xiii*

Part 1　教師のレジリエンスの本質

1章　レジリエンスの本質 …学際的な研究の展望　2
- レジリエンス：理解を深める　3
- レジリエンスの本質　4
  1. 1つの心理学的な構成要素としてのレジリエンス　4
  2. レジリエンス：多次元的，社会的に構成された概念　6
- 教師のレジリエンス：関係的な概念　8
  関係的なレジリエンス　11
- 結論　14

2章　学校における優れた教授 …学習は，なぜレジリエンスを必要とするのか　18
- 「見える学習」　18
- 専門的資本を開拓する　21
- 仕事に関わるストレスとは何か　23
- 教師の欠勤と学校文化　24
- 教師の離職の影響　26
- 日常的なレジリエンス　27
- レジリエンスは，内的な性格や適性ではなく，条件によって変わる　28
- レジリエンスが問われる5つの問題　30
  1. 社会的問題の増加　30
  2. スクリーン文化　32
  3. 政治的圧力　33
  4. スタンダードとアカウンタビリティ　34
  5. 著しい成果主義の文化　38
- 結論　40

3章　ウェルビーイング，感情，そしてケアの重要性　42

- 教師のウェルビーイング　42
- 感情的エネルギー　47
- 感情的知性：ある批判　51
- 感情と健康　52
- 脳の感情的生活　53
- レジリエンスは回復の連続体：早いのか遅いのか？　56
- ウェルビーイングが直面する状況　56
- 学びに関する楽観主義：肯定的な個人的特質以上のもの　61
- 希望，レジリエンス，そして上手に教える資質　63
- ケアの蓄え：レジリエントな教師，レジリエントな児童生徒　66
- 結論　69

Part 2　教師のレジリエンスを形づくる…文脈の勘案

4章　職場におけるアイデンティティとコミットメント …職業的自己の役割　72

- アイデンティティとレジリエンス　72
- 専門職としてのアイデンティティを形成し成立させる際に対立する言説をとりまとめる　75
- アイデンティティ，コミットメント，レジリエンス：安定性と変化の問題　78
- 教職への使命感（The call to teach）　83
- 結論：自己効力感・感情・レジリエンス　86

5章　教師の成長，教師であり続けること，教師としての再生　91

- 専門職のライフフェーズ：特徴と軌跡　95
  1. 専門職のライフフェーズ 0-3 年：コミットメント〈支援，挑戦〉　96
  2. 専門職のライフフェーズ 4-7 年：教室におけるアイデンティティと効力感　97
  3. 専門職のライフフェーズ 8-15 年：役割やアイデンティティに関する変化に対応する〈緊張と移行〉　98
  4. 専門職のライフフェーズ 16-23 年：仕事 - 生活の緊張〈モチベーションやコミットメントへの挑戦〉　99
  5. 専門職のライフフェーズ 24-30 年：モチベーションを維持することへの挑戦　100
  6. 専門職のライフフェーズ 31 年以上：モチベーションの維持／減退，変化に対処する能力，退職を待望すること　101
- 不確実な未来：最初の 5 年間　102
- 「有望な教師」の仕事の状況の影響　107

- ● キャリア前期から中期の教師の内部と外部の生活の間の境界を検証する　109
- ● 熟練教師：適応，再生，屈強さ　111
- ● 留まる力と影響を与える力：都会の学校における教師　113
- ● 高い要求に応えなければならない学校で働く教師たち　116
- ◉ 結論　119

6章　レジリエンスを活性化する職場の諸要因　122

- ● 職場と自己効力感　125
- ● 管理職の影響　129
- ● 個人への投資　130
- ● 学習への投資　134
- ● 包括的な学習　135
- ● 専門的な学びと職能開発のメタファー　135
- ● レジリエンスのための能力形成　139
- ◉ 結論　144

Part 3　教師のレジリエンスで何が問題となるか

7章　レジリエントなリーダーと学校　148

- ● 成功と関連するレジリエンスの構え　152
  1. ヴァルネラビリティとリスク　152
  2. 学びに関する楽観主義　153
  3. 信頼あるリーダーシップ，リーダーへの信頼　154
  4. 期待（Hope）　157
- ● 道徳的目的意識　158
- ● 社会経済的に不利なコミュニティにある学校におけるレジリエンスへの挑戦　160
- ● 期待のタンク，タンクが枯れるとき　162
- ◉ 結論　167
  健康被害　167

8章　教職歴全体を通したコミットメントと有能さに関するレジリエンスの役割
　…現場から明らかになったこと　169

- ● 関係性，レジリエンス，効力感　170
  1. 教師たちとの関係的レジリエンス構築　171
  2. リーダーたちとの関係的レジリエンスの構築　176
  3. 生徒たちとの関係的レジリエンスの構築　180

もくじ

- 教師のレジリエンスを維持する挑戦：フィールドからの2つの物語　181
  1. 初任教師のポートレイト：学校の問題　181
  2. キャリア中期の教師のポートレイト：予想外にレジリエンスとコミットメントと有能さを維持している　184
- レジリエンスと関係的な有能さのつながり　187
- ● 結論　189

9章　耐え抜くことを超えて
　…変革期にあって教師のレジリエンスと質を維持するために　191

- 教師の定着率：質の問題　191
- 耐え抜くことを超えて：教師や学校の質を維持する　196
- メッセージ1：教えるためには，そして良い授業を積み重ねるには，「日常的レジリエンス」が必要となる　198
- メッセージ2：レジリエンスは，教師のアイデンティティ意識やコミットメントと密接している　199
- メッセージ3：レジリエンスは，教師としての道徳的目的意識と密接な関係にある　200
- メッセージ4：教師のレジリエンス形成プロセスは関係論的である　201
- メッセージ5：スクールリーダーシップを発揮する事項である　203
- メッセージ6：レジリエントな状態を維持することは，成功するスクールリーダーの重要な資質である　204
- メッセージ7：教師にレジリエンスは必要不可欠であるが，彼らが有能であるための唯一無二の条件ではない　205
- メッセージ8：レジリエンスを形成，維持する資質は，個々人の責任に留まらない　206

引用文献　209
用語解説　233
人名索引　237
事項索引　239
監訳者あとがき　243

まえがき

　おそらく「教師の質」が学校を決める鍵であるという考え方ほど，よく知られ，また流布している決まり文句はない。しかし，我々はそれをいかに定義しているだろうか？　それはいったい何を意味しているのだろうか？　それはどのようなことをいっているのだろうか？　教師たちは求められているあらゆる変化にさらされながら，いかにレジリエントになり，高い質を保てるのか？　『教師と学校のレジリエンス：子どもの学びを支えるチーム力（*Resilient Teachers, Resilient Schools: Building and sustaining quality in testing times*)』という本書は，レジリエンスの資質をもった教師とは何を意味しているのか，その複雑性と深さについて，多くの論議を通じて，このことに迫ろうとしている。

　国際的な研究や多くの実践に関する説明を引き合いに出しながら，Day and Gu は，個々の教師，教師間の関係（個人として，専門職業人として，その両方で），そして勤務している組織，の各関係について，その重要な論議へ我々を誘っている。我々は本書を読むにつれて，レジリエントな教師はどのようにしてその資質をもつ教師となったのか，その理解をしていくことになるだろう。

　まず，我々は，世界中の研究者たちがどのようにレジリエンスをとらえてきたか，それが何を意味するととらえてきたか，その経験的な知見を知ることになる。例えば，レジリエンスに関して次のようなことが言われてきた。

- 多くの教師は，不幸な出来事に肯定的に反応していくことを**学ぶ**
- 教師たちは，時をかけてレジリエントであるための方法を**学ぶ**
- 教師たちが職場で有能さを感じ，支援されるとき，レジリエンスは形づくられる

　レジリエントになるための資質は，人々が問題解決者になること学び，強い目的意識をもち，社会的に有能であることを感じるにつれて，現れてくる。しかしこのことは，我々が学んでいるように，環境によって影響を受ける個々人

まえがき

の状況に依存している。例えば，初任の教師として，私は6年生46人の生徒を担任した。その頃はちょうど現代数学が紹介され，読解（リーディング）に関する個別指導を重視する時代であった。私は，ロサンゼルスの郊外の新しく開発された Simi Valley という町の新しい学校に，新たに赴任した校長のもとで勤務していた。これは典型ではないかもしれないが，そこに勤務する我々は，精神的に安定し，充足感があった。なぜなら校長は，様々なことに気づき，頭脳明晰で，我々を支援してくれたからである。しかしそれと等しく重要なこととして，あげられることがある。それは，学校まで30マイルを運転し一緒に通勤してくれた同僚たちがいたことであった。私は最初の年に壁とぶつかった。しかし，その時，同僚，校長，そして家族によって支援された。そして私は，熱心な6学年のみんなと一緒に，自分自身が前に進んでいるのを感じた。社会的な環境が肯定的な影響を与えてくれたこと，そして，1年目の自分に，十分な自信を与えてくれた小さな積み重ねが，私を教師にしてくれた。

　生徒が結果を出すようにと求められるプレッシャ，外部から求められる説明責任に十分に応えること，増え続ける過剰労働が，教師のレジリエンスを働かせてきた。このことを，著書たちは指摘している。教えることには「日常的レジリエンス」（everyday resilience）が必要となる。しかし，このような教師に対する現在の要求が，教師自身の専門職としてのアイデンティティ意識にプレッシャを与え，しばしば学校文化の本質を変えていく。日常的レジリエンスは，なぜ教師が，最初，教師になろうとしたのか，その感覚を教師が失うにつれて減少していく。著者たちが述べているように，「外圧として迫ってくる仕事への要求，また社会からの要望的介入は，自己効力感，達成感，レジリエントであるための資質を形成することにつながるか，逆に，それを失わせていくようにも働く」からである。

　生徒と同じように，教師にも愛情を込めた対応が必要である。それを教師が学ぶ際に，非常に優れた事例は生み出される。教えることには要求も多いので，教師も配慮される必要がある。なぜなら生徒，そして彼らの学習は，教師の生活の中心にあるけれども，教師は，政策からの影響，職場の中での関係，自分自身の道徳的な目的や行為者としての意識から，大変影響を受けやすいからである。

まえがき

　教職に留まる教師は，厳しい状況を通じて何かを得ることを学ぶ。あるいはまた個人的に厳しい状況を引き受けない場合もある。一方，教職から去っていく教師は，他に新たに求められることへ挑戦しようとするが，それが彼らの専門的自己の意識を傷つけることになってしまう傾向もある。彼らは使命感をもって教育にあたる意識を失い，結局，教職一般からも離れていく。

　しかしながら教師は時が経つごとに変わっていく。このことについて，著者たちは，職場で教えることについて行った調査から，我々が感じていることを描き出している。もし学校の文化が支援的であり，専門的な学びが続くならば，教師たちが教職に留まる大きなチャンスとなる。しかし，もし支援的というよりはむしろ自己の意識に繰り返し攻撃が加えられ，変化する環境に対して教師がヴァルネラビリティを感じたならば，レジリエンスは減退し，教師は動機や有能さを失っていく。

　他の専門職同様に，教職でも，キャリアを積むと，職場でより多くの期待がかけられる。教師は，生徒や教科内容や学習について，自分の成長を通じて得られた知識を実践に活かすことが求められる。そのため職場の昇進が，また重要となることを，我々は知っている。

　学校の条件は，教師にとって重要である。教師は，同僚によって支えられ勇気づけられるとき，そして一緒に仕事をする中で，彼らは学び続けるのに必要なレジリエンスを得て，モチベーションを保ち，教師として，その仕事に満足感をもつ。

　またリーダーシップは，良い職場にとって重要な条件である。職場の雰囲気をつくり，そのコミュニティを励まし，個々の教師を活かしていくのは，まさに校長であることを，我々は知っている。仕事の充足感は，教師が感じるストレスをいくらかやわらげる。校長は，教師たちとつながることで，また協同的な文化を築いていくことで，その支援を行うことができる。このような学校の文化の中では，テストに向けて教えていくといった教育観にしばしば狭められていくような状況があっても，教師はより積極的になり，同僚と互いに信頼を築き，同僚との間に楽観主義を生み出していく。

　著者たちは，教職におけるレジリエンスのために，なぜ我々はそれに取り組む必要があるのか，素晴らしい事例を示してくれている。それは，単にそうす

まえがき

ることが重要であるというだけでなく，質の高い教師になるように支援していくことと大いに関わるからである。調査と実践事例の紹介を通じて，著者たちは，効果的に教えることへ教師がコミットメントを維持し，専門職としてのアイデンティティを築いていくことを支援し，質の高い教育力を形づくっていく，レジリエンスと関わる本質的な事例を示してくれている。このことは，まさに変動する社会の困難に対処するために必要なことなのである。

アン・リーバーマン
（スタンフォード大学，専任研究員／原書のシリーズエディター）

イントロダクション

　我々は，世界のすべての国のすべての学校にいる，すべての生徒たちの学習権を考えることから，本書を書き始めている。人は，そのモチベーションや既にもっている知識や能力にかかわらず，教育の機会の提供を受ける権利がある。そしてそれだけでなく，生徒は，カリキュラムに精通し教育方法にも熟達している教師，生徒の学びやその達成に導くことにコミットメント（commitment）★〈以下，文中の★印は巻末に用語解説を付す用語である〉し続け，そのことに一貫して取り組む教師，そして自分自身の学びにも明らかに情熱をもって取り組んでいる教師によって教えられる権利ももつ，と我々は考えている。ある意味でこれらは，生徒の個人的・社会的・知的発達を促す学習へと彼らをエンゲージメント（engagement）★させる，あらゆる教師の中心的課題に関わる自明の真理なのである。しかしながら，また別の意味で，このような願望は，30年を越える教師キャリアの中で，一貫してそれを行うことは必ずしも容易ではないことを意味している。

　生徒たちは最善の教育を受ける権利を有するだけではない。生徒たちは，彼らを効果的に導く教師によって教えられる権利も有している。スクールリーダー，特に校長は，変化しつつある社会や政策を切り抜けながら，自分の学校をうまくかじ取りする役割を果たしている。つまり，教授学習に対して，最適な条件，構造，文化を提供すること。そして日々の教師の専門的な生活に本来備わっている避けることができない不確かさに積極的に対応していくこと。また，これらを通じて，子どもや青年の学びや学業の達成，そして人生の機会に重要となることの支援，教師のコミットメント，ウェルビーイング（well-being）★，有能さ（effectiveness）★を持続させていくこと，によってである。最善を尽くして教え続けられるように支援し，それを可能にするもの，またそうすることを教師に持続させるものは，これらとともに個人，職場，そして社会－文化的また政策的環境の間にある微妙でダイナミックな相互作用なのである。成果を上げている学校の生徒たちが，我々に次のように語っていた。教師や校長はお金のためにそこにいるのではない。彼らは，「我々をケアする」ためにそこに

イントロダクション

いるのだと。つまり，これらの学校をレジリエントな学校，また効果のある学校にするのは，強いリーダーシップ，そして個人的ばかりでなく集合的な道徳的目的意識，さらにケアの倫理なのである。

しかし社会と多くの家族をつなぐことが，学校の外側で弱まり始めている。そして学校の中では，多くの生徒の幻滅や疎外感，学習が雑用となっていること，教えることが「単なる仕事」となった学校内の疲れた教師の姿が報告され続けている。

教師の仕事や教師の生活に関する研究が報じているところによれば，多くの国で驚くほど共通に，教師の士気の低下，ストレスや常時出勤主義(presenteeism)★の上昇，また極端な形として，バーンアウトが現れている。そのため「教師の精神的消耗」「ストレス」をテーマにする教育研究の文献が多く増え続け，教師の士気やウェルビーイングを国内で，また国際的に調査することが定期的に行われている。これらの調査によれば，生徒の到達度に関する教師の離職・休職率がもたらす連鎖反応は，これらが高い傾向にある厳しい貧困状態にあるコミュニティでとりわけ問題となってきた。それゆえ，政策立案者や教員組合は，教師を雇用し続けるだけではなく，教師のコミットメントや質にもしだいに問題意識を抱くようになってきたのである。

教師の離職を防ぐ政策は，教職に就いて早々の時期を対象に優先して進められてきた。これはその時期に最も離職が起こっていたと思われてきたからである。しかし，英国，アメリカ，その他の多くの国における教師の年齢プロファイルは，教職経験20年以上のものに偏っている。その中で，彼らは，連続かつ一貫した政策改革やカリキュラム改革また学校規模の改革に応じることが期待されている状況下にある。それゆえ，21世紀において最善を尽くして教えていく要求に応えられるためには，既に多数いる経験豊かな教師のレジリエンスが維持されたり，刷新されたりするあり方を緊急に調査する必要がある。

教師の仕事は，多くの国の政策の関心事として，準備や過程よりもその結果に目を向けるという試練の時代の中で実行されている（OECD, 2012a）。OECDの国際到達度調査（PISA）★は，多くの国々の教育改善とスタンダード★に関する国家的政策に予想できないほどの影響を及ぼしてきた。「優れた上海」や世界をリードするシステムを上回ること（Tucker, 2011）への国際的な関心

の高まりは，国内的また国際的に，そのスタンダード，遂行性，アカウンタビリティを強調することにつながってきた。多くの国々の多くの学校にとって，このことは彼らの教育の価値や実践が，とくに生徒の成長や学業達成と関わって，今やますます衆目の監視下にあることを意味している。同時に，多くの国々で人々の移動が広がることで学校の地域コミュニティの構成はより多様化してきている（OECD, 2010）。この変化が生徒集団にも広がるにつれて，コミュニティ，他の学校，そして他の公共サービスを支援するために，学校が期待される社会的責任はますます明確になってきている（OECD, 2008）。多くの国々では，学校が，経済的な管理運営や質のコントロールの機能について，脱中心化することが期待されている（Ball, 2000, 2003; Baker and LeTendre, 2005; OECD, 2008, 2010）。このように，試練の時代で成功するために，教師，学校，スクールリーダーは，ポジティブ思考，外界に目を向けること，楽観主義であること，希望をもつこと，とりわけレジリエントであることが求められている。

　本書は，教師と学校が，紆余曲折を通じて，その情熱やコミットメントの質を維持できるとはどういうことか，何がそうすることから彼らを妨げているのかを調べようとしている。つまり，国際的な調査結果を描きながら，またある範囲の学校を対象に，専門職としてのその生活を異なるライフフェーズで区切り，各々で実践している教師から聞き取った豊かな説明を用いながらである。そして，教師のモチベーションやレジリエンスの発揮に影響を与える，複合的，個人的，関係的，そして組織的な条件や相互作用を調べようとしている。我々は，このことが挑戦となるにしても，生徒にとって有益となる学習をあらゆる生徒に届け，エンゲージメントさせていくことに最善を尽くしている**教師たちの希望と努力が持続していくこと**に目を向け，それをレジリエンスと関連づけようとしている。我々がそうするのは，レジリエンスが単に個人のもつ特性ではなく，開発されるものであること，つまり個々の子ども時代の経験を通じてのみ培われるものではないと理解しているからである。もちろん個人のレジリエンスが発揮されるのは，その時々の時代や環境が異なる中で変化する。そして個人は様々なやり方でこれに折り合いをつけていくだろう。しかしながら，レジリエントである資質は，ほとんどの場合，キャリアの経過にそって変動するのは確かである。個々の教師がそのレジリエントである資質を磨く度合いは，

イントロダクション

その個人の歩みや動機やコミットメントの内的意識だけで決まるものではなく，学校の環境，同僚，スクールリーダーのリーダーシップの質からも影響を受ける。それゆえ，我々は，レジリエンスに関する我々の調査を，教師の労働や生活が埋め込まれている**政策的，社会的，文化的，知的環境**の中で行おうとしている。

　本書は，レジリエンスについて，教育や他の学問領域で鍵となる調査結果を総合的に扱っている。ポジティブ心理学や神経科学の最近の進展は，例えば，ストレス，精神的な消耗，常時出勤主義といった問題に対して，レジリエンスを必要とするものとして，教育研究者が再概念化することを可能とする重要な貢献を果たしてきた。彼らは，レジリエンスが固定した心理的特徴ではなく，社会－文化的な諸要因によって影響を受けるダイナミックな資質であること，レジリエントである資質はこれらによって成長もすれば侵食もされることを見いだしてきた。そして「教師がその仕事でもたらす質は，より良い授業実践を保障するのにいつも十分とは限らない」(Kennedy, 2010: 591) という点に目を向けるようになった。この Kennedy の指摘と同様に，我々は，そこで考えるのは教師という人物だけでなく，教室で彼らが行っていることでもあると考えている。そのため，**教師の質と授業の質**を区別している。本書の各章では，著者やその同僚が取り組んできた実証的な研究成果を取り上げ，異なる教職の局面（フェーズ）や異なる学校において，教師とスクールリーダーが，レジリエンスを保ち続けることを可能にする，様々なシナリオや奮闘の場について豊かな説明を提供している。

　我々は本書の中で，レジリエントである教師が日常を基盤として単に生き残る以上のことをしているのを論じようとしている。30年あるいはそれ以上の教職経験を通じて最善を尽くして教えるには，教室環境に内在して求められる**日常的レジリエンス**と我々が呼ぶものを，教師が発揮していくことが求められている。この意味でレジリエンスは，逆境から立ち直ってくる意思や力以上のものであるといえる。我々が知る限り，本書は，教師自身のレジリエンスの性質，それがどのように文脈の中で培われるか，それが学校の質や基準の改善でなぜ問題となるのか，について，研究と実践に裏づけられた新しい知識の包括的な概要を提供できる最初の種類に属するものとなるだろう。おそらく自己効

イントロダクション

力感，ウェルビーイング，コミットメント，感情的エネルギー，レジリエンス，そして教授学習のスタンダードは，互いに相互関連がある。しかしそれにもかかわらず，なぜ教えることが，ある教師にとっては情熱的な天職（calling）となり，他の教師にとっては単なる仕事となるのかを理解しようとした実証的研究はほとんどされていない。また職場の文脈と同様に個人の構えがどのように，教師のレジリエンスの軌道に影響を与えているか，それに焦点化した経験的研究はほとんどなかった。

　本書は，しばしば予想に反する持続的な政策的な改革や変化する教授学習の文脈に挑戦し，それを乗り越えていくスクールリーダーのためのものである。そして勇気をもって，生徒の学業達成や成功に向けてその資質を伸ばしていく組織的また関係的な条件をつくる教師，それらを築くスクールリーダーについてのものでもある。本書の内容が，教師の質やコミットメントを引き出し，伸ばし，維持する諸問題だけでなく，変化する個人的，専門的，学校的，社会的そして政策的文脈の中で，キャリアを通じて教師が最善を尽くして教えることができ，それを励ます様々な種類の条件を構築するための知識に基づき，生産的なアプローチを提供できることが，我々の望みである。ストレスへ焦点化し続けるよりも，学校，教師自身，政策組織が教師のレジリエントである資質を形成するために何をすることができるかを理解しようとすべきであると考えている。その結果，授業はうまく導かれ運用される。そして，知的に高く，コミットメントする，熱心な教師によって教えられる生徒の権利が確保されるのである。

Part 1

教師のレジリエンスの本質

Part 1　教師のレジリエンスの本質

1章

レジリエンスの本質
… 学際的な研究の展望

　本章において，我々は教師のレジリエンスの本質の新たな理解に向けての道筋を描くために，確かな情報に基づく様々な研究を報告したい。ここでは，心理学，ポジティブ心理学，神経科学，ビジネス・組織研究や他の研究領域の進歩によって，心理的・社会文化的現象としての職場におけるレジリエンスに関する我々の議論への重要な概念的基盤が提示されるだろう。それは，相互関係の社会システムの中にあるダイナミックなプロセスとして最も良く理解されるものである。そして教育における最近の研究は，教師のレジリエンスのダイナミックで関係論的な性質を，新たなニュアンスで再概念化することに大きく貢献している。本章は，逆境にある教師の再生の資質，そして我々が「日常的レジリエンス」と呼んでいる教師の資質が，個人的，関係的，組織的な状況の中で，心理的，感情的，行動的，認知的（学術的あるいは専門的）働きに影響を受けたり，関連づけられたりすることを示していく。それゆえ，レジリエンスは，内的な，固定した資質ではなく，教師が働き生活している社会，文化，知的な状況によって形づくられ，培われていくとみなしている。本章は，またレジリエンスがわずかな**ヒーロー的な教師**によって約束される質のものではないことも示していく。むしろ，レジリエンスは，日常生活をベースとして，また専門的な職業生活にわたって，子どもの学習やその達成に役立つために，並々ならぬコミットメントをし続ける多くの普通の教師に形づくられてくるものなのである。

● レジリエンス：理解を深める

　我々の分析は，教師がそのレジリエンスを自己報告している内容を用いて進めている。しかし，他の学問体系の中でいわれているレジリエンスの本質について理解を深めることは重要である。それらの研究は，レジリエンス自体が，不安定に構成されていること（Rutter, 1990; Cicchetti, 1993; Masten et al., 1999），そしてレジリエンスが，ある個人的，関係的，組織的な場の中で，心理的，行動的，認知的な（学術的あるいは専門的にも）規則性と同様に，その感情的な規則性（Greenberg, 2006; Luthar and Brown, 2007）と関わっていることを一般的に示している。

　レジリエンスの概念は，精神医学や発達心理学の学問領域に由来するものである。否定的な生活の結果にさらされた状況にあると分類されてきたにもかかわらず，積極的に状況に適応しうまくやっていくことができる子どもたちの，その個人的な特徴や特色へと急速に注意が向けられるようになった（Howard et al., 1999; Waller, 2001）。年代順で見れば，1980年代の10年間は，逆境の中で，その適応過程と関わって，痛み，闘争，被害の理解に焦点化し，肯定的な特質や強さにより目を向ける，レジリエンスの概念にパラダイム転換がもたらされた（Gore and Eckenrode, 1994; Henderson and Milstein, 2003）。過去20年から見れば，社会科学や行動科学の学問領域におけるレジリエンスの焦点は，個人の特性や保護要因を同定することから根本的な保護過程（例：そのような要因が肯定的な結果へいかに貢献するか）の探究へと発展してきた（Luthar et al., 2000）。しかしながら，このような関心事の変化にもかかわらず，Howard et al.（1999）とLuthar et al.（2000）は，レジリエンスのための理論的基礎がほとんどの研究で見過ごされていることを指摘していた。そして，もしこのような状況が続くなら，レジリエンスの研究領域にとっては，大きな痛手となることを主張し続けてきた。一方，生物学研究での革新的な進歩によって，早期の養育環境の確かな影響に関してさらに説得力のある根拠が示されてきている。そこでは，子どもの生活の軌跡を改善するようなある種の介入に関して期待が持てると注目を浴び，議論がなされるようになってきた（Luthar and Brown, 2007; Curtis and Cicchetti, 2003も参照; Cicchetti and Valentino, 2006）。

Part 1　教師のレジリエンスの本質

　レジリエンス研究のアプローチが多様であるにもかかわらず，長年の様々な学問領域から得られた実証的知見を批判的に概観すると，そこに共有される中心的な考え方が存在することが明らかになった。まずいえることは，レジリエンスに関する以前の研究の多くは，現状に対する脅威の存在や，意味ある不運な条件に対して肯定的な応答をすることを前提としていた点である（Masten and Garmezy, 1985; Masten et al., 1999; Cicchetti and Garmezy, 1993; Luthar et al., 2000）。次に，レジリエンスは，内面的，固定的なものではないことが提案されている点である。むしろ，それは，学ばれ獲得されるものであるという点である（Higgins, 1994）。これと関連して，3つ目は，個人が働き生活する社会的環境に及ぼす個人的性格や能力，そして肯定的な影響が，レジリエンス形成の過程に貢献するために，独立的に，またときに相互作用している点である（Gordon et al., 2000; Rutter, 2006; Zucker, 2006）。Luthar et al. によれば,「レジリエンス」という言葉は,「意味ある不運の文脈の中で肯定的な適応」をもたらす，ダイナミックな「コンピテンシー（competency）[*]の過程や現象」を参照するとき，常に用いられるべきだと主張している（Luthar et al., 2000: 554）。

● レジリエンスの本質

1．1つの心理学的な構成要素としてのレジリエンス

　Fredrickson のポジティブな感情についての「拡張 - 形成理論」（2001, 2004）は，有益な心理学的，概念的な枠組みを提供してくれている。彼女は，肯定的な感情の集合体—楽しみ，興味，安らぎ，愛—が新しい行動や社会的な結びつきの発見を促し，個々人のリソースを形成することにつながることを明らかにしている（Fredrcikson, 2004）。このような人的なリソースは，身体的，知的リソースから社会的，心理学的なリソースに至るまで，課題に対してうまく対処し生き残る見込みを高めるために後に引き出される備えとして機能している（Fredrickson, 2004: 1367）。他の言葉で言えば，ポジティブな感情は，心理学的なレジリエンスを奮い立たせる。

このように，ポジティブな感情はレジリエンスに関する個人の違いを明確にさせるかもしれないことを，これらの研究結果は示している。「拡張－形成理論」は，心理学的なレジリエンスが，何かに耐える1つの人的リソースであることに目を向けている。そして，ポジティブな感情の経験が，単に振り返りのために注目されるのでなく，それがしだいに心理学的なレジリエンスを形づくるようになることを，大胆に予測している。つまり，肯定的な感情によって注意や認知の範囲を広げるほど，柔軟で創造的な思考が可能となるので，人々は永続的な対処リソースを拡張するというものである（Isen, 1990; Aspinwall, 1998, 2001; Fredrickson and Joiner, 2002）。

(Fredrickson, 2004: 1372)

　最も重要なのは，彼女が，「その獲得を導く一時の感情状態よりも，ポジティブな感情の状態の間に高められた個人のリソースは，持続的になる」そして「ポジティブな感情の経験を通じて，より創造的に，知的に，レジリエントに，社会的に統合された健康な個々人となることで，人々は自分自身を変容させる」と述べていることである（2004: 1369）。

　Fredricksonのポジティブな感情の「拡張－形成理論」は，心理学的な展望から，その性質上，単に知的だけでなく感情的でもある仕事をしている教師を理解し，また教師のレジリエントの本質を理解し，概念的な基礎を提供するうえで，重要な貢献を示している。そのことは，教えるという性質から言えば，ある範囲の教育の研究者の仕事とも関わっているといえる（Palmer, 1998; Nias, 1989, 1999; Fried, 2001）。Hargreaves（1998: 835）は，例えば，感情が教えることの中心にあることとして，次のように述べている。

　うまく教えることは，ポジティブな感情に起因する。それは，ある教科についての知識をもっていること，有能であること，適切なコンピテンシーをもっていること，そして正しいスキルをすべて学んでいること，という問題ではない。よき教師は，単に問題なく機能している機械ではない。教師は，生徒とつながる感情的で情熱的な存在であり，喜びや創造性，挑戦心や楽しみをもってその仕事や授業を行う存在である。

アメリカの高校教師についての研究の中で、Nieto は、教師を専門職として保っているのは、「感情的なもの」であることを見いだしている（Nieto, 2003: 122）。彼女は、教えることを、愛、怒り、憂鬱、希望、そして可能性と関わる1つの知的な努力として説明している。Nieto（2003）は、教えることに関する現在の文脈の中で、学習共同体（learning community）が、教師を前に進める重要な原動力になるものと論じている（我々は6章でこのテーマを発展させる）。「実践の共同体（community of practice）」で学びを追究する中で（Wenger, 1998）、教師は、帰属意識と共有された責任意識を強化し、士気や効力感の認識を高め、レジリエントの質を発展させ、社会的そして専門的に成長し活躍していく。より重要なのは、そのレジリエントの質が単にその肯定的な発達の進展に役立つのではないことである。それらは、否定的な影響や制約と相互作用しながら、教師の専門的な特質とともに発展していく。イングランドの初等、中等学校の教師の生活、仕事、効力感に関して様々に調べた大規模な研究（Day et al., 2007a）によれば、生徒の伸びや成長は、絶えず教師の仕事の満足度やモチベーションによって影響を受ける。また、失望や逆境から回復したり、専門職へのコミットメントを維持したりする資質、そしてこれによってもたらされる効力感に変化を与える多くの要因によって肯定的にも否定的にも影響を受けていたことも明らかとなっている。

2. レジリエンス：多次元的、社会的に構成された概念

心理学の中で詳細化されたレジリエンスの概念は、レジリエントな人々の、内的な諸要因と特性といった個人の性格を明確にすることに貢献した。一方で、個々人の仕事や生活といった社会的、文化的文脈を説明するレジリエンスの概念は、レジリエンスを多次元的なものとしてみなす1つの見方を推し進めた。そして、それは、内的関係をもつ社会システムの1つのダイナミックな見方として、最もうまく理解されるにいたっている（Walsh, 1998; また、Richardson et al., 1990; Benard, 1991, 1995; Gordon, 1995; Luthar et al., 2000; Henderson and Milstein, 2003）。

このように、レジリエンスの資質に関して言えば、生物学的に、あるいは

早期の生活経験に基づいて生まれるが，レジリエンスを通じて，社会的能力，問題解決スキル，批判的意識，自律性，目的をもつ感覚を発展させることができる (Benard, 1995: 1)。しかしながら，異なる否定的な環境下でのレジリエンスは，これらが人的要因あるいは専門的要因とつながっていようがいまいが，我々が働いている状況の性質，我々が一緒に働いている人々，我々の信念や向上心の強さによって高められたり，抑制されたりする (Benard, 1991; Luthar, 1996; Henderson and Milstein, 2003; Oswald et al., 2003, Day et al., 2006)。

Luthar (1996) は，エゴ・レジリエンスとレジリエンスを区別している。それは，レジリエンスのダイナミックで多次元的な性質に目を向けてそのように呼ばれている。彼女によれば，前者は個人の固有な人としての性格であり，実際に不安な出来事にさらされることを前提としてはいない。一方，後者は，ダイナミックな発達過程であり，意味ある否定的な諸条件にさらされることを前提としている (Luthar et al., 2000 も参照)。この区別は，レジリエントの本質が学ばれ獲得されるものであることを意味している (Higgins, 1994)。そして，後者は，例えば，良く配慮された教育的なセッティング，高い期待，積極さを引き出す学習環境，強い社会的コミュニティ，支援的な仲間関係といった，適切で実践的な保護要因を提供することを通じて獲得されるという (Glasser, 1965; Rutter et al., 1979; Werner and Smith, 1988; Benard, 1991, 1995; Wang, 1997; Pence, 1998; Johnson et al., 1999; Oswald et al., 2003)。このような区別と一致する形で，Masten (1994) は，個々人の特性を誤って含意する「レジリエンス」の用い方に警告を発している。そして「レジリエンス」が，厳しい生活の状況下で，ポジティブな適応を維持することに目を向けられるべきであり，そこで用いられることを，推奨している (Luthar et al., 2000: 546)。

このようにレジリエンスが，関係的で，多次元的で，発達的に構成されるものであることを認める，良く考察された研究の1つの姿がここにある (Rutter, 1990; Howard et al., 1999; Luthar et al., 2000)。それは，個々人の事情，状況，環境によって影響を受ける1つの現象であり，内的な特性やある単独の要求といった，個人的な事象として着目するよりも，より複合的な構成要素と関わる現象への着目といえる。それは静止した状態ではなく，すべての個人が—レジ

リエンスがあろうがなかろうが——，ある調整された領域の中で，時がたつごとに，変動することを示している（Luthar et al., 2000: 551）。このことは，その仕事や生活の範囲全般にわたって，成人のレジリエンスを理解していくうえで，特に適切な見方と考えられる。

● 教師のレジリエンス：関係的な概念

　レジリエンスの理解を進めていくと，歴史的に言えば，それは既に述べてきたように，まず子どもの研究から始められてきた。そのため，レジリエンスに関する成人の研究はまだ発展途上にある。しかし，その成人のレジリエンスの研究でも，子どものそれと同様に，単に個人の属性に関係づけられるものでないことが，現れつつある研究結果の中で再確認されてきている（Luthar and Brown, 2007）。むしろ，それは各文脈に応じて多次元的な要因によって提供を受ける「社会的に構成される」（Ungar, 2004: 342）ものと理解されている（Ungar, 2004）。Neenan（2009）は，レジリエンスに対する認知‐行動的アプローチに関する彼の研究の中で，レジリエンスが「普通でないわずかな人」のために約束された特質ではないことを述べている。つまり，それは「普通の多くの人々」によって学ばれ獲得されていく（Neenan, 2009: 7）。彼は，日常生活の移り変わりの中で，認知的，行動的，感情的に応答することで構成されるレジリエンスを強調する「ルーチン（日課的）レジリエンス」という概念によって主張している。「自動的な復元や成長の能動的な過程」（Higgins, 1994: 1）を通じて，それは個々人をその目的に向けて前に進めることを可能とする。そして彼らにとって重要なものと知覚されたことを「ゆっくりためらいながらではあるが」，追求することを可能とする（Neenan, 2009: 17）。そのため，彼は，「態度（意味づけ）がレジリエンスの中心にある」ことを論じている。

　様々な学問の中でレジリエンスの研究を調べてみると（Gu and Day, 2007, 2013; Gu and Li, 2013; Gu, 2014），教師のレジリエンスには3つの異なる性格があることが見いだされた。

1. 1つ目は，**文脈固有性**である（Beltman et al., 2011: 190; Mansfield et al.,

2012 も参照)。これは，教師のレジリエンスの質を見る場合，より近接した個々の学校や教室の文脈だけでなく，より幅広い専門的な仕事の文脈を見ることで，それを最も良く理解できるというものである。学習や発達に対する学校内のマネジメントによる支援，リーダーシップの信頼性，保護者や子どもからの肯定的な声のフィードバックは，教師のモチベーションとレジリエンスに，鍵となる肯定的な影響を与える。このことを示す教育文献の中に，豊富な研究結果が見いだされる（例えば，Huberman, 1993; Webb et al., 2004; Brunetti, 2006; Leithwood et al., 2006a; Day et al., 2007; Castro et al., 2010; Meister and Ahrens, 2011)。成功している学校の校長が，マクロレベルに相当する政策の文脈とメゾレベルに相当する学校の外側の文脈からくる否定的な影響をどのように調停しているか。これを通じて学習や発達に向けて教師の資質をどのように育てているか。またこのような創造的で肯定的な学校文化をどのようにつくっているか。これらに関する経験的な研究結果は，レジリエンスを考えるうえで，有効なものとして見なされる（Leithwood et al., 2006a; Day and Leithwood, 2007; Gu et al., 2008; Robinson et al., 2009; Leithwood et al., 2010; Sammons et al., 2011; Gu and Johansson, 2013。特に勤めて間もないとき，学校の力強いリーダーシップを知り，その支援を受けると，学校のコミュニティの中で社会化が促され，専門性自体の感覚を豊かにし，学校の中また専門集団の中で，そのモチベーション，コミットメント，肯定的な足跡を持続する中心的な役割を果たすことが，イングランドのVITAE研究*（Day et al., 2006, 2007a) の中で見いだされた（Day and Gu, 2010)。その調査は，4年という期間に100の初等学校と中等学校に勤務する教師300人を対象に行われた。教職生活を異なる局面に分けて，その仕事と生活の様々な姿を調べたものであった。その経歴研究によれば，一人の教師として，専門的なアイデンティティ*を開発しつつあった，多くの初任教師にとって，学校が，その知覚をしばしば形づくってきたことが見いだされた。その研究は，教えることの現実がどのようなものであるか，そしてまた専門集団の中でのその歩みが，「容易」であったか，あるいは「痛みを伴う」始まりであったかということを，明らかにしていた。

2. 2つ目は、**役割固有性**である。これは、教師のレジリエンスが、職業的コミットメントの強さや確信と密接な関わりをもっているというものである。これは、教えたり、ある活動へコミットメントすること、つまり内側から働きかけられる天職と関わるものである。このことは、教えるという仕事を、多くの他の仕事や職業から区別するものである（Hansen, 1995）。アメリカの都市部の高等学校で勤務している教師に関する研究の中で、Brunetti（2006）は、挑戦的な状況や何度も繰り返す後退にもかかわらず、教えることや教える実践にそのコミットメントを保つ1つの特質として、教師のレジリエンスを定義した（2006: 813）。道徳的目的や倫理的価値観は、その職業歴を通じて教師をレジリエントにする、重要な知的、感情的、精神的な強さを提供することが見いだされている（Day, 2004; OECD, 2005b; Palmer, 2007; Gu and Day, 2013）。また他の研究は、子どもが学習成果を出すことを効果的に支援できる力をもっているかどうかに関する教師の自己効力感、それに対する信念が、教師のレジリエントな性質に大きな影響を及ぼすことを明らかにしてきた（Kitching et al., 2009; Morgan et al., 2010; Hong, 2012）。この意味で、レジリエントな教師とは、専門集団の中で単に生き残る教師を意味しているのではない。なぜならある文脈で内的均衡を保ちながら、単に困難な感情的経験を通じて得られる以上のことをしているからである（Higgins, 1994: 1; Gu and Li, 2013 も参照）。むしろ教師たちは、個人的、専門的に意味ある目的を追究しながら、そこに自らの成長や遂行する能力をつくり出している。教師や教えることに関する研究が我々に述べているように、「生活というある編み物の中に、自分、教科、生徒たちを参加させ」、その「知、感情、精神」を**心（hearts）**の中につないでいるのである（Palmer, 2007: 11）。

3. 3つ目は、レジリエントであることは、困難からすぐに効率的に**立ち直ること以上のこと**を意味している点である。このことを、我々は教師たちから学んできた。多くの教師の日常の仕事や生活を特徴づけているルーチン的なプレッシャや避けることができない不確かさに加えて（このため「日常的レジリエンス」が必要）、教師は、その専門的な生活の局面で、固有

に接する挑戦的な事項に遭遇する。Gu and Li による北京の 568 人の初等と中等学校の教師たちを対象にした経験的な研究（の結果）によれば，例えば，次のことが示されている。職業生活や個人の生活の各局面で教師が挑戦するシナリオは本来異なる。しかしながら，彼らを動かすのに求められる身体的，感情的，知的エネルギーの強さは，大変似ているかもしれないということである（Gu and Li, 2013）。このことは，レジリエントな教師の能力が何であるかを明らかにしている。

　それは，まず，かなり高度なトラウマ的な経験や出来事から「立ち直り」，復活してくる力と関わるものというよりも，むしろ，教えている日常世界で均衡を保ちながら，コミットメントし，行為しようとする感覚と密接な関わりをもっている。　　　　　　　　　　　　　　　　　（Gu and Day, 2013: 26）

関係的なレジリエンス

　教師の世界は様々な役割関係で構成されている。「生徒とともにある教師，他の教師とともにある教師，保護者や管理職とともにある教師」（Bryk and Schneider, 2002: 20）。そこには，学校という社会的組織―様々な関係者（ステークホルダー）間の支援的で信頼のある同僚的な関係―が，教師の集団的な力，コミットメント，有能さを促進する。このことを述べる教育研究が，一貫した研究結果を提供している（Bryk and Schneider, 2002; Tschannen-Moran and Barr, 2004; Sammons et al., 2007; Day and Gu, 2010 ）。しかしこの関係的なレジリエンスが，どのように教師に影響を及ぼすか，十分に調べられてこなかった。

　神経科学や心理学からの経験的な研究の知見は，逆境や日常の状況の中で，レジリエンスが形づくられ発展させられていく，その関係を前面に出している。社会的な脳に関する神経科学者の発見は，「我々がつながることへ結びつけられている」（Goleman, 2006: 4）ことを述べていた。そして，日常の仕事や生活の中で，ポジティブなアイデンティティ，ウェルビーイング，有能さを維持する質の良い関係が重要であるという理解に対して，生物学の基礎を提供してくれた。Goodwin（2005）は，心理学的な見通しから説明をしながら，「緊

密な関係が，変化しつつある世界の不確かさを取り扱う人々を支援し，それが重要な『社会的結束力』として機能する」ことを主張している（2005: 615／Edwards, 2007: 8 において引用）。ポジティブ心理学の中では，関係を考えることの重要性やレジリエンスへのその貢献に関心が向けられている（Masten, 2001; Gorman, 2005; Luthans et al., 2007）。Luthar（2006）も，「レジリエンスが基本的に諸関係を組み直す」ことを論じている（2006: 780）。

> 関係的性質は，レジリエンスのルーツにある。日常の関係性が，継続的な虐待，怨恨，そして不安定な状況を反映しているとき，このことは，個人の属性と同様に，レジリエンスを深く脅かす。逆に，支援，愛，安定した関係があるとき，人の属性を伴う内的な強さ（自己効力感，肯定的な感情，感情の調整）に働きかけることで，部分的にレジリエンスを強くしていく。
>
> (Luthar and Brown, 2007: 947)

しかし，レジリエンスについての心理学研究に目を向けると，そこでは，発達について「個人（separate self）」モデルから離れる動きはゆっくりだった（Jordan, 2004）。つまり，レジリエンスが，個人の中に大きく存在するということをほのめかし続ける傾向があった（Luthar and Brown, 2007）。関係性は，個々人の属性，ウェルビーイング，自己効力感，レジリエントな性質に実際に影響を与える，外側にある「所与」の財産やリソースそして要因とみなされた。(Engh et al., 2006; Luthar, 2006; Taylor, 2007)。関係性の有益性を強調する視点は，このように支援の必要な個人に向けられていた。そして調査の関心は，「別の個人やグループから支援を求める個人を見るといった1つの方向性」に狭められる傾向があった（Jordan, 1992: 1）。しかし，このようなアプローチの根底にある問題は，個々の行為者の役割，また他の人との関わりの中で安全，信頼，耐性をもちながら，そのつながりを維持し，また再びつながりをつくる能力の役割を十分に説明するのに失敗していることである。

レジリエンスの「これまでの（伝統的な）」定義と対比して，Jordan（1992, 2004, 2006, 2012）は「レジリエンスは1つの関係の力動性とみなされるべきである」（1992: 1）という関係的なレジリエンスのモデルを提案してきた。彼女

は，レジリエンスは個人の中にあるのではなく，つながりの力の中にあることを論じている（2012: 73）。成長のためのつながりの重要性を否定する，致命的な文化システムは，次の2つの点で有害となる。つまり，一方でそのシステムは，苦悩の中にあって他者への要求を認めず，また他者を支援することも制限してしまう（Jordan, 2010）。他方で，それは支援的に関係を構築しようとするレジリエンスを形づくる我々の資質に異議を唱えてくる（Jordan, 2012: 74）。Jordan（2012）は，神経科学研究の最近の発見を引きながら，非連結 – 連結という自然な流れをブロックする機能不全のプレッシャの中にあっても，変化に対して逆境に立ち向かう脳は，健康な連結の状態に戻そうとして，より安全な接続を得ようとし，「孤立や停止の根底にあるパターンを変え始める」ことを論じている（2012: 74）。このため，Jordan にとって，レジリエンスがあることは，必ずしも以前にあった状況に向けて「立ち直っていく」ことを意味していない。むしろ，「ストレスや被害を通じてまたそれを越えて，新しいより包括的な個人的，関係的な統合へ動いていく」ことを意味している（Jordan, 1992: 1）。つながりを戻していく道を見つけるために，相互に感情移入する関わり，エンパワーメント（empowerment），努力することは，このような動きの中核にある。そして個人の変容（例えば，肯定的で創造的な成長）や，より大きなつながりを促し相互に関係や成長を高めていく社会的変化が，その究極的な帰結となる（Jordan, 2004）。

　Jordan のレジリエンスについての関係モデルは，教育の文献の中で，ケアリング（caring）★や信頼のある関係という概念と強く共鳴している。特に教師のコミットメント，レジリエンス，有能さに関する感覚に影響を及ぼす方法との関わりで見られる。Noddings（2005）は，ケアリングの関係が，「ケアあるいはケアされる人の関係」という最も基本的な形の中で起こる。そして，その2人を出会わせるつながりであることを論じている（2005: 15）。Solomon and Flores（2001）の信頼に関する研究は，彼女の議論に，次のことを強調して加えている。信頼関係は「培われる」「人の努力の賜物である」。このように「既にあるものではない」。「それは，単に当然なものというものでなく，意識的につくられ，しばしばつくられなければならない」（2001: 87）。拡げて考えると，一度，信頼のある開かれた専門的関係が，学校内外でつくられ，形成され，

発展させられると、「**社会的資本を束ねるもの**」として機能するかもしれない。それは、研究が示しているように、単に個人間の協力的な関係を促すだけではなく、人々をそのゴールに向けて探究させ、組織で一緒に取り組むことに向かわせ、これを通じてその効果をあげていくことを可能にする（Putnam, 1993; Field, 2008; Hargreaves and Fullan, 2012）。教師にとって、職場内や職場間での社会的関係やネットワークは、その集団的な効力感を高め、専門的なコントロール、影響、責任を共有する。そして、結果、生徒の学習活動を改善していく、知的、精神的、感情的なリソースをもたらすものである（Goddard, 2002; Goddard et al., 2004; Mawhinney et al., 2005）。

　教師の仕事や生活を調べていくうえで、レジリエンスの関係モデルを用いる概念的長所は、以下3つある。まず教師の専門的な世界の中では、関係的性質や専門集団の中でウェルビーイングやコミットメントの感覚を維持支援する関係の重要性が認められる点である。2つ目は、教師の仕事や生活の中心に関係を置くことによって、同僚性・効力感・有能さに対する集団的な感覚が、その参加的、協同的な努力の1つの結果として現れる点である。その努力は、知的、精神的、感情的に彼らをつなぎ、同時に、深い信頼とケアリングの関係の種を、彼らの間で成長させ開花させるものである。最後は、特に言えることであるが、校長の役割がとても重要であることへ目が向けられる点である。つまり学習に向けて協同的な努力を育てる好ましい組織的な構造や条件をつくる時の校長の役割は、教師にとって子どもたちを達成や成功させたいという感覚に至るうえで、とても重要である点が認められる。

● 結論

　それゆえレジリエンスは、内面的な性質のものではないことが結論づけられる。むしろ、それは、変化しつつある状況の中で、個々人の肯定的な適応や発達を強調しながら、関係的、発達的、ダイナミックに構成されるものである。それは困難な状況に直面したとき、そこで個々人が積極的に適応と発達をしていくことを強調している（Rutter, 1990; Howard et al., 1999, Luthar et al., 2000）。そしてレジリエンスは、個人的また専門的な構え（disposition）★

と価値観の両方からつくられる産物であり，社会的に構成されるものである。それは，人に具体的な目標をもたらし，有意味な行為と参加をもたらす。加えて，それは，与えられた文脈の中で，ダイナミックな過程の結果として，それ自体発展し，明白になっていく。教師のレジリエンスの社会的次元は，個人的，専門的，状況的要因が教師の仕事や生活に及ぼす影響を認識し，その専門的なコミットメントを維持する努力を文脈に位置づけるのである。

　ある文脈で，ある専門的，生活的局面で，人は，レジリエンスを示すかもしれない。しかし時や場所が変わると，同じような特質を示すのに失敗するかもしれない。個人の生活と仕事の文脈は，予想できないことで不安定（健康の衰えや教室での態度問題など）になるかもしれない。しかしながら，突然の変化が逆境と知覚されるかどうかは，個人によって，変化時の経験の範囲に左右されるかもしれない。そして起こりうる状況に対応していく際に感じられている能力や自信，コミットメントすることの意味の理解，変化の文脈の中で適切な支援をする能力に左右されるかもしれない。

　教師の場合，日常の専門的世界が，本来，不確かで予測できない環境やシナリオによって特徴づけられる。そのため，教えることにコミットメントし続けること，そして質の高い授業へ目を向けることは，教師にとって困難から素早く効率的に回復すること以上の意味をもつ。この「日常」という意味において，レジリエンスは，少ないヒーローによって約束されたまれな特質を意味しているのではない。過去十年にわたって，統計が示していることとして，教職が，21世紀で最もストレスを感じる職業の1つであるといわれている（HSE, 2000, 2011; PricewaterhouseCoopers, 2001; Nash, 2005）。そして他の職業と比べて，かなり高い転職率を示し続けている（Ingersoll, 2003; Ingersoll and Perda, 2011）。そうであるけれども，この職業に留まる多くの教師は，しばしば予想できなくなる学校や教室での「嵐」（Patterson and Kelleher, 2005）に対応し，教職生活を通じて，生徒が学び続ける生活に重要なコミットメントをし続けている。そして，このことを示す一貫した成果（根拠）が存在している（例：OECD, 2005b; Day et al., 2007a）。このような「時の経過」という意味で，レジリエンスは，ある固定された特質ではないのである。

　専門的な生活の様々な局面で，教師は，異なる影響，緊張，専門的また個人

Part 1 教師のレジリエンスの本質

的な関心事と遭遇する（Day and Gu, 2010）。教師が，その職業，コミットメント，そしてレジリエンスを形づくり維持する方法は，複合的で継続的である。しかし，そうすることができる能力は，職場ベースまた個人の影響の組み合わせ，またこのような影響を管理する認知的，感情的能力の影響によって変動していく。調査によれば，300人の教師の73％が，専門集団に支えられてコミットメントし続けている。そのことを分析すると（Day et al., 2007a），レジリエンスは，知的，感情的に重要な概念として現れ，教師の質を維持する問題の中心にあるものであった。そのためレジリエンスの概念を，教師の仕事や生活の多層的な関係の文脈と結びつけることによって，我々は，より深く考えることができる。つまり同僚や生徒とのつながりをつくることが，その仕事の遂行やコミットメントのために，どのように集団的な知的感情的資本を生み出すか，より深く探究できるのである。また信頼，公開性，同僚性，集団的責任の種を学校の場で成長させ開花していく状況をつくっていくうえで，校長の重要な役割を明らかにすることができる。このような関係的な意味におけるレジリエンスは，集団的協同的（協働的）努力の蓄積なのである。

　以下の章では，教育の文献から，また他の分野の文献から，幅広く根拠を示しながら，職業の感覚が，多くのコミットメントしている教師に何を提供しているか，調べていく。つまりそれが，日常の学校で，すべての生徒が学ぶことを支援するうえで，内的な原動力，強さ，楽観主義を提供できているかを調べていく。我々は，また，個人的，関係的，組織的な要因が，変化しつつある社会的政策的風景をどのように媒介しているか，明らかにしていく。そしてそれらが，生徒の成功に重要な意味をもつ教師の能力を維持する方法にどのような影響を及ぼしているか，そのインパクトを探究していく。さらに，我々は，レジリエンスが，道徳的な目的や同僚や校長の支援がないまま，質の高い授業をつくり維持していくことに貢献することは難しいことを提案していく。最後に，生徒の学力の伸びを測るのと同様に，自分たち自身で知覚できる教師のレジリエンスの感覚とその有能さの意味ある関係の測り方を示していく。なぜレジリエンスが，教師や学校，とりわけ生徒に重要となるのか，それを示そうと考えている。そしてこれを通じて，質の高い教師がどのように養成され，それは維持されるのか，学校はどのように成功を生み出しそれを維持し続けられるのか

について，政策立案者，研究者，また教えることに関する専門集団の間で，現在なされている議論に貢献しようとしている。

Part 1 教師のレジリエンスの本質

学校における優れた教授
… 学習は，なぜレジリエンスを必要とするのか

　本章では，研究や政策に関する知見を根拠にして，多くの国々において，成果主義の政治的行動計画が，学校に対して圧力をかけていることを示す。その潮流は，授業のレベルを上げることだけでなく，授業そのものが，学校外の道具主義的な協議事項に基づいて，またそれに迎合する形で営まれることを当然視するものである。加えて，本章は，子どもの暮らしに関わる社会・文化的な状況の変化が，外部に対する説明責任や仕事の複雑さ，感情負荷を教師たちに強いていることについても示す。21 世紀の世界においては「自律性」を重んじる教師の概念化に目が向けられているが「活動的な」専門職はネオリベラルな「達成」主義に，その存在を危うくされるといわれる（Ball, 2003; Sachs, 2003a）。我々は，この根拠を問題視するのではなく，それが，最善の教育を目指す教師たちの，教える資質・能力にいかに影響を及ぼしているかについて吟味する。

●「見える学習」

　John Hattie（2009）は，生徒の学業達成に関する 800 以上の知見のメタ分析を試み，そのまとめにおいて，次のようなことを見いだしている。

　　授業が構造化され，学習内容に子どもが出会い，教室が組織化された**後に**に（強調は筆者ら），教授行動は成功に至る。授業の技術，その成功の秘訣は，「次に何が起きるか」に，すなわち教師たちの次のような問題への対応方法

に関係している。それらは，生徒が，学習の内容やスキルをどのように解釈し，調節し，再構築するのか，また，生徒らがいかにして当該の学習内容を他の課題に関連づけ，適用するのか，という問題である。そして，生徒らが，成功するにしても失敗するにしても，どの程度，教師が指導した学習内容・方法に適切に反応するかという問題である。 (Hattie, 2009: 2)

彼による分析の主要な知見の1つは，教師たちが受け取る，フィードバックの量が増大していることであった。すなわち，

　生徒は何ができる（できない）に関して，教師たちが受け取るフィードバックは，教師が生徒に与えるフィードバックよりも，大きな影響力を有している──（しかし）生徒の学業達成を高めるためにフィードバックの量を増やすことは，教師であることの意味を認識上変えることを，また，生徒との関わり方や彼らに対する尊敬の仕方を変えることを，教師たちに要請することになる。 (前掲書：4)

Hattie は，Marzano (2000) の「一部の教師たちの優れたパフォーマンスが学校レベルの標準的な成果だけでなく，乏しい成果に対しても補償の役割を果たしている」(Marzano, 2000: 81) という知見に言及している。

さらにこれらの点から，我々は，教師たちのウェルビーイングの安定は，生徒たちの知的なウェルビーイングと成長に対する欲求に対してとても重要であると結論づけるかもしれない。疲労困憊で，失望ないしは幻滅感を抱いた教師は，(Hattie が優れた教授－学習に必要であることを見いだした) 次のように複雑な活動に従事する際に求められる，知的・感情的なエネルギーと機敏さを有していないと続けて述べている。

　学習が成立している（していない）と考える時，教師は，多様な（共有された，特別な，チャレンジングな）目標を達成するために，学習の方向性を改変するために，実に計算された，また意義深い方法を採用する。とりわけ，彼らは，生徒に，学習の表層と深層の両方のレベルに基礎を置く学習方略を発展させ

Part 1 教師のレジリエンスの本質

るために，多様な機会と選択肢を提供する。　　　　（Hattie, 2009: 22-3）

　それを実現するために，教師たちは，教授－学習過程に情熱を抱き，没頭する必要があるとHattieは続ける。そして，情熱（passion）を次のように説く。

　　（情熱は）単に，学習内容に関する知識，教授技術，あるいは，生徒たちの学力を高めるだけではない。情熱は，学習内容に関する愛情，指導している学問に関する好意や愛情で相手を変えようとする倫理的なケアリングの精神を必要とする。そして，情熱は，教師が教えるだけでなく，典型的には生徒の学習の過程と成果について学んでいることの示唆を求める。

　　　　　　　　　　　　　　　　　　　　　　　　　（Hattie, 2009: 24）

　生涯を通じて労働者には，仕事の遂行の日常的な特徴としてその頻度や時間の長さは多様であるけれども，肉体的・精神的・感情的エネルギー（emotional energy）を維持することが求められる。もし自身の能力を最大限に発揮して仕事を進めようとするならばである。学校や教室に目を向けると，そこでは特にこの種類のエネルギーが必要とされる。なぜならばすべての生徒が学校や教室にいることを選んでいるわけではないからである。また成功している教授－学習は，教師と生徒の両方に，認知的，社会的，感情的投資を求めるからである。このような点からするなら，レジリエンスと授業の質には連関があると予想される（9章を参照）。しかし，教師たちのストレス，バーンアウト，定着率（retention）★の問題に焦点を当てるきらいのあった政府や研究者たちが，学校においてレジリエントである資質（潜在的資質；キャパシティ）・能力（実務的能力；ケイパビリティ）に影響を及ぼす要因を明らかにすることをほとんど考えてこなかったことには，驚きを禁じ得ない。例えば，教員採用手続きに関して総括するためにイングランド政府が委託したスキルテストのレビュー委員会が，2012年6月に教育大臣に対して，最終報告を出した。そこには，国語，算数，思考（reasoning）の領域において新たな筆記テストが必要であると述べる一方で，「オーラルコミュニケーション，共感性とレジリエンスといった個人的な資質」がトレーニング機関によって育まれるべきであると示されてい

る（不思議なことに，教師たちが，その仕事の大半を費やす学校によってとは述べられていないのであるが）。脱文脈化された，一度限りのテストには限界があるが，レジリエントである資質・能力が，高度な授業づくりに欠かせぬことを確かめるための調査は重要である。例えば，時間が経つにしたがってコミットメントの精神を失った教師に自分の子どもを指導してもらいたいと思う保護者はいないであろう。VITAE 研究に参加した，経験豊かなある教師は，そうした精神を失ってしまっていたが，次のように語った。

> 私は，（コミットメント）できないと言わざるをえない。もはや，奉仕の精神は抱けない。私は，まさに競走馬のようであった。私は，毎時間できるだけのことをしたが，今は，もう，それに価値があるとは感じられない。朝起きるのが，どんどんつらくなっている。学校に来るのが，並大抵ではない。私は，自分の仕事を本当に，本当に愛していたが，今は，その大半がすり切れているし，1年以上それが続いている。どんどん楽しくなくなっているし，新しいことに取り組む気持ちになれないし，昔は教師としてやっていた，ちょっとしたことをやる気力も湧かない。

● 専門的資本を開拓する

　21世紀に教師が優れた実践を繰り広げようとするならば，以前にも増して，より高いレベルの知的・感情的エネルギーが必要となろう。それには，Andy Hargreaves and Michael Fullan が「**専門的資本（professional capital）**」として叙述した，ある種の投資を要請する（Hargreaves and Fullan, 2012）。「専門的資本」は，「人的，社会的，そして意思決定的な資本の合成物」（前掲書：3）を意味している。彼らの営みは，Leana のニューヨークの小学校における研究を参照し，発展させようとするものである。Leana（2011）によれば，個々の子どもたちの性格（人的資本）や才能の組み合わせと，「授業の主柱をなす，仲間同士の対話と関わりの頻度やその焦点（社会的資本）」（Hargreaves and Fullan, 2012: 3 において引用）の間には強い連関があり，それは，生徒に数学の優れた成績をもたらした（類似の知見は，Bryk and Schneider, 2002 にも確

認される。彼らは，シカゴの小学校の子どもたちの算数と国語の学業達成に関して，信頼関係が鍵となる要因であることを明らかにしている。また，Karen Seashore Louis も，北米において，改革が進み，効果のある高等学校になるために鍵となる要因は組織的信頼であることを明らかにしている）。Hargreaves and Fullan は，3つ目の専門的資本である，決定的資本を次のように定義している。

> 構造化された，あるいは構造化されていない経験・実践・省察を経て，専門家が獲得し，蓄積している資本である。つまり，それによって，専門家が，はっきりとしたルールや彼らを導いてくれる明確な根拠を欠いている状況であっても賢明な判断を下すことを可能にしてくれる資本を意味する。
> 　　　　　　　　　　　　　　　　　　　(Hargreaves and Fullan, 2012: 93-4)。

少なからずの研究が，Hargreaves and Fullan が定義した「専門的資本」に投資することで，教師たちが強く動機づけられ，自己効力感を有し，コミットメントを高め，優れた能力を発揮する，という考え方を支持している。多くの方法で，それは明らかにされている。例えば，国際比較調査のランキングにおいて生徒たちの成績が上位を占める国や地域（韓国，アルバータ州，カナダ，上海，シンガポール，フィンランド等）においては，教師たちが高い専門性と地位を有しており，学校内の協働が豊かである。しかし，Hargreaves and Fullan が指摘するように，この分野における知見の１つである我々のものをひもとくならば，**教師たちの専門的資本は，そのキャリアの局面内で，また局面間で，変化する**（前掲書: 77）。研究・政策のコミュニティは，現実の教師たちの仕事と生活の多様性への配慮を，ほとんど無視していた。そして彼らに，変化の激しい時代に必要とされるレジリエンスをどのように促すかという問題は見過ごされていて，未着手の研究領域であった。本章では，教師たちのレジリエントである能力が試される，国内外の状況を踏まえながら，上述した問題を議論したい。

● 仕事に関わるストレスとは何か

　仕事に関わるストレスは,「仕事に伴う多様なタイプの要求とその重複が個人の対応能力を超えるときに発生する過程」である（Health and Safety Executive, 2009／Griffiths, Knight and Mahudin, 2009: 11-12 において引用）[訳注1]。ストレスは,単に忙しいということではない（教職の主な特徴の1つはその「忙しさ」にあるが）。そして,それは,単に,チャレンジを余儀なくされること（新しい状況への対応や新しいスキルの習得）を意味するわけではない。それは,単に,短い期間に,非日常的,劇的な事象・出来事による変化に遭遇することでもない。それは,逆境に耐える事態を長期にわたって余儀なくされることの結果であることが多い。例えば,教室における教授－学習が騒然とすることや労働条件や同僚との関係が意に添わないことが続くと,ストレスになる。それは,肉体的な疾病,人間関係やその他の学校外の状況の結果であるかもしれない。ストレスを管理する資質・能力に個人差はある。しかし,例えば,仕事を上手にこなす能力に関する自信喪失（低い自己効力感），同僚関係の崩壊,時間管理の拙さ,非効率的,継続的な疲労感,以前には有していた高いレベルの動機づけやコミットメントの低減,感情的な不安定さ,引きこもり,仕事の質の低さといった,仕事に関わる態度や行動に変化が生じることは共通している。

　　まとめると,仕事に関連するストレスは,環境と個人の間の不健康な関係によってもたらされる,望ましくない感情状態であると理解するのがよいだろう。それが続くと人々は,精神的・肉体的な疾病に陥ってしまう。人々は長くプレッシャに追い立てられ,ほとんど自分がやっていることを統制したり,それに柔軟に対応したりできずに,そして十分なサポートやリソースを得られずにいると,事態は悪くなりがちになる。いかなる職種の人であっても仕事に関わるストレスに悩まされる。そしてそれは,教師,看護師,医学に携わる実践家や,公務員や警官や刑務所や軍隊といった,公共の安全に携

訳注1：この文献は原書の文献一覧に記載がないが，以下の文献と思われる。
　Griffiths, A., Knight, N. D., & Mahudin, M. (2009) Ageing, work-related stress and health: Reviewing the evidence. *Project Report*. The Age and Employment Network. London, Age UK.

わる仕事に従事する人々に確認されることが，よく報告されている。

(Griffiths, Knight and Mahudin, 2009: 12-13)

　ストレス状況が被雇用者に与える悪影響のみならず，雇用者自身が被るコストについても，知っておくことが重要である。一般に雇用者は，スタッフの精神的な面での不調の程度を軽く評価する傾向にあることが実証されている。それが，仕事に関連するものであってもなくても，被雇用者の精神的な面での不調への対処に，英国の雇用者は250万ポンドのコストを負担しなければならないと計算されている。それは，平均すると，1人当たりの被雇用者に対して1,000ポンドかかることを意味する。50人のスタッフ（例えば，それは平均的な小学校の規模である）を要する小さな組織は，1年間に，5万ポンドの経費を費やしていることになる。この数値には，病気による欠勤と交代要員の準備だけでなく，出勤しているが十分には働けなくて生産性が上がらない場合，いわゆる「常時出勤主義」も含まれる。2007年のThe Sainsbury Centre for Mental Healthのレポートでは，常時出勤主義は，欠勤主義に比べて，少なくとも1.5倍の労働時間を浪費するに至ると分析されている。教育分野における正確な数値が算出されているわけではないが，その常時出勤主義の程度は，他の職場と同様に，かなり深刻である。つまり，相当数の教師が出勤していても十分には働けていないと考えてよいだろう。次第に，彼らは，最善の教育を目指して教えることができていないと言われるようになってきたといえる。

● 教師の欠勤と学校文化

　逆境で教えることを続けた1つの結果として，教師たちは欠勤するようになる。それは彼らにも子どもたちにも，悪影響を及ぼす。子どもは一般に，幼稚園から第12学年までの間に，1学年の3分の2に相当する期間を，非正規の教師に指導されているといわれている（Miller, 2008: 1）。しかしながら，教師たちの消耗や定着率に関する研究はたくさんあるのに，教師たちの欠勤とその影響に関する研究は少ない。Miller（2008年10月）は，中立的な教育研究組織であるCenter for American Progressに提出した政策分析において，次の

ような点を報告している。

- 教師の欠勤は多大なる支出をもたらす。おおよそ5.3％の教師が勤務日に欠勤している。代理教師の俸給と関連する行政的支出を合わせると，年間，40万USドルのコストがかかっている。
- 教師の欠勤は，生徒の学業達成に悪影響を及ぼす。10日の欠勤は，教職経験が3～5年の教師が1，2年の教師に変わるのと同じくらいの影響力を有している。そしてそのことは，算数の学業達成を低くする。
- 教師の欠勤は，不平等にも，収入の少ない家庭の子弟に強く影響する。収入の少ない家庭が多い学校の子どもたちは，富裕なコミュニティの子どもたちに比べて，教師たちの欠勤をより多く経験する。このように，学業達成の差は，一部には，教師たちの出欠勤と関係している。

(Miller, 2008: 1)

イングランドでは，2010／2011年度に，56％の教師がなんらかの病欠をとっている（それは，2008／2009年度は，52％であった）。教師1人当たりの欠席日数は，平均すると，4.6日であった（DfE, 2012）。教師の欠勤の割合は，発展途上国においては20％と高く，英国（3.2％）やクイーンズランド，オーストラリア（3.1％）のそれは低い。しかし，問題はその対応に要する費用が甚大であることだ。さらに，こうした一般的な数値の背後には，多様な状況・文化を有する学校間の差異が存在する。Millerの研究によると，教師と管理職の間に高いレベルの信頼（専門的な自律の指標と考えてよい）が築かれている学校では，教師が欠勤する割合がきわめて低いという。しかし，この知見は，驚くことではないだろう。

ただし，欠勤しなくても深刻な不安を抱える教師が相当数存在するというのも，事実である。イングランドのTeacher Support Networkの代表者（Chief Executive）であるStanley（2012）によれば，2010年から2011年にかけて，19,000人の利用者が，45,633件の相談をもちかけてきた。そのうち，4,589件は，特に不安に関するものであった。さらに，2,180件は，不安のため不眠状態にある人々の相談として記録されていた。

Part 1 教師のレジリエンスの本質

● 教師の離職の影響

　教師たちは，昇任のためだけではなく，子どもや同僚との関係づくりが，理想，信念，（理想的な）実践と乖離している場合，その学校を去っている。8年間に及ぶニューヨークの学校における 850,000 人の生徒たちに対する教師たちの離職の影響を分析した研究において，Ronfeldt et al.（2013）は，次のことを明らかにしている。つまり，当該教師たちの力量に関係なく，教師の離職率が高い学校の子どもたちは国語や算数の成績が悪い。そして，社会的にハンデを背負っている地域にある学校の生徒たちは，もともと学力が低いのに，さらにそれが悪くなる。この研究は，例えば，Bryk and Schneider（2002）やJohnson et al.（2005a, 2005b）の知見を確認するものである。それらは（教師と子どもの）人間関係，とりわけ信頼が，子どもたちの学習に対するエンゲージメントと学業達成に関係しているというものである。特に興味深いのは，次のような知見である。

　　離職は，生徒の学業達成に広範囲に，悪影響を及ぼす。それは，学校を去った教師が指導していた生徒だけでなく，その代わりに着任した教師が指導を担当する生徒にも関係するからだ。この特徴を，教師の離職の影響を説明する際に，欠いてはならない。すなわち，同僚性やスタッフ間の信頼関係に悪影響を及ぼすという可能性である。あるいは，離職は，生徒の学習の支援にとって大切である。授業に関する知識が，学科内で喪失されてしまうという結果をもたらすかもしれない。　　　　　　　（Ronfeldt et al. 2013: 32）

　これらの点からすると，「ストレスや精神的・感情的体調不良を回避する方法を検討する」，また「どうやって教師であり続けるか」という問いよりも，より重要なのは，次のような問いであると考えられる。「日常的に，教師が最善の教育を目指して教えるための術を探すのに適した機会を必ず手にできるためには，どのようにして，彼らのレジリエンスを高めればよいのか」「どのような類の研修，支援，労働環境，文化，リーダーシップとマネジメントが教師たちのレジリエンスの高まりを促すか」という問いである。

2章　学校における優れた教授…学習は，なぜレジリエンスを必要とするのか

● 日常的なレジリエンス

　レジリエンスの古典的，心理学的な概念は，1章で示したように，「逆境にあっても立ち直る能力」というものである。しかし，そうした概念規定は，教師たちの仕事に役立つものではない。精神的に，また行動において，レジリエンスであるかどうかは，性格，労働環境，政策，子どもの行動によって変わる。また，そうした変化が起こる状況に対処する個々の能力にも，違いがある。このようにして，教授，学習等の過程は，それに携わる人々に，日常的にレジリエントである資質を伸ばすこと，確固たる粘り強さとコミットメントを有すること，それらを強い価値観で支えることを要請する。こうした教職の特性に関係する，レジリエンスのより肯定的な見方こそが，教師の採用や補充，確保に関する政策を性格づけるべきである。つまり，長きにわたって教師が最善の教育を目指して教え続けるためには，「**日常的なレジリエンス**」が必要である。それは，教師たちが経験する，多様な変化の状況に応じる能力だけではない。対処やサバイバルの能力だけでもない。それは，十分にレジリエントである資質・能力を有し続けていることである。そして，それは，教師たちに最善の教育を目指すことを可能にしてくれる知識や強い道徳的目的とともに，希望や見通しをもち続けられる能力であるといえる。

　多くの教師たちは，入職時には，職業意識，子どもの学習と成長に対して全力を尽くそうという情熱を抱いている。しかし，ある教師たちは，時間の経過，内的・外的な労働条件の変化，予期せぬ個人的な出来事とともに，それらを低下させていく。それによって，教師たちは，目的意識やウェルビーイングを失うかもしれない。それらは，専門職としてのアイデンティティの肯定感と強く結びつくものであるからだ。そして，教師たちが，教授−学習という，本質的にダイナミックで，感情的に傷つきやすい文脈に接近し，教職に就き，そして，それをこなすことを可能にしてくれるものであるからである。イングランドの学校の教師たちによる Teacher Support Network（2008）の最近の調査によれば，例えば，教師たちは，自身の仕事のパフォーマンスに悪影響を及ぼす徴候について報告している。それらは，深刻な順に，過剰労働，政策の急激な変化，生徒の行動，管理職からの非合理的な要求，同僚のいじめ，生徒の両親の問題

であった。(http://teachersupport.info/news/policy-and-public-affairs/better-health-and-wellbeing.php)

● レジリエンスは，内的な性格や適性ではなく，条件によって変わる

イングランドにおける最近の学際的な研究セミナーで呈された主張は，以下のようなものである。

- 最善の授業は，知的そして感情的な要件を満たさなければならない営みである。
- それには日常的レジリエンスが必要とされる。教職に伴うストレス，不安，抑鬱は，他のたくさんの職業群に比べても，深刻である。
- ストレスを統制することよりも，レジリエンスを豊かにして，それを維持することに焦点を当てるアプローチのほうがより建設的である。
- レジリエンスは,個人の特性ではない。それは,組織的文脈に位置づく人々の間の相互作用を通じて生起する資質である。
- 教師たちのレジリエンスは，積極的に，教員養成の段階から育まれ，そして，彼らの専門職としての人生のすべての局面において統制される必要がある。
- 政府は，授業のスタンダードに関して特別な責任を負っている。そのため，確実に，レジリエンスが優れた授業に関して重要であることを明らかにするための国家政策環境を構築し，それを発展させるための機会を提供しなければならない。
(http://www.esrc.ac.uk/my-esrc/grants/RES-451-26-0668/outputs/read/d93b9939-79f3-474f-ad74-911e6a16a160)

このように，レジリエンスは，個人に内在する特性ではない。むしろ，相対的，発達的，動的なものであり，文脈に影響されるものである。1章で引用した広範囲の研究によれば,以下のことが言える。レジリエント的性質は，適切で，実践的な，保護要因が提供されることによって学習され，獲得され，そして実

行される。それらの要因とは，学校の管理職が高い期待を抱いているといったケアリングやいたわりの精神に基づく教育的状況，豊かな学習環境，支援的な社会的コミュニティや支援的な仲間関係などである。常に（毎日，毎週，毎学期や毎年）効果的な授業を実現するために，そうした組織的支援がないままに，情熱的で，有能で，そしてレジリエントであろうとすれば，肉体的にも，精神的にも，たくさんのストレスを味わうことになる。なぜならば，教授−学習過程は多くの場合は円滑ではないし，その成果は期待したようになるとは限らないからである。

自然科学的な洞察と社会構成主義的見地を組み合わせたプロジェクトを報告しながら，Ecclestone and Lewis（2014）は，レジリエンスを，「感情的なウェルビーイング」を構成する要素の組み合わせの1つであると定義している。それには，楽観主義，感情的なリテラシー（とりわけ，自身に対する気づき，共感，感情統制），利他主義，自尊感情，そして冷静が含まれる（2014: 2）。そして，Ecclestone and Lewis（2014）は，レジリエンスに関するシステムは4つのルールに即して機能すると述べている。それらは，次のとおりである。

（A）自身を動揺させる変化を見いだす資質を有する。
（B）そうした発見を反応に結びつける。
（C）適切な方法で，また，なんらかの形で，変化の影響を緩和し，それらに耐え，前の状態に戻るためのレジリエントシステムを採用するよう，対応する。
（D）対応はリソースを要するので，必要がなくなれば，それを終える。

(2014: 2)

これらのルールは，レジリエントな個人がどのように行動するのかを記述しており，診断や分析の手段として有用ではある。しかし，個人的・社会的・政治的条件や文脈が，そうしたルールを適用する資質・能力の高低にいかに影響を及ぼしているかについては，何も説明していない。言い換えるならば，より広い教育的・社会的文脈，現状，そこにおける社会的相互作用を考慮せずに，レジリエンスを「個人の心理学的『属性』や訓練可能な行為」と概念化するこ

とは見当違いである。

　「感情的知性（emotional intelligence）」（Goleman, 1995）という概念が支持する，自己や他者の感情統制は，労働を個人の問題に還元しすぎている。それゆえに，個々が労働を繰り広げている。そして，個人のレジリエントに関する資質に影響を与えている社会構造を一方で吟味していない（3章でこの批判的検討を繰り広げるので参照されたい）。このように，批判的見地からすれば，レジリエンスの存在は，人々が自身の生活の状況に即して行動するのに，またそれを変えるのに影響を及ぼす，ジェンダー，階級，人種といった問題をはらんでしかるべきである。それは，単なる状況に対応するための調整ではない（Ecclestone and Lewis, 2014: 10）。

　教師たちにとって，教科や教育に関する知識を有していることや支援的な学校や教室の環境の下で強い道徳的目的意識を抱いていることは重要である。しかしそれらと並んで，レジリエントである資質・能力は，彼らが，最善の教育に必要とされる知的・感情的なエネルギーとコミットメントを維持できることに対して，きわめて重要である。そうであれば，授業の質を高め，学習とあらゆる生徒の学業達成のレベルを上げる努力は，教師のレジリエンスを高め，維持し，磨くための努力に焦点を当てるべきだ。そして，そのような努力は，研修を通じて，とりわけ学校自体の教授－学習文化を通じて，教員養成段階から試みられるべきだし，政策として展開されなければならない。

● レジリエンスが問われる５つの問題

1．社会的問題の増加

　アメリカ，オーストラリア，ニュージーランド，そしてイングランドにおける教師研究によると，教師たちはしばしば，社会的な問題の増加が自分たちの教職生活に影を落とすと語っている。それは，アメリカの教師が「これまでの教室にはいなかったタイプの生徒に遭遇している」と語っていることに象徴される。（Scott and Dinham, 2002）オーストラリアの学級担任の教師も同様に，「現実世界への興味が欠け，未発達で，さらにそれらに関連する，あるい

は福祉的な問題に起因する,一般的で,深刻な問題行動を起こす」生徒の存在に言及している。例えば,ニュージーランドの教科担任（specialist）の教師たちも,生徒をめぐる困難な状況のリストを作成している。それらは,家庭の経済的逼迫による,経験不足,言語の未発達,欠席,肉体的／精神的虐待などであり,子どもの成長に甚大なる悪影響を及ぼしている（Scott and Dinham, 2002：18）。また Scott and Dinham（2002）が言及している教師像は,教師たち自身によって,10年以上にわたって語り続けられている。つまり,それまでとは異なる世代の子どもたちが学校にやって来たときに,教師たちが彼らに与えられる影響は変わるが,それは,より大きな社会の変化による帰結であるというものだ。2007年のユニセフの報告書によると,英国の16.2％の子どもたちが,最低の貧困生活を送っている。35.8％の子どもは,2か月の間にいじめに遭っている。15歳の35.3％の子どもは,スキルがなくてもできる仕事に就くことを願っている。若者の30.8％は,2度以上の飲酒経験があると告白している。身体的なウェルビーイング,健康と安全,教育的なウェルビーイング,家族や仲間との関係,行為とリスク,若者の自分自身のウェルビーイングに関する認識に関して評価すると,英国は,21の経済的に発達した国々の中で下位層3分の1にランキングされる。とりわけ,教育については,21か国中の17位であった。当該レポートの視野が狭いことに関する批判はあるけれども,それは,教師たちにとっては看過できない,憂うべき傾向であった。

教師たちによれば,自身が教師であり続けるためには,指導する子どもたちに対して感情的コミットメントを抱けるかどうかが本質的な問題である。Hastings and Bham（2003）の子どもの行動パターンと教師たちのバーンアウトの関係に関する研究は,子どもたちが,教師たちの感情浪費感覚に影響を及ぼしていること,それが脱個人化の感覚と個人の達成感の欠落につながることを見いだしている。

　　例えば時間的制約などの付加的責任は感情浪費の最もはっきりとした徴候である。**子どもたちが尊敬してくれないことは**,脱個人化の最も強い指標である。そして**彼らが社会性を欠いていることは**,教師たちが達成感を得られないことの最も明確な指標である。　　　　（Klassen and Anderson, 2009: 755）

もし，上述したような否定的な状態を半分でも把握したら，教師たちのレジリエンスを高めたり確かにしたりすることをいっそうたくさん，学校改革の計画文書に盛り込まねばならない。多くの子どもにとって，学習のための正統で主要な舞台としての教室，そして学校の権威は，もはや所与のものではない。知識を豊富に有するエキスパートという伝統的な教師の役割，それに根ざすアイデンティティは，疑問視されている。ある教師たちにとって，そうした教師像の誤解は，自尊感情，レジリエンス，そして感情的な安定性を揺るがすものになることが多い。教師たちが最善の教育を目指すならば，彼らのアイデンティティは肯定的なものがその主柱を成すはずだし，同僚との支援的関係が彼らの自尊感情，コミットメント，所属意識に資するものであることはよく知られている（Day and Gu, 2010）。さらに，多くの国々における最近の実証的な研究が明らかにしているように，個人的・関係的・集合的信頼感は，すぐれた授業の実現と子どもたちの学業達成に強く貢献する。それは，例えば，カリキュラム，教育方法や評価に関する意思決定において高いレベルの同僚性を経験すること，能動的にリーダーとしての役割を果たすことを経て得られるものであるが（Bryk and Schneider, 2002; Day et al., 2011）。

2. スクリーン文化

子どもたちが抱える困難は，家庭生活がもたらす感情面での不安定さに加えて，学習を進めるうえでの不安定さも確認されている。後者は，「スクリーン文化」やSNSの利用が増加することにも関わりがある。それらによって，子どもたちは，自身がどこで何をどのように学ぶべきかについての意識が希薄になるからである。多くの国々において，家族の規範や期待は変化し，新しいテクノロジーの子どもたちに対する影響は次第に大きくなっている。さらに，多くの国々において，教師たちは，もはや教師というだけで尊敬される存在ではない。子どもたちが教師から学ぶことは，インターネットやSNSやその他の情報通信技術から学ぶことと，競争状態にある。

　　　　子どもの頃はそうではなかったのだが，我々は，最近，1日に8時間もス

クリーンを見つめるようになり，睡眠を含む1日のその他の活動よりも多い時間を，機械を利用することに費やしている。英国の大人は，平均して1日に6時間をオンラインで過ごしている。Royal College of Paediatrics and Clinical Health によれば，10〜11歳の子どもたちは，家庭で5種類のスクリーンに接しているという。　　　　　　　　　　　　　　（Dokoupil, 2012: 2）

それは，最初は *Newsweek* 誌において登場したのだが，デジタルテクノロジーの否定的な影響に関する調査のいくつかの知見を参照した記事において，Dokoupil は，教師たちにとって重要な問題を提起している。彼は，ある生徒たちの脳内では，既に，注意，統制，そして意思決定に関わる領域がそうしたテクノロジーの利用によってダメージを被っていると唱えている。それによって，そうした子どもたちは，過敏になっていると問題視されている。彼らは，孤独を感じることが多く，安定した自我の感覚を形成することに難を感じている。Carnegie Mellor University の研究は，2年以上ウェブを利用することは，憂鬱，孤独，そして現実世界の友人の欠如につながることを明らかにしている（Dokoupil, 2012: 3）。さらに，過度のインターネットやモバイルテクノロジーの利用がここ10年間の子どもや若者に見られる多動や強迫性の障がいの66％の増加と関連があることも報告されている（Aboujaoude et al., 2006）。このように，たとえそれが「一部」であっても，これらの知見は，それほど多くではないが，あらゆる学校の教師たちが，自分のクラスの少なくとも一部の子どもたちの学習の成立と学業達成を推進するうえで，新たなタイプの問題に対処しなければならないことを示唆している――それは，彼らにとって「日常的レジリエンス」を必要とする，新たな状態である。

3. 政治的圧力

英国，とりわけイングランドにおいては，かなりの程度，各学校と教育委員会の役割は国策に従うものであるとされてきた。（しかし，）政策立案者たちは，政策が実働する環境が複雑であること，数多くの政策（そしてその他にも）の要請や期待に学校が同時に応ずる必要があることを一般的には理解

していない。　　　　　　　　　　　　　　　　（Braun et al., 2010: 547-8）

　こうした叙述のもととなった研究は，定評になっているが，改革に関する言説の多くにありがちな概念を問題視している。それは，いわゆる，政策立案者の認識に基づいて行われる，外部からの改革の実行に関する問題である。学校現場では，様々な政策実行者によって，政策は，解釈され，翻訳されていることを理解しなくてはならない（Braun et al., 2010: 549）。同文献の著者らは，次のように続けている。「政策を実践化することは創造的で，洗練を要する，複雑な，解釈過程である」（前掲書：549）。ここ30年の間にイングランドの学校においては，学校運営，カリキュラム，教室実践の改革に関しては，外側からもたらされた政策によるものがその主柱を成していた。また，教師たち自身が改革の実践化を実現するエージェントだった。そのため，おそらく，多くの教師たちが，教職にとどまって成功を収めるために，より複雑で，認知的，そして感情的に高度な適応を余儀なくされたことであろう。それは驚くに値しない。政治的改革が重なると，教師たちには，レジリエントである資質がいっそう必要とされる。この点に関して，同文献の著者たちは，平均的な規模のコンプリヘンシブ・スクール★の数学教師の例で，それらを示している。

　　Roger: 政府が政策を打ち出す前に，あらゆることにイニシアチブを発揮しないといけないんだ。ある仲間は，時々，多くのことをやろうとして，焦点を見失っていると感じているようだ。近くの別の学校の仲間が，PLTS（Personal Learning and Thinking Skills）についてまったく知らないと聞いて驚いた。でも我々も，―これに関して，Ofsted（教育水準監査院）★の基準で言うと―「満足できる」レベルにしか至っていないんだ。それは，我々はもっとうまくやれるはずだと思われていることにほかならないよ。
　　　　　　　　　　　　　　　　　　　　　　　（Brun et al., 2010: 552-3）

4. スタンダードとアカウンタビリティ

　イングランド内外の政策立案者によれば，教授学習と学業達成に関するスタ

ンダードは，（学校や教師が）ほぼ恒常的に危機的状況にあると判断されている。標準化されたテストや試験，そしてそれらの結果を学校間や国際間（PISA, TIMSS）で比較するための新たなテクノロジーの発展は，教室においてテストに即した授業をいっそう強調する事態をもたらしたと言われている。教師たち，とりわけ，社会−経済的に，そして感情的に厳しい状況にある地域（都市でも，地方でも）に務める教師たちは，学ぼうとしない（あるいは学べない）子どもを学びに誘うことと，相対的に「成功」している学校・教師を示す成果指標に基づく結果主義の計画文書の要件を満たすこととの狭間で，右往左往している。

イングランドの学校の視学官長である Michael Wilshaw は，2012 年の夏，*Journal of the Royal Society of Arts* において，教師について，次のように述べている。「教職は，若者，とりわけハンディを負っている若者に対して，その人生を変える影響力を有している，尊い生業である。教えることの多様性，巧みさ，想像力を我々は尊重する必要がある」（Wilshaw, 2012: 7）。彼は，2人の「驚くべき成功を手にした」教師に関して，「これらの教師たちは，不屈の精神でもって石や矢に耐えた，レジリエントな人々である」と報告している。そして，彼らは，失敗を潔しとはしない。彼らは，失敗に学び，より強く，よりタフに，より充実して，戻ってくるとも述べている（前掲書：17）。Wilshaw は，『3 学期の報告カード』（図 2.1 参照）において，教師の 10 のスキルと 6 つの特性を示している。それらは，あらゆる教師が最善の教育を目指して教えるために必要とする，そして，あらゆる学校が，教職経験にかかわらず，あらゆる教師を支援するために必要とする，鍵となる特長をよく示している。そのため，我々も，ここで，そのカードを再掲する。教室における効果的な教授−学習に関する研究において，Wilshaw のスキルや特性は，本質的には，本章で言及した John Hattie（2009）の研究によってさらに体系的に確認できよう。彼は，レシプロカル・ティーチング（reciprocal teaching: 相互に教え合う），フィードバック，子どもたちにメタ認知方略を指導する，問題解決と自分の言葉で語る，そして自分自身に問いかけることは，子どもたちの学習に最も効果的であることを見いだした。「これらの方法は，仲間，フィードバック，学習の転移を意図すること，成功の基準に，つまり様々な戦略を用いて，多様なレベル

Part 1 教師のレジリエンスの本質

の理解を図ることに依存している」ことも見いだしている（Hargreaves and Fullan, 2012: 52 において引用）。また，彼は，報告カードではなく，優れた授業に関する 6 つの指標を提案していた。

ⅰ）教師たちは，学習に最も影響を与える存在の 1 つである。
ⅱ）教師たちは，支持的であり，影響力があり，ケアの精神を有しているべ

学校名							
教師たちの 3 学期の報告カード							
摘要：E（90＝100%），VG（75-89%），G（60-74%），FG（50-59%），F（35-49%），O（under35%）							
スキル	2011 〜 2012 年度			スキル	2011 〜 2012 年度		
	1 学期	2 学期	3 学期		1 学期	2 学期	3 学期
厳格さ				レジリエンス			
共同性				柔軟性			
理解力				反省的			
支援的				共感的			
想像力				組織的			
特性							
個人として				組織の一員として			
1. 教室を統制できる				1. 同僚とアイデアを共有する			
2. 効果的な授業を計画できる				2. 批判を受け入れられる			
3. 子どもたちのニーズに即すことができる				3. 人間関係の構築が得意			

教師の名前

校長の署名

注：校長は，常に，教師たちの行為に関して保護者に聞き取りを忘らない

図 2.1　教師たちの 3 学期の報告カード（Wilshaw, 2012: 6）

きだ。そして，彼らは，教授学習に関する熱意を積極的に抱く必要がある。

ⅲ）教師たちは，当該知識に基づいて，意味ある経験を（子どもたちに）提供するために，それぞれの子どもたちが何を考え，何を知っているかを意識する必要がある。

ⅳ）教師たちは，自身の授業における**学習の意図**と成功の基準を把握しておかなければならない。全生徒に関して，彼らがどのようにして**その基準に至ったか**についても，また，学習の発展を念頭に置いて，**次にどのようなことをさせるべきか**についても，知っておかねばならない。

ⅴ）教師たちは，ある時に特定の尺度が用いられたとしても，子どもたちが知識とアイデアを構築（再構築）できるように，単一の考えではなく，多様な考えを有しておく必要がある。

ⅵ）学校の管理職と教師たちは，誤りがむしろ学習の機会であると肯定的に評価され，また正しくない知識や理解の表明が促される，（学習）環境を創造する必要がある。 (Hargreaves and Fullan, 2012: 52)

Wilshawの報告カードのように優れた授業のスタンダードを設定することや，Hattie（2009）の調査結果のように効果的な指導を展開している教師の特性や行為を明らかにすることは，まことにけっこうなことである。しかしながら現実には，大多数の教師は，常に「非常に優れている」状態を保てるわけではない。多くの教師のパフォーマンスは，教室，学校，個人的問題の状況によって変わる。

Michael卿が示した10の必要な「スキル」のうちの5つである，レジリエント，柔軟，反省的，共感的，想像力が豊かであること，そして，Hattieの6つの指標を満たすことは，エネルギーの消耗や職業的自己の破壊につながるというものではない。それらは，挑戦的でもあり支援的でもある環境において，莫大な感情的エネルギーと高いレベルの動機づけ，コミットメント，レジリエンスを維持することを要請するものである。

5. 著しい成果主義の文化

　ニュージーランドにおけるある研究では，2012年の小学校の教師たちの労働負荷が20年前に同じ著者によって実施された同様の調査（Bridges, 1992）の結果と比較された。政府主導の改革が増えると，その結果には，当然の帰結と言えるものがあった。それらは，国際的な比較ツール（PISA[★]，TIMSS[★]）の開発と利用で確認され，世界中で繰り返されてきたパターンであるが，国レベルの授業のスタンダード，テストと試験を通じた子どもたちの学業達成の向上が含まれていた。例えば，教師たちの労働時間は，20年前は50時間であったのに，55時間にも及んでいると報告されている。ICTの利用には，5年前に比べて，多くの時間を割くことになっているし，特別なニーズを抱える子どもに応じるための時間も同様である。管理職とリーダー教師の多くは，学校管理のためにより多くの時間を費やすようになった。1992年に比べて，より多くの教師たちが，労働負荷が厳しい，あるいは過重であると報告している。これらの知見は，379人の協力者の自己報告であり，その扱いには注意を要する。しかし，興味深いのは，著者たちが，小学校教師のかなりの数，その半分以上が，現在の状況ではこれ以上やっていけないと感じていると報告していることだ（Bridges and Searle, 2011: 424）。加えて，報告によれば，子どもや学級に直接関係がある仕事が優先的だと考えている教師が1992年には51.3％だったのに，現在では，37％にすぎない。それは，「階層制度」，つまり管理業務等が優先的だと考える教師が1992年にはわずか1.5％だったのに，今では，15％に達していることに起因している。「私の労働負荷は，権力を有する誰かによって，その優先順位が決められている。彼らは，私が仕事を効果的に進めていることを明らかにするために点検する必要があると考えていることを，またそうすべきだと思う時期を，私に告げる。私の教室で日々生じているニーズに基づくことが優先的ではないのである」（Bridges and Searle, 2011: 424）。

　労働負荷の増加それ自体が，必ずしも仕事に対する不満足を生み出すわけではない。しかし，それによって教師たちのレジリエントに関する資質が試される。Herzberg（1966）の研究は，（教師たちの）仕事に対する満足感は，子どもとの人間関係の構築，彼らの学習と学業達成を改善する機会が得られること

によって高まることが提案されている。一方，同時に，劣悪な労働条件や外的に政策が押しつけられる環境（それが教師たちの専門職としてのアイデンティティに与える影響については，4章で詳しく論じるので参照されたい）によって，彼らの仕事に対する不満足は高まるともいわれている。ヨーロッパの500の学校の5,400人の教師たちを対象とする，ETUCE（2011）の委託研究では，以下のことが明らかにされている。英国の教師たちに関しては，子どものしつけに関する問題や保護者とのもめ事は平均的なレベルを上回る程度であるが，バーンアウトは最も高いレベルにあり，認知的なストレスも2番目のレベルにある。この調査の対象となった教師たちは，労働負荷は2番目のレベルにあること，それは彼らの学校外の個人的な生活に悪い影響を与えていることも報告している。

　国内外の調査は一貫して労働負荷の増加と仕事に対する不満足には相関があることを明らかにしているが（例えば，Dinham and Scott, 2000, 2002; Rhodes et al., 2004），必ずしも因果関係が確認されているわけではない。むしろ，仕事の満足・不満足は，3つのダイナミックな要因の相互作用の結果であることが明らかにされつつある。それらは，子どもたちの学習に対するコミットメント，学校のリーダーシップと文化，そして社会的・政治的問題である。

　それにもかかわらず，労働負荷がどこで増し，テストや試験の結果の改善に対する要請がなぜ続くのか——これらの問題は，レジリエンスに関する資質をより強く求めるのであるが——議論に値する。そうした状態が続くと，もし，学校が，支援的で，同僚性豊かな文化を通じて，他の方法で，教師たちの身を守らなければ，彼らのケアの精神や希望は枯渇しがちになる。そうした文化においては，教師たちがレジリエントであり続ける資質を高め，維持することは，学校組織の最も基本的な使命となっているからだ。これは，厳しい状況にあるコミュニティの子どもたちが通う学校に，特に当てはまる（この点に関する詳細な議論は，6章を参照）。

　このように，もともとストレスの強い仕事のストレスがいっそう増す。イングランドでは，政府に対する説明責任と保護者に対する公開性の増加に伴って，学校の自律性は，次第に小さくなっている。しかしながら，ここで問題視するのは，学校が説明責任を果たすべきか否かではなく，そうした説明責任が教授

―学習や学業達成の基準を高めてはいないということである。これを検討するためには，教師たち自身の体験をひもとくとよいだろう。Ofsted で「非常に優れている」という評価と得ているような，成功している学校に勤務する教師たちは，少なくとも自分たちの仕事に満足していると考えてよいだろうか。また「満足できる」と評価されている学校で働く教師たちも仕事に満足していると考えてよいだろうか。答えは，Scott and Dinham によれば，必ずしもそうではない。

　私たちは，最近，Ofsted の査察を受けたが，その結果，ストレスを感じた教員の 25％ が学校を去った。地方教育委員会ごとのリーグテーブル*も出版され，この街には，同じ校種の学校が 120 ほどあるが，我々は 33 位に位置づけられた。私はとても喜んだが，結果が公表されるとすぐに，もっと良い結果にならなかった理由の説明を求めてドアの向こうに保護者があふれていた。
　　　　（イングランドの校長，Scott and Dinham, 2002: 23 において引用）

● 結論

　意図的な政治的改革の文脈のもとで働いている教師たちは，政府が学校に対して設定した成功の原則を満たすことを求められている。ここでは，それに関する考察を通して，学校外の統制不可能な出来事に対して，また教室で発生している教授学習という日常的でしかし複雑な世界の出来事に対して，レジリエントであることが教師たちに求められている事態を浮き彫りにしてきた。教師たちのレジリエントのレベルに関する詳細な検討を通じて，それが学校文化，とりわけ「信頼」「自律」「同僚性」「リーダーシップ」に，肯定的にも，否定的にも関係していることを明らかにした。それらの学校文化は，教師たちが学校にとどまるか否かに影響を及ぼしている。例えば，校長がうまくやっているところでは，i) それは学習と学業達成に関する文化の構築，維持，発展のための基礎であるが，子どもたち（教師たちも）の出席や行動に関する問題がきわめて少なくなっている（Day et al., 2011b），ii) システム化された継続的な職能成長と，個人的・組織的なニーズに基づく学校内外の学習の機会を通

2章　学校における優れた教授…学習は，なぜレジリエンスを必要とするのか

じた資質形成が尊重されている（Robinson et al., 2009），iii）リーダーの役割は，信頼が強くなることに伴って，分散されている。個人的・組織的なレジリエンスを構築することに焦点を当てる学校は，成功しやすい。そうした学校は，教師たちの自己効力感，学びに関する楽観主義（academic optimis★），同僚性，専門的な学習と成長，そして子どもの学業達成のケアに関するシステムと文化を有している。直接的な因果関係は明らかになっていないが，そうした学校では，教師たちの多くは学校に残り，転職しようとは思わないし，子どもたちは学習にいっそう従事し，より高い学業達成を示す。以上の点を受けて，最後に，我々は，それゆえ，Bridge and Searle（2011）が自分たちの報告の最後に記した2つの問いを示して本章を締めくくりたい。それらは，あらゆる教師たちにレジリエントである資質が必要とされることの核心に迫るものだ。

- きびきびしていて，溌剌としていて，そして子どもたちのニーズに繊細な教育者に，自分たちの子どもを指導してもらいたいと思うのが当然ではないだろうか。
- 教職をこよなく愛している，優れた教師に学校にとどまってもらいたいと思うのか，それとも，彼らがバーンアウト状態に陥り，そこを去っていく姿を見たいのか。

(Bridge and Searle, 2011: 43)

Part 1　教師のレジリエンスの本質

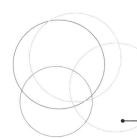

3章 ウェルビーイング，感情，そしてケアの重要性

　多数の国際的な研究が明らかにしてきたように，教師が前向きで安定した専門的アイデンティティの感覚を抱き，自分たちには力があると実感する（有能感）ことに対して，個人・職場・社会文化的なシナリオは，支えとなったり脅威になったりする。仕事をこなして生活する中で，人は逆境的なシナリオと揺らぎに対処する。そして，長きにわたって成果を上げて生き残ることができる際に，レジリエンスがある役割を果たしていることは，先行研究で示されている。しかしながら，その構成要素となる部分—ウェルビーイング，コミットメント，感情的エネルギー，学びに関する楽観主義，そしてケア—がレジリエンスに貢献していることは，未だ十分に検討されてはいない。

● 教師のウェルビーイング

　一般に，ウェルビーイングとは「絶えず変化している状態」のことであり，「その中で，個人は自らの潜在能力や仕事の生産性と創造性を伸長し，力強くかつ肯定的な関係を他者と築き，自分たちのコミュニティに貢献することができる」（Foresight Mental Capital and Wellbeing Project, 2008: 10）と定義されてきた。Aeltermanと彼女の同僚たちは，ベルギーの教師たちと共同研究を行った結果，「ウェルビーイングは肯定的な感情の状態を表している。その状態は，一方では特有の環境的要因を合わせたものと，他方で教師の個人的ニーズと期待との間で調和した結果である」（Aelterman et al., 2007: 286），という職業に限定した定義を示した。

ストレスについて議論することなくして教師のレジリエンスについて考察することはできない。それとまさに同じように，ウェルビーイングというものについて考察することも必要である。なぜなら，否定的ないし肯定的ウェルビーイングという感覚は，明らかにその否定・肯定の両側面において，ある役割を果たしているからだ。実際に，「人々のウェルビーイングに直接注意を向けることは，社会の成員たちがうまく生活できているか，そうでないかを，その社会が正確にアセスメントできる唯一の方法である」と主張されてきた。また，「私たちのウェルビーイングは自らの集合的レジリエンス，すなわち，急速な社会的変化にうまく対応できる私たちの能力（アビリティ）を支えるものである。そのため，現在の状況においては，この評価は単に望ましいだけでなく，決定的に重要なものでもあるのだ」（NEF, 2007: 9）とも主張されてきた。世間一般の人々を対象に，そこから導き出されることは，ほぼ間違いなく，教師たちにとっても重要である。自分自身のウェルビーイングを強く感じることがなければ，児童生徒たちのウェルビーイングを教師たちが促進することは困難なことだろう。さらには，成功を果たすうえで，ウェルビーイングが，本質的な構成要素である可能性もある。仮にそうでないとしても，そうしたウェルビーイングが何の役割も果たさないと主張することは難しいだろう。独立系シンクタンクであるニューエコノミックス財団（NEF：New Economics Foundation, 2009）が行った最近の国際比較調査では，ウェルビーイングの2つの評価尺度―個人的および社会的―が特定されている。

個人的ウェルビーイング
- 感情的（肯定的な感覚があり，否定的な感覚がない）
- 満足できる人生
- 活力
- レジリエンスと自尊心（自尊心，楽観主義，レジリエンス）
- 肯定的機能（自律，コンピテンシー，コミットメント，手段と目的）

社会的ウェルビーイング
- 支援的関係

Part 1　教師のレジリエンスの本質

● 信用と相互信頼

　しかし，諸国家が経済的・社会的・環境的な不確実性が高まりつつある時代を歩むにつれて，NEF は次のことを確認している。

　　経済の成長に伴う近視眼的な強迫観念…［それは］…より長時間働くことや債務の水準が増すといったような，自分たちのウェルビーイングに与える良くない影響を無視しがちになっているということを意味する。そうした近視眼的な強迫観念が生み出した経済的システムによって，個人と家族，そして共同体が，肯定的なウェルビーイングと繁栄を推し進める際に貢献する活動を選択して追究する機会は，組織的に締め出されてきたのだ。

(NEF, 2009: 2)

　NEF（2009）が，仕事中に感じるウェルビーイングについて明らかにしたのは，次のことである。すなわち，英国は 22 か国中 15 位であり，個人的および社会的ウェルビーイングの得点が組み合わさった際には 22 か国中 13 位（2009: 3, 43），そして，英国内では，年配の人たちと比較すると，若者たちは信用および相互信頼において非常に低い水準にあった，というものだった。また NEF は次のように述べていた。

　　「主観的ウェルビーイング」の科学が提案しているのは，良い感覚を経験するだけでなく，人々には次のことも必要だということだ。それは，個人の活力という感覚である。意味のある魅力的な活動，また，自分にうってつけで自律的なものだと感じることができるような活動を引き受けることである。事態が間違った方向に進む際に対処するうえで役立ち，すぐに制御できない変化に対して，レジリエントでいるための内なるリソースのストックである。加えて決定的に重要なのは，他者と関わり合っているという感覚を人々が抱き，その結果，個人的・内的に焦点化された要素に加えて，人々の社会的な経験――支援的な関係と他者と結びついているという感覚を手にする度合い――がウェルビーイングの生き生きとした側面を形づくる，ということだ。

3章 ウェルビーイング，感情，そしてケアの重要性

(NEF, 2009: 9)

　300以上の国際的研究をレビューしたGray et al.（2011）によると，若者のウェルビーイングに資することとして，6つの鍵となる学校の要素があるという。それは，ⅰ）教師との関係，ⅱ）仲間との関係，ⅲ）学校に対する満足度，ⅳ）学習共同体（learning community）の一員（membership）であること，ⅴ）学業のプレッシャに対処すること，ⅵ）「小さく」考えること，である（Gray, 2012: 30）。これらの鍵となる要素のほとんどは，すべてではないにしても，教師によって影響を受けるだろう。また，場合によっては，うまくいっている学校の特定の教師によって影響を受けることもあるだろう。

　　ある学校が学業面で成果を出すのに寄与する要素は，その学校をより「支援的な」機関にする要素と同じものではない…。しかし，どういうわけか，私たちは非常に偏った学校教育の見方を発展させようとしてきた。テストと試験の結果が大事なものだ―他のものはそうではないのだ―というように。
　　　　　　　　　　　　　　　　　　　　　　　　　　　（Gray, 2012, 30）

　ドイツの中等学校の生徒たちを混合法で調査した研究で，Glaser-Zikuda and Fuss（2008）は次のことを明らかにした。それは，6つの教師のコンピテンシー（指導がわかりやすいこと，動機づける力，課題把握と成績〈パフォーマンス〉を診断すること，生徒間の社会的な関係を診断すること，個々の進捗状況とその学業達成，そしてケア）と生徒たちのウェルビーイングとの間には強い一次効果がある，というものだった。生徒たちがこれらすべての教師のコンピテンシーを高く評価すればするほど，その生徒らが感じるウェルビーイングは向上した。この研究から，2つのメッセージを受け取ることができる。1つ目は，良い教師になるためには，多くのコンピテンシーを身につけておく必要があるということ。2つ目は，これらのコンピテンシーを鍛えることにより，児童生徒のウェルビーイングの感覚が肯定的なものとなるし，また，その児童生徒たちの学びに対する不安の感覚も軽減する，ということである。けれども，そのGlaser and Fussの調査は，これらのコンピテンシーを備えていない教師

Part 1 教師のレジリエンスの本質

たちや，そうしたコンピテンシーを備えているけれども，児童生徒たちに一貫して，そうしたコンピテンシーを生かすことができない教師たちが，生徒たちに与える影響を調査していなかった。言い換えるなら，もし，生徒たちにコミットメント（力を注ぐ）という感覚を教師たちがあまり抱いていなかったり，教師たちの感情的なレジリエンスがまったく蓄積されていなかったりした場合，生徒たちのウェルビーイングの感覚に対して，どんな影響を及ぼすことになるのだろうか？　実のところ，教師のレジリエンスに関する研究開発活動を通して，Henderson and Milstein（2003）は，次のことを強調している。生徒たちの模範の源泉を構成している教師たちが，レジリエンスに関する特性（質）を実際に示していなければ，生徒たちがレジリエントになることを期待するのは非現実的なことだ，と。

　小学校および中等学校の成功事例の研究（例えば，Day et al., 2000; Moos et al., 2012; Leithwood and Seashore Louis, 2012）でも実証されてきたように，生徒たちの学業および「ウェルビーイング」に関するニーズの両方に注意を向けることによって，生徒たちの成績は向上する。また，学業面の進捗状況および到達度とウェルビーイングとの間には，直接的な因果関係はないかもしれないが，相関関係は確かに存在する。成果を上げているこれらの学校の校長と教員たちは，自らの中核的な目的の一部として，「私たちは，他者との関係の中で，またその関係を通して，人間として成長する」（Fielding, 2000: 51）ことを信じているのだ。

> 　基本的には，私たちが自らの人間性を開花させる際には 2 種類の関係が存在する。それは，機能的ないし職務中心的（task-centred）な関係と，私的ないし個人中心的（person-centred）な関係である…どちらも必要なものであり，相互に依存し合うものである。しかし，一方は他方よりも重要である…つまり，個人的・集団的・教育的目標を達成するために，私たちが学校内で一緒に働く〔際に活用する〕機能的手法は，私たちが試みようとしている活動内容の道徳的・人間関係的な特徴と性質によって変えられるべきなのだ。
> 　　　　　　　　　　　　　　　　　　　　　　（Fielding, 2000: 51-2）

優れて効果的な授業にとって非常に重要なことは，機能的な側面と個人的な側面とが相互に依存していることである。こうした授業は，それと同時に，教師にとっては活力を与えてくれるものであり，かつひどく疲れさせるものでもある。このように，ウェルビーイングを評価する度合い（measures）と社会および仕事がますます複雑化していることとを同じ土俵に並べることは，教師レジリエンス（teacher resilience）の状況において重要なことである。なぜなら，そうして並置することによって，身体的かつ感情的なウェルビーイングに有害な影響を与えるような様々な一連の緊張関係が，大事な点として見えてくるからである。こうした緊張関係に教師たちは対処しなければならない。

● 感情的エネルギー

　　感情は…脳の機能にとって，また，心の生活にとって中心的なものである。
　　　　　　　　　　　　　　　　　　　　　　（Davidson and Begley, 2012: ix）

　優れて効果的な授業に必要なのは，頭（知性），手（教授技術），心（価値，信念，感情）がうまくかみ合っていることである。それとともに，これらがいわゆる「専門職に就く人」をつくり上げる。教職が感情面において多大な労力を要する仕事であるのは，そこに，児童生徒――多様な動機や態度，個人的な学びの履歴を備えた人々，そして，必ずしも学ぶことを選んだわけでなく，教科や教師にいつも高い価値を置いているとは限らない人々――が抱いている課題に取り組むことが関係しているからだ。こうして，最善を目指して教える営みを自ら進んで行い，また，そうして教える力を発揮し続けるならば，教師たちは強い「感情的エネルギー」を維持する必要がある。いわゆる感情的および社会的知性（Goleman, 2006; Salovey and Mayer, 1989）を備えた教師たちが大切だということは認められている。にもかかわらず，逆説的ではあるが，感情的理解（emotional understanding）（Denzin, 1984）と感情的リテラシー（emotionar literacy）（Harris, 2005），教師の質・養成・刷新を推進する諸々の政策において，こうした教師たちの仕事がもつ感情的次元に目が向けられることはめったにない。

Part 1 教師のレジリエンスの本質

　かなり以前のことだが，Hargreaves and Fullan（1999）は，他の研究者たちと共同して，教師の活動の感情的側面の意義を認めることの重要性を確認していた。

> 　教職は，感情的実践である。それは，教師と児童生徒たちの気持ちを呼び起こし，その気持ちに特色を与える。教職には児童生徒を教えることだけでなく，その児童生徒たちとのつながりや関係を築きながら，彼・彼女らをケアすることも含まれる。…それは，教師たちが自らを繰り返し危険にさらす仕事なのだ。…教職においては感情的次元，すなわち，多くの教師たちを偉大な人物たらしめる熱意，情熱，ケア（配慮），知恵，ひらめき，献身といった側面が見失われやすい。　　　　　　　　（Hargreaves and Fullan, 1999: 21）

　教師の感情が，その仕事において果たす役割の理解に焦点を当てる実証的な研究は，増えつつある状態だ（Day, 2004; Hargreaves, 2000; van Veen and Sleegrs, 2006; Schutz and Aembylas, 2009; Day and Lee, 2011）。また，感情的ウェルビーイングという教師の感覚（sense）が，教えることや動機，自己効力感（self-efficacy），コミットメント，そしてケアに対して自身が注ぐエネルギーに影響を与えることは間違いない。そして，このことが教室にいる児童生徒の動機と振る舞いに対して肯定的ないし否定的な影響を及ぼす可能性があることも間違いない。例えば，教師たちおよび児童生徒たちの感情は，不安定で絶えず変化する互恵的な関係の中で相互に関わり合っているし，また，そうした関係の中に存在してもいる。概して，一方が他方を支配するというのではなく，特定の時間に，特定の状況において，一方が他方を支配する可能性がある。以下は，我々が考察する4つの可能性のあるシナリオである。

シナリオ1
　（教師たちの肯定的感情―高い自己効力感・仕事の満足度・専門的アイデンティティ，ウェルビーイング・高い感情的エネルギー）
　教師の肯定的感情→肯定的影響→学びに対する児童生徒の関与（エンゲージメント）が高い

シナリオ2

(教師の否定的感情―低い自己効力感・仕事の満足度・ウェルビーイング・感情的エネルギー・不確かな専門的職能開発)

教師の否定的感情→否定的影響→学びに取り組む児童生徒の熱意が低い

シナリオ3

(教師の矛盾した感情―不安定な自己効力感・仕事の満足度・ウェルビーイングと専門的アイデンティティ, 感情的エネルギーの不安定な水準)

教師の矛盾した感情→肯定的／否定的影響→学びに取り組む児童生徒の矛盾した熱意

シナリオ4

(児童生徒たちの矛盾した／否定的感情―学び・学校・教師への幻滅感)

児童生徒の矛盾した感情→教師と仲間たちに対する肯定的／否定的影響→持続する場合は教師たちの感情的エネルギーに対する難題

　教師(そして彼・彼女たちが受け持つ児童生徒たち)は，教室の中で，数々の対照的な感情を時折経験する。Sutton (2000) が実証的研究をレビューする中で見いだしたことによると，児童生徒の成長と学業達成における(社会的関係としての)愛とケア，驚きと喜び，怒り，悲しみと恐れ，興奮と満足が，最もよく引き合いに出される感情の中に見られたという。したがって，仕事をする中で感情的投資(emotional investment：感情に任せて投資すること)を行うために，教師たちが情緒不安定な状況になったり傷つきやすくなったりする(ヴァルネラビリティ)ことは，驚くべきことではない。こうしたことが見られるのは，政策的な諸課題が変化したり実用的な実践と評価が新たに期待されたりすることによって，長らく保持してきた諸々の原理と実践とを管理することが難しい局面に立たされる場合や，自らの道徳的な誠実さに疑問符がつけられる場合，また，保護者や大衆，児童生徒からの信頼と敬意が喪失した場合だとされている。実際に，傷つきやすさは教職の構造的な条件にあると主張されてきた (Kelchtermans, 2010)。情緒不安定な状態は，個人的，社会・文化的

Part 1 教師のレジリエンスの本質

／政策的ないし職場の結果であろうと，もしくはこれらが合わさったものの結果であろうと，アイデンティティの感情的枠組みにおいてストレスを生み出す。

　認知的および理性的コンピテンシーは特権的であり続けるというのが，これまで示されてきた見解だった（Sharp, 2001）。しかし Arlie Hochschild（1983）の研究は頻繁に引用されているが，そこで観察されていたのは，次のような結果であった。つまり，他者を支援すべく雇用されている人々が，真摯な態度で感情的に仕事に取り組むと，それはその人々に抑圧を与える結果を生み出していることであった。Hochschild が「感情労働（emotional labour）*」と銘打った用語は，クライアント自身がどのような反応を返してくれるかに関わりなく，すべてのクライアントのことを「好きである」ようにして出向くこと，それを労働者に求める仕事について説明したものである。彼女が見いだしたことによると，労働者が，本物ではない偽物の感情的自己を常に見せ続けると，結果として，当該の仕事自体とは関わりのない世界で，その労働者たちの人間関係は機能不全に陥っていたという。

　もちろん，Hochschild が調査した航空会社の乗務員や集金係の仕事と教職の仕事は同じではない。しかしながら，ある程度似通った点もある。Flintham は，スクールリーダーたちの仕事を観察した際に，次のような指摘をしている。「ため池が涸れきる」とき，感情的エネルギーが減少する理由を知ることは容易である。このことは，児童生徒と一緒にいる教師たちが真摯に取り組む水準と，学びに取り組む児童生徒の熱意の水準に関しても同じである（リーダーシップのレジリエンスに関する詳細な議論は 7 章を参照）。つまり感情は自己認識と自己理解によって媒介されるだけでなく，働く文脈によっても媒介される。

　レジリエンスを構築して維持する方策の中で，自らの感情にうまく対処する可能性があるため，レジリエントであることや自分の感情を理解してうまく調整すること，また，そうしたことを行う中で支援を受けることは，教師たちに必要なことである。教師たちは，児童生徒たち（が学びに向かう）動機づけを促し，（教師たちとの）信頼関係を構築するうえで重要な役割を果たす。そのため，教師たちに必要なのは，内的および内向的な個人的資質・技能に必要なレパートリーの一部として，（自分自身および他者の）感情をうまく調整する資質や能力を手にすることである。様々な研究者たちが感情の

3章　ウェルビーイング，感情，そしてケアの重要性

性質（例えば Damasio, 2004）や感情的理解（Denzin, 1984），感情的リテラシー（Harris, 2005），そして感情的・社会的知性（Salovey and Mayer, 1989; Goleman, 2006）を追究し説明してきた。特に Goleman の「感情的知性（emotional intelligence: EI）」の考えは，幅広く受け入れられてきた。しかし，それにも批判がないわけではない。

● 感情的知性：ある批判

　心理学を基礎とする「感情的知性」は，Goleman（1995）が一般向けに示したものであり，これは次の5つの鍵となる要素で構成されている。すなわち，人の感情を知ること，感情をうまく取り持つこと，自分でやる気になること，他者の感情を認識すること，関係をうまく取りもつこと，である。彼の同僚である Davidson にも同じことが言えるのだが，これは明らかに，感情的な自己制御と他者の感情的制御に関する個人的（心理的）資質と能力を強調しすぎている。McLaughlin も指摘しているように（2008: 362），Goleman の業績は「個人が…相互関係的であるよりも…自身の感情の対処に対して大半の責任を負っている，という考えに基づいている」。Goleman の主張は，「衝動のなすがままの状態にある人―支配権を失っている人―は，道徳的欠陥により苦しむ。衝動を操ることができる力が，意志と性格の基盤なのだ」（Goleman, 1995: xii／McLaughlin, 2008: 355 において引用）というものである。確かに感情的知性は，すべてのスクールリーダーに必要な特性であるとして，今や政策と養成の状況において欠かせない特質である。しかしながら，Craig（2007, McLaughlin, 2008: 359-60 において報告）は，以下のような根拠に基づいて Goleman の業績を批判している。

　i) Goleman は，Mayer et al.（2004）が展開してきた，知性と感情的技能とが結びついているものとしての感情的技量（アビリティ）がもつ本来の概念を歪めてきた。Goleman は，「感情的技量の概念を取り出してきて，その概念に，温かさや共感，情熱，といったようなある種の肯定的な個人の性格的特性をつけ加えたのだ。こうした特性は，原著では具体化されて

51

いないものなのに」(McLaughlin, 2008: 360)。

ⅱ) Gardner (1999) は，知性と分離した形態としての EI の考えに対して疑問を呈し，こう主張する。「感情は認知の一部であり一群である。…もしある知性を感情的であると呼ぶならば，別の知性はそうでないことを意味する—そして，そこで意味されていることは経験と実証的データに反している，ということになる」(Gardner, 1999: 71-72)。

ⅲ)「感情的に知性のある人」とラベリングすることによって，特に，「EI の個性と社会・文化的地位との間に重なり合うものが存在する」ために，感情的エリートを生み出してしまう。

ⅳ) 感情的知性の検査に対する信頼性には，疑問が呈されている (Sternberg, 2000)。

ⅴ) Goleman の業績では，感情は，「賞賛されるべきものというよりも，懸念され，統御および制御されるべきだという意味合いがかなりあるもの」とみなされている。

(Craig, 2007: 10)

こうした批判に対して，本書や他の文献で見いだされたレジリエンスと関連する広範な研究領域という観点から，次のことをつけ加えることができるだろう。すなわち，教師たちの労働環境が自身の活躍を可能にしてくれる場であろうと，感情的エネルギー使い果たして疲弊させる場であろうとも，自らが働く環境から，またともに勤務する人々から，レジリエントであるための教師たちの資質は影響を受ける。

● 感情と健康

行動医学における最も有力かつ一貫性のある発見の１つは，肯定的感情と健康との間の関係である…人の精神の状態が身体の状態に影響を与え，より具体的にいえば，感情が生理学に対して，それゆえ健康に対して影響を与えるという，説得力のある根拠が存在するのだ。　(Davidson, 2012: 117, 132)

肯定的な感情と健康との関係に対して，確証的かつ実証的な証拠がある。そのうち，強固な説得力をもつ出典としては，Steptoe et al. (2005) の「神経分泌・心臓血管・炎症過程と関わる肯定的影響と健康」の報告がある。彼らは，別々の場所で働く公務員，男性 116 名，女性 100 名が行った自己報告と彼・彼女らの医学データとを 3 年かけて収集・分析した。コルチゾールというストレスへの対処を助けるホルモンと，血漿フィブリノゲン (plasma fibrinogen) という「炎症と心臓病に関与している分子」(2005: 120) の水準を測定した。彼らの発見によれば，自分が最も幸福でないと報告した参加者たちは，「最も幸福だと報告した参加者たちよりも，コルチゾールの値が平均で 48％も高かった。そして最も幸福でないとした参加者たちは，同じく，ストレスを誘発する 2 つの業務に反応する血漿フィブリノゲンの値がかなり跳ね上がっていた」(2005: 12) という。他の医療科学者たちも同様に，幸福の水準と風邪の進行度合いとの関連を発見していた (Cohen et al., 2003)。彼らの発見によれば，否定的な感情（悲しい，落ち込んだ，神経質な，敵意をもった）で参加者たちに対して，肯定的な感情（幸せな，愉快な，落ち着いた，心地良い，生き生きとして気力に満ちた）が最も高い水準だと自己報告した参加者たちは，一番積極的に社会的な交流を行った人たちであり，また「ほぼ 3 倍の度合いで風邪が悪化しなかった」(2003: 121) という。

「関連」が「因果」を含意しないことを頭に留めておくことは重要である。しかし，これらや他の諸研究によって明らかにされてきたことは参考に値する。教師のモチベーションと自己効力感，そして仕事の充足感との関係——言い換えれば，教室での活動に力を注ぐレジリエントな教師たちの感情的健康と精力的に取り組む力との関連——が重要であると，教育学の研究者たちは主張してきた。こうした主張の多くを補完するような客観的・生物学的な証拠が，新たに出てきているのだ。

● 脳の感情的生活

『あなたの脳の感情的生活 (*The Emotional Life of Your Brain*)』(2012) で，Davidson and Begley は，神経画像と他の方法の技術を応用して，人生の出来

事に対して人々が異なる反応を示す理由を調べた。彼らの発見は，認知・推論・論理・感情が「分離した，相互に独立した脳の電気回路として機能している」（2012: 24）ことを主張していた人々とは，見事に対照的な主張であった。彼らが示したことによれば，反応の差異は，個々人の「感情的スタイル」と「種類や強弱，期間で異なっている応答の集まりおよび対処メカニズム」（2012: 24）と関連している。それらの反応の習慣的なパターンを変えることを個人は身につけることができるという。そうした発見は，もし信頼できるものならば，レジリエントな教師の資質と能力を構築することに関心のある人々にとって，明らかに示唆に富むものだ。

神経科学者であり，ウィスコンシンの心の健康調査センター長でもあるDavidsonは，「**感情的スタイル**」を「私たちの人生の経験に対して反応する一貫性のある方法」（Davidson 2012: xi）としている。これは，心理学的に引き出された多くの分類の枠組みと異なっている。彼の主張によると，感情的スタイルは「特定の識別可能な脳の回路によって制御されており，客観的な実験的手法を用いて測定できるものだ」（2012: xi）という。我々がこの業績に特に関心を抱いているのは，感情の神経科学においてDavidsonの研究が導き出した感情的スタイルの6つの次元が，教師の仕事と生活，有能さに関する教育研究と密接な関わりをもっているからである。彼が特定している感情的スタイルの次元とは，次のようなものである。

- レジリエンス：逆境からいかに緩やかにもしくは素早く回復するか
- 展望：肯定的な感情をいかに長く維持するか
- 社会的直感力：周りの人から受ける社会的なシグナルをいかに巧みに拾い上げるか
- 自己認識：感情を反映する感覚（feelings）を，いかにうまく身体を通して知覚するか
- 状況に対する感受性：自らの感情的反応をいかに良い形で調整し，自身がいる状況を考慮するか
- 注意力：自身の焦点がいかに鋭く明瞭か

(2012: xii)

Davidson の主張によれば，これらの次元は，常に個々人の意識の水準に，すぐに現れるわけではない。心と身体の物理的な連関を明らかにしている一連の実証的研究を引用しながら，彼はこれら6つのそれぞれを精緻化している。ここでは，彼がレジリエンスについて見いだしたことに目を向ける。

　「レジリエンス」に言及する際，彼は「ほとんど例外なく，私たちはストレスが生じる出来事からいかに素早く回復するかということに注意を払ってこなかった」（2012: ⅷ）ことに注目する。この主張は，「日常的レジリエンス」が教師たちに必要であるとする我々自身の知見に「合致する」。また，「私たちはその結果を経験する」ことを観察することによって，そうした我々自身の知見を適用する範囲を広げてもくれる。例えば，レジリエンスに関して低い資質を示す教師たちは，授業や同僚との不和ないし論争によって受ける否定的な経験から立ち直るのが遅い可能性がある。このことが，その日の残りの時間，またそれ以後の時間にも影響して，自らの教職活動に悪影響を与える。一方で，レジリエンスに関して高い資質を示す教師たちは，比較的素早く立ち直りやすい。経験に対して人は異なる反応をするという Davidson の主張は，我々の観察した成果の中でも見てとれる。我々は，教師たちを鼓舞し，その中でレジリエンスを確認することや，包括的な養成や発達および支援の機会を提供すべく一般化された方策がとられても，それらのことが成果を収める可能性は低い，という結果を得ていた。むしろ，レジリエンスに必要な個人的・組織的な資質を形成・維持するうえで，教師の自己認識および個々の教師たちに対するスクールリーダーらの理解が欠かすことのできない役割を果たしている。このことが成果を生む可能性はかなり高い（職場の影響に関する詳細な議論は，6章を参照）。感情的スタイルの6つの次元の相対的な影響は変化しうるものであり，また，これから個人や職場，政策の変化によって影響を受ける。このことも事実である。

　　感情的スタイルは，自分の親から受け継いできた遺伝子と，自分が経験したことによって幼年期に蓄えられた脳の電気回路の賜物である。しかし，その回路は永久に固定されたものではない。感情的スタイルは，元来は長い間にわたってきわめて安定しているものである。けれども，特有の知性の質や習慣を意識的に涵養することを通して，人生のどの地点においても，思わぬ

経験だけでなく意識的・意図的な努力によっても，この感情的スタイルは変えられうるものなのだ。
(2012: 10)

● レジリエンスは回復の連続体：早いのか遅いのか？

個々人のレジリエンスの歴史にも違いがある。そうした違いの中でさえも，引き続いて起こる挫折から先に進めないような「立ち直るのに時間がかかる」ことから，素早く立ち直って嫌な経験を背後に追いやることができるような「立ち直りが早い」状態へと向かう，「回復」の連続体が存在する。Davidson はこうしたことを示すことによって，レジリエンスは状況に応じて変動する可能性があるという見解を示した。けれども，立ち直りの早いことが常に良いことだということでは必ずしもない。なぜなら Davidson も指摘しているように,「健康的で感情的な生活を送るためには，自分自身の感情を感じ反応できることが必要であり，そうして感じ反応することは，あまり大急ぎで先に進んでしまうとうまく進展しなくなる」(Davidson, 2012: 242) からだ。さらに，挫折から立ち直りにくく，それゆえ比較的長い期間にわたってうまく活動できないような児童生徒や同僚たちに対して，彼ら自身がケアされていないと感じるようなことがない場合でも，共感的に対応できることが教師には必要とされる。

また，Davidson は,「ささいなことがらにおけるレジリエンスは…より大事なことがらに関するレジリエンスの良き指標となる」(2012: 47) ということも見いだした。学校の中で,（ささいなことがらにおける）日常的レジリエンスを，立ち直りやすいこと，感情的健康とウェルビーイング（自己満足ではなく）の指標として，またそれに貢献するものとして目にすることがある。その両方が教師のモチベーションにとって必要不可欠なものであり，最高の状態で教えることのできる資質であるのだ。

● ウェルビーイングが直面する状況

教職は，根本的にはヴァルネラビリティによって特徴づけられ構成されている。その意味では，ヴァルネラビリティは感情的状態ないし経験として理

解されるべきものではなく（確かに，ヴァルネラブルである〈傷つきやすい〉という経験は強い感情の引き金になるけれども），専門職の構造的な特色として理解されるべきである。　　　　　　　　　　(Kelchtermans, 2009: 265)

　Geert Kelchtermans が長年にわたって行ってきた小規模の質的および概念研究のおかげで，教師の専門職意識と教員の「調整，資質管理，政策の要求」，すなわち，政府主導の成果（を重視する）志向性や成果重視と呼ばれる動きが世界中で広がっていることが教師の感情に与えた結果が，いっそう説得力のある証拠として明らかになってきた（2 章を参照）。リスクとヴァルネラビリティは，教師の日常世界の一部である。その一方で，政策主導の要求が高まり，（例えば，教授・学習過程と業績管理，そして児童生徒の成長と学業達成をこまめに調べて測定するといったような透明性を高めること），労働状況が変化するにつれて，結果として，外部の圧力と教室の圧力に対して生じるヴァルネラビリティの感覚も強まるかもしれない。そうしたヴァルネラビリティは教師が抱く仕事に対する満足感や充足感，そしてウェルビーイングの感覚を脅かし，教師たちのモチベーションにも影響を与えるかもしれない。また，このヴァルネラビリティによって，児童生徒の学びの生活と学力において「変化を生み出す」自分たちのコンピテンシーに教師たちは疑念を抱きかねない。より長期にわたる影響については，Huberman（1989）でも確認されている。この研究は，スイスの中等教育局面の中堅教師たちの間で，「エネルギーと関心を低下させること」(1993: 38) と，終盤にさしかかる教職の局面で心が打ち砕かれることがあることを見いだした。「教師たちがヴァルネラブルでバーンアウト（燃え尽き症候群）に陥るのは，感情面でへとへとに疲れた経験をし，貶める事態にさらされるような，非常に複雑かつ感情が絡んだ構造に対処することに普段から従事しているためである」(Pyhältö et al., 2011: 1102)。

　Pyhältö et al.（2011）の研究は，職業上のウェルビーイングに対して，フィンランドの中等学校の教師たちの感覚を揺るがせているものは何なのか，また，何がバーンアウトを引き起こすのか，ということを調査するためのものであった。この研究は，高い適合性が仕事に満足するのに役立つ傾向にある一方で，低い適合性はバーンアウトのリスクを高める傾向にある，ということを

基盤にして，教師の労働環境が「適合する」ことについて調べた（Cable and Edwards, 2004 も参照）。教師のバーンアウトの原因が単一である可能性は低い。しかし，それでもなお，「教師の労働環境との適合」を真摯に考慮することは重要である。なぜなら，労働環境との適合は，教師が教職に留まることや転職することだけでなく，特に教師のモチベーションとコミットメントの度合いに関連する可能性が高いからだ。さらには，その教師と環境との「適合」が良くないと，教師と同僚，教師と校長，もしくは教師と児童生徒の間にある価値観の葛藤に結びつく可能性があるからだ。著者らは，小学校および中等学校の児童生徒たちを教えている 68 名のフィンランドの教師たちにインタビューを実施して分析した。予想通り，彼らの研究によれば，報告された「疲弊，皮肉癖，力不足，疎外」の水準は多様だった。しかしながら，とくに著者らが見いだしたのは，「半数以上（61％）の教師たちの記述が，より皮肉的になっていること，また，自分たちは活動から疎外されているという感覚と結びついていたということ」（Pyhältö et al., 2011: 11）であった。そして，これらと結びついた 4 つの環境が存在していることがわかった。その 4 つとは，以下の通りである。

1. 教師 − 児童生徒の交流
2. 専門的な共同体内での交流
3. 教師 − 保護者の交流
4. 学校改革と学校運営（リーダーシップ）を含む学校体系

著者らは，まったく異なる心理学的研究の伝統のもとで活動しているが，「バーンアウト」は，「希望に満ちた状態」（Bullough and Hall-Kenyon, 2011b）と同様に，個人的特徴ないし特質だけでなく，「社会的・集合的・関係的…現象でもある」（Pyhältö et al., 2011: 1108）ことを発見した。さらに，次のことも見いだしていた。すなわち，「バーンアウト」は長きにわたって進行する 1 つの状況である。その一方で，

　　　　教師たちは感情的エネルギーが欠乏していたり十分なコンピテンシーがな

いという感覚を抱いたり，また児童生徒や保護者ないし同僚に対してよそよそしくとげとげしい態度をとっている。学校の日常の実践において同じ水準で把握しており，そうして把握してきたことを積み重ねている。このことに注目することは重要なことだ。悩ましいエピソードは，学校のコミュニティのメンバーたちがそれらのエピソードに気づいてさえいないような形で，学校の中に頻繁に埋め込まれている。　　　　　　　（Pyhältö et al., 2011: 1108）

同じことは，コミットメントと希望，そしてレジリエンスの浸蝕にも当てはまる。これらに対して肯定的ないし否定的に作用する諸々の要因は，累積的かつ文脈に固有なものとなりやすい。したがって，レジリエントであるための資質と能力がいかに形成され維持されているかについて考察する場合，自己省察に加えて，知的・実践的ウェルビーイングおよび教師たちの感情に対して注意を払うことも含めた人間関係に，教師たち自身およびスクールリーダーたちは，継続的に目を向ける必要がある。そうしたことは自明の理である。けれども，諸々の過程や組織的な改善というものは，個人として，すべてのスタッフに対して専門的なケアを施すことができるようにまんべんなく注意を払っていないと，うまくいく可能性は低い。―また，こうした専門的なケアは，教授・学習のための物理的環境という観点だけでなく，感情的エネルギーが涵養し維持され，「希望に満ちた状態」に溢れ，コミットメントが育まれるような人間環境という観点からも行われるものなのだ。

Eraut et al.（2004, 2007）は，職場での学習を調査する中で，1つのモデルを提示している。レジリエンスが必要であるという文脈で読み取ると，このモデルは次のようなことを示している。それは，自信および活動へのコミットメントを維持する個人にとっての難題と，仕事ができあがる様式，成果への期待，人間関係，そして支援およびフィードバックの水準との間で展開される交流が，うまい具合に釣り合っている，というものである（図3.1 参照）。

他の研究者たちと同様に，この著者らの結論も，専門的自律性とコントロールの感覚は，高い自己効力感と仕事への満足度にとって主たる要因となっているというものであった―本書の文脈においては，これらのことはレジリエントであるために必要な教師の資質にとっても要因となると考えられるが―。また

Part 1 教師のレジリエンスの本質

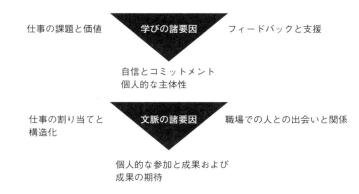

図 3.1 仕事中の学びに影響を与える諸要因：2 つの三角モデル

Eraut が着想を得た「仕事 – 要求度 – コントロール – 支援」モデル（Karasek, 1979; Karasek and Theorell, 1990）を参照しながら，Caspersen（2013: 30）は次のことに注目している。すなわち，「仕事の要求の度合いがかなり高く，自身でコントロールできる余地が多分にある場合，学びが生じる可能性は非常に高い。…しかし，要求の度合いが高くてコントロールできる余地が少ないと，ストレスと不健康が生じることになる」。しかしながら，彼がオランダで行った後年の研究（Taris et al., 2003）の指摘によると，他者からの要求とコントロールとの間には重要な違いがあるという。他者からの仕事の要求は，学びに対して消極的（否定的）な影響を与えるかもしれない。その一方で，それとは反対のことが仕事の管理についても当てはまる。また，Eraut et al.（2004, 2007）や他の研究者たちの業績からもわかるように，教職の社会的状況には肯定的ないし否定的な影響が備わっており，これらの中で，個人のレジリエンスの歴史は自らの役割を果たす。図 3.2 は，我々が構築したある仮説的なモデルである。これは，要求，コントロール，自律，自己効力感，仕事に対する充足感，社会的状況（文脈），そしてレジリエンスの間の関係を理解するためのものである。

3章 ウェルビーイング，感情，そしてケアの重要性

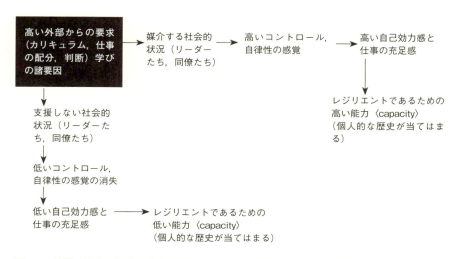

図3.2　外部の仕事の要求と社会的媒介物は，自己効力感と仕事への充足感，レジリエントであるための能力をいかにして構築したり低下させたりするのか

● 学びに関する楽観主義：肯定的な個人的特質以上のもの

　教師の学びに関する楽観主義の感覚とは，個々の教師たちが抱いている信念のことである。それは，自分たちは効果的に教えることができ，児童生徒たちは学ぶことができ，保護者たちは自分たちを支援するので，教師たちは学びを厳しく強要できる，というものだ。　　　　　(Beard et al., 2010: 1136)

　この著者らは，Bandura (1994) の自己効力感の理論と Seligman (1998) の「後天的楽観主義（learned optimism）*」の概念に基づき，また，自身の過去の研究に立脚しながら，アメリカで数多くの研究を行い，その成果を出してきた。それによると，集団的な学びに関する楽観主義は，成果を上げている学校文化がもつ「潜在的な」特性であり，児童生徒の学業達成を伴っている。しかし，それだけでなく，学びに関する楽観主義は個々の教師たちによって異なるという。この著者らが考えている学びに関する楽観主義とは，学びに焦点を当てることと集団的効力感，そして，保護者および児童生徒が抱く信用とが相互に関わり

61

合った末に生じた成果のことである。その信用の質は，博愛，信頼，コンピテンシー，誠実，寛容によって指し示され（Hoy and Tschannen-Moran, 1999），また，これらは学校の文化と構造の中で育まれることができ，このような文化と構造は権限を付与する性質を備えている。

> 役割が設定され，コミュニケーションが双方向で展開する。諸々の問題は好機とみなされ，違いが尊重され，信用が生み出される。失敗から学び，校長からの予期せぬ…信用を快く受け入れ，役割上の争いがなく，信用を伝えあう。権限の意識を教師が感じ，教師間で真の人間関係が展開され，そして教師と校長の間でコミュニケーションが開放的となっている。こうしたことが生じる範囲の中で，権威が共有されながら，権限を付与する性質を備えた官僚制が学校の中に立ち現れるのだ。
> （Hoy and Sweetland, 2001; in Beard et al., 2010: 1138）

そのため，学びについての楽観主義（学業面の強調，自己効力感と信用）を育て維持する教師たちのコンピテンシーと，その教師のリーダーたちが学校の構造と文化に与える影響を通して，このような楽観主義を促進させる方法の間には，はっきりとした関係があるように思われる。教師たちが児童生徒の学びに資することとの関連で言えば，この研究成果は，Bryk and Schneider（2002）で補完できるかもしれない。彼らは，シカゴの小学校を改善する中で以下の4つの社会的条件を確認した。

1.「できる」態度を備えた教師たち
2. 保護者との関係
3. 協同的な業務の実施，そして
4. 高い期待

教師たちの多くは，学びについての楽観主義の感覚をしっかりと抱きながら，専門職の世界に参入してくる。その一方で，こうした感覚は肯定的ないし否定的な職場の影響によって，時間をかけて強化されたり蝕まれたりする。それゆ

え，学びについての楽観主義とは，「事態が困難であるときでさえ，肯定的な結果となることを期待するような」(Carver and Scheier, 2002: 233) 個人的な心構え以上のものである。

● 希望，レジリエンス，そして上手に教える資質

Bullough and Hall-Keynon (2011b) が示すことによると，多くの国々と同様に，少なくともアメリカにおいては，学校の相対的な学力結果を評価する最も正確な手段として，スタンダード化されたテストと試験に基づいた児童生徒のテストの点数に政府は過剰な信頼を寄せている。また，このことによって，ⅰ）自国内および国際的に見た他の学校体系において，他の学校と比較した際に，自分たちの児童生徒の成績が振るわなかったら罰せられると教師たちが感じることが多くなる。ⅱ）児童生徒のテストの点数が上がるのを保証すべく，いっそう効果を生み出すように教師たちが働けない場合，もっと多くの罰を与えることで対処する方策を主導する。このように学校改善を進める政府は，暗に示された脅迫をますます援用することになる。教師たちの活動を機能主義的な目的でとらえるなかで，そうした脅しが増えているという事態は，アメリカに限ったことではない。議論されているかもしれないが，これらの事態は児童生徒の成長や学業達成を国際的に比較する体系が発展することで，思わぬ形で広がってきている。

外側から支配される政策上の文脈の中，（一部の）教師たちは自分たちの活動をどのようにとらえているのか。こうしたことに対して成果重視の文化が与える影響を，一部の研究者たちが発見している。以下に例を示しておく。

- 「**防衛的な**」授業（Bracey, 2009）。外部からの診断が頻繁に行われる場合，リスクを引き受ける度合いは低くなり，保守的な要素が高くなる。この場合の極端な例としては，「テストに向けた授業（teaching to the test）」を強調し続け，自立的な学習や問題解決的な活動といったようなものではなく，限られた領域での授業アプローチしか活用しないことが挙げられる。
- 「**脅しによる硬直性**」（Olsen and Sexton, 2009）。極度に中央主権化した管

理機構の範囲内で，学校運営の構造を順守することを強く求める場合，また，革新的な思考が促されない場合のこと。
- 「データの浸透化」がなされた教室と学校。目標を設定し，極度に綿密かつほぼ原子論的な診断を可能にする。評価テンプレートを頻繁に参照しながら，児童生徒の進度と学力に関する詳細な情報を一般化することに重点が置かれている場合のこと。ここでのニュアンスとしては次の通りである。すなわち，児童生徒と教師がデータの中に覆い隠されて，より幅広い教育目的と教育過程が欠落している。その際，そうしたデータは機能主義的・効率的・線型的な学びの見方とのみ結びついている。こうした場合を除いて，データ収集やそれ自体を分析して活用することが批判されることはまったくない。

Bullough and Hall-Keynon（2011a）は，教師のモチベーションとウェルビーイング，そして「希望に満ちた」(2011a: 128) 感覚に対して有害な文脈と見なすものが与える影響を調査した。彼らは Lazarus（1991）の業績を引き合いに出しながら，楽観主義と希望を次のように区別した。

> 希望と楽観主義の違いは，論理的に実質的なものである…。希望の場合は，状況が良くなるという信念が，否定的な結果へと向かうかもしれないという不安を抱くことと同調している…。しかしながら，通常定義されているように，楽観主義の場合は，疑念を抱くことがほとんどないか，あるいは，そうする余地がまったく存在しない。楽観主義の人は，すべてがうまくいくのだという自信を抱いているのだ。　　　　　　　　　　（Lazarus, 1991: 672）

Bullough らは，教員養成課程の学生たち，および多様な教職経験をもつ現職の初等学校の教員を対象とした調査をデザインして実施した。その調査自体は，「希望尺度」に基づいたものである。この希望尺度とは，「過去，現在，未来の目標を設定する際にうまくいく決定の感覚」である「エージェンシー（agency）の自己報告」と，「目標を達成するうえでうまくいく計画を生み出すことができる感覚」の経路を「結びつけている」ものであった（Snyder et al., 1991: 570)。我々は確信しているのだが，これらの用語は，レジリエンスを形成して育むための教師たちの資質と能力と結びつきやすい。彼らの研究が見いだしたことは，「限定的な」ものであったが，「示唆的な」もの（Bullough and Hall-Keynon, 2011b: 137）である。そして，この著者らはこう結論づけている。すなわち，たとえ労働状況に満足していないときでさえも教師たちは希望を抱き続けているが，長きにわたって，そうした希望——著者らはそれらを職業の感覚と結びつけている——は蝕まれてきている。これに伴い，教師らの楽観主義，コミットメント，レジリエンスは低下する可能性がある（Schaufeli and Buunk, 2003）。

  成し遂げる資源がないままに，出来事をやりくりしようと努力し続ける。そうすることは，過酷に働いているかどうかにかかわらず，成し遂げることに客観的な制限を設定しようとする人に害を与える可能性がある。もし楽観主義が，社会的な価値を備えたものとして生き残るとするなら，このスタンスで価値ある報酬が生み出されるような因果律に則った文脈が，この世界に存在しなければならない。もしそうでないならば，人々は達成できない目標へと自らの努力を注ぎ込み，疲れ果て，病気になり，士気を失う。さもなければ，人々は達成できるけれども望んでいない目標へと，自らに内在する楽観主義の向かう矛先を移し直すかもしれない。　　　　　（Peterson, 2006: 127）

Bullough らは次のような結論を下している。

  教師たちが教職に力を注ぎ込み全力を傾ける（コミットする）ことを維持し深めていくことは，実践が改善されることにとって決定的に重要である。それゆえ，これらのことは，学校改革を行う際のいかなる努力も成功へとつなげるために間違いなく大事なことである…教師たちの希望に満ちた態度を強めてくれる政策は，子どもたちにとっても良いものとなる可能性が高い。
　　　　　　　　　　　　　　　（Bullough and Hall-Keynon, 2011b: 137）

もし学校が，見識があって熱意もあり，楽観主義で，責任を全うし，首尾一

貫している教師を見いだすだけでなく，彼らを留めようとするなら，不可欠なことがある。それは，自分たちが教える児童生徒たちの学びの生活において効果を生み出すことができる，という信念を抱きながら，レジリエンスに必要な資質と，例外的な逆境的状況だけでなく，日常生活において物事に対処する能力を高めてくれるような活動を通して，高い水準の自己効力感と感情的コンピテンシーを養うことである。——その理由は，Tait（2010: 71）が示しているように，「教職の諸々課題に対するレジリエントな態度と反応は，教職という職歴において成果を上げて責任を全うするうえで，価値ある予測指標であり得る」からである。

● ケアの蓄え：レジリエントな教師，レジリエントな児童生徒

　最善の授業とは，頭（知識，知性），手（学級経営のコンピテンシー，教授・学習方略），そして心（一連の道徳的および倫理的諸原理に基づいた専門的および個人的コミットメント）を組み合わせて適用したものを反映したものだ。このことは自明の理だと言えよう。理性と感情，認知的であることと情緒的であることは，高い質を備えた教授と学習の「フロー」の中で相互依存的なものであり，不可分なものである（Csikszenthmihalyi, 1996）。あらゆる優れた教授・学習の鍵となる要素の1つは，教師と児童生徒の間にある関係の質である。この関係を築いて育み，そして維持する際に寄与する次の点を考慮することが重要となる。それは，教えられる教科だけでなく，自分たちのことを教師たちが「ケアしてくれる」ことを児童生徒たちが信じていることである。教えるということには，Hargreaves が長年観察したように，「人間の慈しみ，連帯感，温もり，そして愛」（Hargreaves, 1994: 175）が含まれる。

　それゆえ，我々は以下のことを強調することで本章の結論を示す。それは，これら諸々課題への対処に着手するためには，我々が**ケアの蓄え**と呼ぶものを教師たちは備えている必要がある。なぜなら，周知のように，このケアの蓄えこそ，児童生徒たちが最も優れた教師たちに備わっていると認める本質的な資質だからである。

レジリエントな子どもたちの生活において，家族ではないけれども最も頻繁に出会う肯定的な役割モデルとは，自分たちに関心を寄せてくれるお気に入りの教師たちである。この教師たちは，学業面での指導者だけでなく，一人ひとりを認めてくれる信頼のおける肯定的なモデルでもある。…児童生徒がしっかりと学ぶことができるように教師たちが教える。カリキュラムは児童生徒の現在および将来の必要性と関連している。そしてそこで真正な評価の実践が活用される。児童生徒たちが規則を設けて運営するのに貢献できるような，民主的な教室がつくり上げられる。合理的・人間的・首尾一貫的な行動管理の技術が導入される。教師たちが温かく，親しみやすく，公平な態度で接し，支援的であり，児童生徒たちに良い効果を与えるような幅広い方法を活用できる。これらのようなことが生じているときに，学校における学力の向上が生じる可能性はいっそう高まる。　　（Howard et al., 1999: 313-18）

　児童生徒がレジリエントとなるように育てる際に，教師たちには潜在的な影響力がある。それを明らかにする手段として，我々は次の引用を活用するが，加えてこの引用を用いるもう1つ理由がある。それは，この引用が感情的ウェルビーイングを促進するために教師たちが必要とし適用しなければならない資質や知識，技能，コンピテンシーが複合したものを，少なくとも暗示的に表している，ということである。そうした複合物は，一般的用語で「ケアと支援」としてかなりよく知られているものを詳細に示したものである。

　　　教職という専門職は…技術的ないし認知的実践であるだけでなく，根本的
　　には社会的なものである。つまり，それは関係的かつ感情的で，密接に絡み
　　合っているものなのだ。　　　　　　　　　（Aspfors and Bondas, 2013: 243）

　Aspfors and Bondas は，フィンランドの小学校の初任教師たちを対象に混合法を用いた研究を行い，関係性の3つの特色と，これらが教師たちによって経験される肯定的および否定的な様式を明らかにした。それは以下の通りである。

Part 1 教師のレジリエンスの本質

- **〜についてケアすること**：ケアされていること，また，初任教師であることを他者に承認されることを強調する。
- **互恵的関係**：学校コミュニティに関わる人たちの間の互恵的な行為に焦点を当てる（開放性，対話，やりとり，受容性，傾聴）。
- **〜のためにケアすること**：身の周りにいる人たち，特に自分の児童生徒たちに対して，初任教師自身がケアすること。それは関係的かつ職務志向的である。

（Aspfors and Bondas, 2013 に基づく）

以下に，彼らが作成した表を再掲する（表 3.1）。なぜなら，この表は，コミットメント（そして教師であり続けること）を促進する可能性が高い様式，また，仕事に不満を抱く・コミットメントが消失する・離職する，といった可能

表 3.1 初任教師によって経験された特徴的な関係とパラドックスの緊張のカテゴリー

関　係	パラドックスの緊張
〜についてケアすること	**慈しみ** 　生き生きとした慈しみのあるリーダーシップ 　平等な受容と支援 　肯定的承認 **排除** 　承認と信用の欠如 　ハラスメントに断固とした態度をとる必要性 　要求の多い関わりと法に則った手続き（合法的処置）
互恵的関係	**拡張的** 　互恵的協働 　開放的かつ肯定的雰囲気 **制限的** 　散発的な接触と抵抗 　異なる見方と一方通行のコミュニケーション
〜のためにケアすること	**楽しみ** 　児童生徒との密接で実りある関係 　学びと育ちを呼び起こし見返りを得ること 　自信と尊敬に満ちている **疲労困憊** 　要求の多い教室運営としつけ 　困難な問題を抱える児童生徒の行為 　個々のニーズに合わせることの難しさ

（Aspfors and Bondas, 2013: 246）

性が高い様式など，教職がもつこれら3つの本質的な関係的特徴を構築するうえで，学校内に存在している諸条件を明らかにするからである。

このフィンランドの研究は，新たに免許を授与された小学校教員たちに焦点を当てている。けれども，この研究の成果はいっそう経験を積んだ人たちにも同じく適応できるだろう。なぜなら，「～についてケアすること」，「互恵的関係」，「～のためにケアすること」は，教師たちの専門職としてのアイデンティティにとってあらゆる鍵となる部分であり，すべては教師たちのレジリエンスに資するといえる可能性があるからだ。

結論

教室におけるケアは，それがケアしている対象となっている人の認識に埋め込まれているとき，また，その人が学んで学力を向上させたいという願望の中に埋め込まれているときにのみうまくいく。そこには信用と信頼性が育まれ維持されることが必要である。

> 私たちが誰かを認めるとき，私たちはその人の良い面を認め，その成長を促す。これを行うために，私たちは分別をわきまえて，上手に他者のことも知らなければならない。さもなければ，その他者が本当に努力の対象としているもの，つまり，彼や彼女が長い間にわたって実現しようと願っていることを私たちは知ることができない。公式とスローガンの居場所は，確証（confirmation）の中にはない。私たちはすべての人に対して単一の理想を投げかけず，また，「すべての人に対する高い期待」を公にするものでもない。むしろ，私たちは，自分が出会う人それぞれの中に苦労して現れようとしている畏敬すべき何か，もしくは少なくとも受け入れることができる何かがある，ということを認めるのだ。
>
> （Noddings, 1998: 192 ／ Smith, 2004 において引用）

我々が個人的および集団的なケアの行為を調べるとき，これらの行為にはかなりのレジリエンスが必要だということは明らかである。それから，すばらし

い授業には，技術的な能力を備えている以上のことが必要である。実際のところ，自らの授業でケアを実演しないで優れた力を備えた教師という人に，我々は出会ったことがなかった。この意味で，すばらしい授業は，決して，自分たちの仕事を遂行するために他者を抑圧しながら，個々人は一連の公的な気持ち（例：友好，親密）を示すといった，「感情労働」ではあり得ない（Hochschild, 1983）。むしろ教師の側からすれば，すばらしい授業とは真の願望と「連帯のための資質」（Palmer, 1998: 13）を必要とする感情活動である。もし，「若者の感情的ウェルビーイングが　　学校と教室におけるインクルージョンや教授・学習，そして共同体の構築と深く結びついているならば，…また，教師と児童生徒たち，そして児童生徒同士の間の関係の質と切り離すことができないものならば」（McLaughlin, 2008: 365），それは，レジリエントであるための教師たち自身に対する責務である。加えて，レジリエントである教師たち自身の資質と能力の条件を開発するうえで必要なことを保障する校長たちの責務でもある。

　多くのクラスを教える中等学校の教師たちよりも，クラス全体の責任をもつ小学校の教師たちのほうが，ケアする機会はかなり多い。授業において，学力の成果を上げる圧力に苦慮しながら，個人の倫理と集団的なケアの統合を実行するにはかなりのエネルギーが必要である―これが，感情的な蓄えが枯渇するもう1つの要因であり，そのために教師たちのレジリエンスを高め維持することに意識を向けることが校長たちの活動において中心的である理由である―。しかし，学びたがらない児童生徒たちが示す課題が絶え間なく生じたり，児童生徒に対して力を注ぐ水準に共感してくれない同僚がいる場合，また教師たちにとってほとんど見返りのない価値と実践に過度に力を注ぐことが最善の授業というものだということなってしまう場合，結果として，教師自身のケアの蓄えが乾ききってしまうこともある。そうなると，希望とコミットメントと同様に，ケアする資質も長きにわたって蝕まれる可能性がある（NEF, 2009: 9）。

Part 2

教師のレジリエンスを形づくる
文脈の勘案

Part 2 教師のレジリエンスを形づくる…文脈の勘案

4章
職場におけるアイデンティティとコミットメント
…職業的自己の役割

　時が経つにつれ，教師たちは，有能で献身的な専門職，教室での実践者，そして学校コミュニティの一員として，自身のアイデンティティを構築・維持する際，多くの困難に直面するだろう。そこで，本章では初めに，職場の多様な状況における教師のアイデンティティ意識と教職生活を通じてレジリエントである資質を揺さぶるような職場での肯定的・否定的影響との関連を検討する。続いて，教師の内的世界に焦点を当て，レジリエントである資質に対して教育的価値や道徳的目的が資することを明確にする。この中で，国際的に注目すべき実証データを引用しながら，学校の変化や個人的・職業的に困難な状況にあっても，強い教職への使命感がいかに教師の動機づけ，コミットメント，そして有能さを維持する資質を高めるかについて論じる。そして，生徒に対して最高のサービスを提供したいという教師の内発的動機づけや感情的なコミットメントが，彼らのアイデンティティ意識と結びついていることを示したい。さらに教師が知的・専門的にコミットメントを発揮し，レジリエントであるため，またそうあり続けるための強さや力を見いだせるのは，彼らの内面にある職業的原動力であることも示したい。

● アイデンティティとレジリエンス

　専門職としてのアイデンティティは，役割と混同されるべきではない。アイデンティティは，我々が我々自身を認識する方法のことであり，我々が他者に対して示す自己のイメージである。それは，文化的に埋め込まれたものである。

また，専門職としてのアイデンティティ，役割アイデンティティ，組織アイデンティティの間だけではなく，専門的自己と**個人的自己**との間にも避けがたい相互関係性がある。なぜなら，「専門職としてのアイデンティティの発達には，教師になることの個人的な側面と専門的側面の間に，そのバランスを見いだすことが伴う」（Pillen et al., 2012: 8）からである。

　教育に関する多くの文献によれば，教師が生活し働いているより広い文化的・政策的・社会的構造，すなわち感情的文脈も，教師の生活，経験，信念，そして実践の個人的・専門的要素も，互いにとって不可欠なものであることが明らかとなっている。そして，それはエージェンシー（agency）の意識（それぞれの目標を追究する能力と決意）に多かれ少なかれ影響を与える。また，これらの間には，しばしば緊張関係が見られることも明らかとなっている。同様に，これらは，教師の専門職としてのアイデンティティ，役割アイデンティティ，組織アイデンティティにも影響を与える。先行研究では，アイデンティティは，安定している（Nias, 1989），職場の文脈に影響される（Beijaard, 1995），分裂している（MacLure, 1993）と，それぞれの見解が示されてきた。しかし，本章で報告する研究によると，アイデンティティは，本質的に安定も分裂もしていない。むしろ，多くのシナリオによってもたらされる様々な影響に対処できる教師の資質と職場で提供されるサポートの本質によって，より安定したり，より不安定になったりすることが明らかとなっている。

　　アイデンティティの構築とは，社会的コミュニティにおける我々のメンバーシップ経験の意味に折り合いをつけていくことである。アイデンティティの概念は，社会と個人との間にある軸（pivot）として機能する。だからこそ，それぞれについて他の観点から話すことができるのである。それによって，区別を残しつつも個人－社会という単純な二分論を回避することにつながる。その結果生じる観点は，個人主義的なものでも，抽象化された制度的・社会的なものでもない。それは，アイデンティティの社会的特徴を認めつつ，アイデンティティの生きた経験そのものを表したものである。つまり，人間の顔を備えた社会的・文化的・歴史的なものである。　（Wenger, 1998: 145）

Part 2 教師のレジリエンスを形づくる…文脈の勘案

　レジリエンスに対する影響，またレジリエンスの影響を探究する際に，「社会的なものと個人的なものとの間にある軸」として，Wengerのアイデンティティ概念を妥当だとする。そうであるなら，アイデンティティは，教師が内面的（彼らの職業意識の観点から）また職場の社会構造のいずれにおいてもエージェンシーをどの程度発揮できるかという観点から考察されねばならない。

　教師は，他者の学習を導き，監督しながら，多くの時間を教室という複雑な学習環境の中で過ごしている。しかし，教室への参加は，職員室の生活への参加，学校外で主導される政策の遂行への参加，そして学校外の社会的状況への参加とも異なっている。それゆえ，これらは，「多重所属（multi-belonging）」と呼ばれる。

　　　そのような結びつきにおいて，アイデンティティは統一体ではなく，単に
　　　分裂したものでもない…個人を多様なアイデンティティをもつと見なすなら
　　　ば，我々の多様な参加形態がどれほど明確だったとしても，相互作用し，影
　　　響を与え合い，そして調整を必要とする繊細な状態を，見逃すことはない。
　　　　　　　　　　　　　　　　　　　　　　　　　　　　（Wenger, 1998: 159）

　そこで，我々は，これら「多重所属」について，異なるものの重複する3つのアイデンティティ—専門職としてのアイデンティティ，役割アイデンティティ，組織アイデンティティ—に関する視点から考察をしていく。ここで，Stets and Burke（2000），そしてBurke and Stets（2009）の研究を引用する。彼らは，アイデンティティ理論と社会的アイデンティティ理論との差異が，「同じものより強調点」（Stets and Burke 2000: 224）にあるとし，アイデンティティは社会的・役割・個人的という3つの領域で重複していると論じた。「人々は多重な役割をもち，多重な集団の一員であり，多重な特徴を獲得するので，人々は多重なアイデンティティをもっている。しかし，これらの意味は社会の成員によって形成される」（Burke and Stets, 2009: 6）。

　これらの知見で確認されたことは，アイデンティティ意識における相対的な安定と不安定が，教師の経験する政策的／社会−文化的，専門的／個人的，そして状況的（職場の）シナリオによって影響されるということであるし，我々

4章　職場におけるアイデンティティとコミットメント…職業的自己の役割

の実証的研究をさらに発展させるものである。これらのうちの1つが突出していれば，それに対してより多くの労力をかけねばならない。そのため，教師が3つすべてにかける労力は少なくなるだろう。もし2つのものが突出していれば，教師が3つすべてにかける労力がより大きくなる。言い換えれば，（異なる時，異なる状況で）これらのシナリオのそれぞれにおける予想通りもしくは予想外の困難に対応できる教師の資質として，異なる程度のレジリエンスが求められるのである（Day et al., 2007a; Day and Kington, 2008）。我々のデータをさらに考察していくと，個人的なもの，政策的／社会－文化的なもの，そして状況的なものが，教師の働いている状況となるだけでなく，彼らの鍵となるアイデンティティをも構成するという結論が導き出された。

専門職としてのアイデンティティとは，教師が所属するコミュニティと関わる際，いかに教師が自分自身を評価しているかを意味するものである。我々は，個人的アイデンティティもこれに含めている。もちろん，これはそれ自体ずっと広く，ずっと複雑なものであるが，あらゆる教師の専門職としてのアイデンティティの一部もなしていると思われる。これに関連して，本章の後半では，教職への，またレジリエンスである資質へのコミットメントを維持する際に，教師の道徳的目的と職業的自己が果たす中心的役割について論じる。**役割アイデンティティ**とは，学級担任，教科リーダー，教科主任，学科集団またはシニアリーダーシップ・チームの一員として特定の役割を果たす際に，彼らがいかに自己をとらえているかを意味している。**組織アイデンティティ**とは，学校や学科のメンバーとしていかに自己を見なしているかを意味するものである。これは，教師の誇りや愛校心の意識，学校をいっそうより良くしていこうと働く動機へとつながる。そして，それは教職に留まり続けることにもつながるかもしれない。

● 専門職としてのアイデンティティを形成し成立させる際に対立する言説をとりまとめる

専門職としてのアイデンティティ・役割アイデンティティ・組織アイデンティティは，Judyth Sachsが「2つの対立する言説」と名づけたものを（他者の

75

サポートがあったりなかったりする中で）教師たちが仲裁したりとりまとめたりすることを通して，ある程度説明できる。

　　管理的言説（management discourse）は，市場と説明責任の問題，そして経済と効率性によって，いかに教師が個人的また集合的に彼らの専門職としてのアイデンティティの構築を具体化するかという起業家的アイデンティティを生じさせる。民主的言説（democratic discourse）は，管理的なそれとはまったく異なり，協同的文化が教師の職業的実践の統合的な部分になるという活動家のような専門職としてのアイデンティティを生じさせる。これら民主的言説のおかげで，実践の共同体が発展する条件はもたらされる。
　　　　　　　　　　　　　　　　　　　　　　　　　　　　　（Sachs, 2001: 159）

　これは，教師の仕事におけるより広い文脈を理解するのに役立つ手法であるが，専門職としてのアイデンティティ・役割アイデンティティ・組織アイデンティティを通して，そのような言説が介在されたりとりまとめられたりするあり方は Sachs が示している以上に複雑である。すなわち，教師の仕事や生活は，個人的・社会的歴史と信念体系からも，また個人の状況・学校外からもたらされる政策・社会的状況の転換を現在の職場で経験することからも，影響されるからである。

　MacLure は，自身の研究を通して，変化への強烈な要求がある時には，それらが「格闘の場」を表すものになると述べている。つまり「それぞれの教師は，彼／彼女の人生の歩み，すなわち出来事が判断されたり，意思決定されたりするのとは反するような個人的関心・価値・熱望のネットワークに従って部分的に文脈を構築していく」と結論づけた（MacLure, 1993: 314）。もしそうであるならば，「管理的」と「民主的」との間の区別はあまりはっきりしなくなる。例えば，管理的方針とほぼ一致する立場に身を置く教師もいれば，あまり管理的でない教師もいるかもしれない。民主的言説とほぼ一致する教師がいる一方で，あまり民主的でない教師がいるのは，それがあまり民主的でない教師自身のアイデンティティを脅かすからである。

　専門職としてのアイデンティティ・役割アイデンティティ・組織アイデンテ

4章　職場におけるアイデンティティとコミットメント…職業的自己の役割

ィティの意識に関する教師の視点が多様で複雑であることを示す一例は，2003年と2006年にイングランドで実施された2つの大規模調査の結果に見ることができる。これらの調査によって，教師の視点は多層的であることが明らかとなった。

　　　強固に共有された信念とコミットメントを備えた中核層；一貫しているが対立する専門性の要素を備える一連の中間層；一般的に非常に論争となっているものやより幅広い考え方としてまだ統合されないままであるものといった，完全に異なる要素からなる外層。　　　　　　　　（Swann et al., 2010: 549）

　この調査では，例えば中間層レベルを見てみると，「他者と協働するものとしての授業」（2010: 567）は，「中程度の同意」（2010: 568）しか得られなかった。また，自律性の重要性に関しては「教師間の意見にかなり多様性」があること，そして，2003年と2006年との間で「サポートが有意に弱まっていること」（2010: 568）が明らかにされている。

　そこで，我々の実証的研究では，この点に加えて職場の文脈も専門職としてのアイデンティティ・役割アイデンティティ・組織アイデンティティの形成と再形成において，重要な役割を果たす点を提起することでSachsの示唆や他の研究者の研究を発展させた。これは，初任教師の経験にはっきりと見られるが（Flores, 2004; Flores and Day, 2006），さらに経験を積んだ教師でも見られるものであった。これについては5章で論じる。例えば，それぞれの6つのライフフェーズ（これらの要約は5章を参照）において，コミットメントが高まったり安定していたりする教師がいる一方で，コミットメントが減退する教師もいる。これらのコミットメントに関する矛盾も，彼らが経験している肯定的もしくは否定的なシナリオ，またこれらをうまく扱ったり調整したりする資質・能力と関連している。つまり専門職としてのアイデンティティ・役割アイデンティティ・組織アイデンティティ（教師がいかに自分たちをとらえ，いかに自分たちを他者から見てもらいたいか）も同様に，安定または不安定，そして肯定的または否定的となるだろう。「ウェルビーイング」と「感情的スタイル」とレジリエンスとのつながりが重要であるのと同様に，アイデンティティとコ

77

ミットメントとレジリエンスとのつながりも重要なのだ。

● アイデンティティ，コミットメント，レジリエンス：安定性と変化の問題

　コミットメント理論（Becker, 1960; Kanter, 1972）は，人がいかに選択するか，そしてそれらが「ある文化に関与する際に伴うコストと報酬，その文化の中で他者と感情的に結びつく，そしてその文化システムの規範や信念といった『道徳的強制性』に対して，いかに個々人が，自身を『方向づける』か」の基盤を概念化している（Kanter, 1972: 68 ／ Torres, 2012: 120 において引用）。社会文化理論（Eisenhart, 2001）のレンズを通してアイデンティティとコミットメントを考えるならば，例えば，肯定的なアイデンティティ意識の相対的安定性と積極的なコミットメントの相対的安定性との間には関係がありそうだということがすぐにわかるだろう。このように，教師が自らのアイデンティティを発揮するシナリオで，その相対的安定性が揺るがされる場合，コミットメントのレベルも影響されるだろう。逆もまた然りである。すなわち，例えば，仕事の過負荷，教授・学習の劣悪な環境，効果的でうまくいくと考えてきた既存の価値や実践に難題を突きつけるような外部からの政策によってコミットメントのレベルが揺さぶられた時，教師の専門職としてのアイデンティティは負の影響を受けるだろう。

> 　コミットメントとは，教師たちが入職して得たものでもなければ，退職して失ったものでもない。むしろ，コミットメントは，教職生活全体を通して，絶えず発展・進歩している。コミットメントは，教師が多様な背景において異なる要因や状況を経験することに従って変化する。教職に留まることは，個人の生活そして自らが働く学校の文化において生じることをいかに解釈するのかと同時に，教師であることの意味は何かということをそれぞれの教師がどうとらえているか，に関わっている。　　　　　　　　（Torres, 2010: 120）

　また，教師の専門職としてのアイデンティティ・役割アイデンティティ・組

織アイデンティティとコミットメント・レジリエンスとの間に関連があるということは，次のように明確に示唆されている。それは，アメリカにおける都心部の高等学校で働く教師のレジリエンスを対象としたBrunetti（2006）の研究に見られる。これら（アイデンティティ・コミットメント・レジリエンス）それぞれ，またこれらの間のつながりを調整したり維持したりすることは，リーダーシップと同僚からの支援の文脈で理解されねばならない。Brunettiによると，課題，困難，そして不満の感情を日々頻繁に経験するような教室や学校に留まろうと教師が決心するとき，そこには，コミットメントと生徒への献身，そして個人的・専門的充足感を追究することが，2つの主な理由として見いだされた。社会正義（social justice）に対して強い信念を抱き，社会のために役立ちたいという願望がコミットメントを引き出し，彼らの専門職としてのアイデンティティの明確な特徴となっていた。しかし，教師たちが希望をもち続け，困難な状況を解決し，彼らがとらえる専門的責任を果たし続けることができるのは，スクールリーダーや同僚からのサポートがあってこそなのだ。

　本章の初めに示したように，我々と同僚による先行研究（Day et al., 2007a; Day and Kington, 2008; Day, 2011）では，教師が教職生活のそれぞれの局面で出会う様々なシナリオが明らかにされている。重要な点は，教師の仕事と生活，アイデンティティとコミットメント，そして効力感における変化の関係性に関する仮説（図4.1）に基づき，教師の専門職としてのアイデンティティに関する肯定的・否定的な意識，教師の効力感・エージェンシー・ウェルビーイング・仕事の満足感に対して，これらが影響を与えるあり方，そして生徒への効果に関する認識との関連を実証的に明らかにしたことである。

　小規模で，短期間，断片的なものであったが，非常に困難な状況を経験している教師を対象とした先行研究では，このような状況によって生活の安定と不安定が同時にもたらされることが主張されてきた（例：Troman and Woods, 2001; Stronach et al., 2002）。しかし，異なるシナリオに対する教師の反応を3年間にわたって分析した我々の先行研究では，より微妙な差異を明らかにする全体像を示すことができた。すなわち，1つまた複数の鍵要因が支配的になることでもたらされる緊張や3つのシナリオにおける既存のアイデンティティへの揺さぶりが疑いなく存在する一方で，外から見れば脆く不安定な環境であっ

Part 2 教師のレジリエンスを形づくる…文脈の勘案

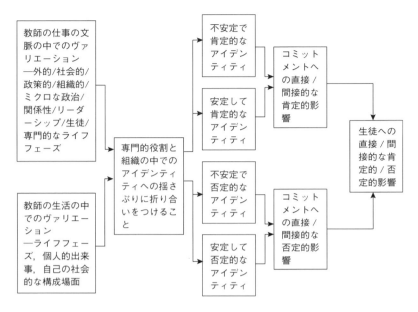

図 4.1　アイデンティティ，コミットメント，効力感の関係

ても多くの教師はこれらに折り合いをつけ，安定性を維持できていたことである。それゆえ，既存の専門職としてのアイデンティティは，多くの政策，職場，そして個人的な困難が相互に関わり合う状況に折り合いをつけられる教師の資質に応じて，その時々，様々な形で，多かれ少なかれ脆いものとなるだろう。

このように，教師の専門職としてのアイデンティティ，役割アイデンティティ，組織アイデンティティ，それら自身は，既存の社会・文化的政策，職場・個人の影響，そしてこれらの内部やこれらの間で生じる変化によって影響を受ける対象として見なされるかもしれない（Day et al., 2007）。

1. 社会・文化的・政策上の影響・変化：これらは，教師や授業への文化的・社会的・政策的な期待，そして教師の教育的理想と倫理的・道徳的目的を反映している。これらは，良い教師や教室での実践者などに何が求められるかに関する政策の変化や社会的な動向から影響がもたらされる対象であ

る。そして，これらには，地域や国家の政策，継続的な専門的学習と発達，仕事量，役割，そして責任など数多くの競合し矛盾する要素が含まれるだろう。
2. 職場や社会的な位置づけによる影響・変化：これらは，特定の学校，学科や教室の文脈といったミクロな政治や社会的な関係性として位置づけられる。また，これらは，例えば，生徒の行動，リーダーシップの質，教師たちが直接働いている文脈で受けるサポートやフィードバックによって影響される。
3. 個人的影響・変化：これらは，学校外の生活に位置づくものであり，個人史，現在の生活，家族，社会的関係性，そして効力感やヴァルネラビリティといった個人的な意識と関わるものである。

　これらの影響や変化は，教師のアイデンティティに不安定をもたらす。しかし必ずしも否定的なものであるとは限らない。例えば，変動する仕事の状況の中で，これらの影響や変化は，もはや最も効果的ではなくなった現在の思考や実践の再評価を促すことにつながるからである。例えば，初任教師や転任で新たな役割を得た教師は，教えることに関する新しい知識を学び，新しい授業，測定・評価方法を採用しなければならない。そのため，不安定な期間を経験するのは避けられないだろう。実際，我々が見てきたように，Kelchtermans（2009）によると，ヴァルネラビリティは，教えるうえで構造的な条件である。しかし，1つまたは複数の影響に心を奪われた結果，否定的な意味での不安定が長く続くと，教師が他の要素とうまく折り合いをつける可能性は低くなるだろう。
　それゆえ，教師が抱く専門職としてのアイデンティティ・役割アイデンティティ・組織アイデンティティとは，特定の教室，学校や政策環境，そして人生・キャリアの局面の中で，もしくはそれらを超えて，これらの変化といかに折り合いをつけるかということの結果といえる。変化が象徴的に示す既存のアイデンティティ（価値，実践，専門性の意識）への揺さぶりの結果，教師は，いつでも長らく緊張を経験している。教師の仕事への達成感，ウェルビーイング，自己効力感，ヴァルネラビリティ，コミットメント，そしてレジリエントである資質の強さは，これらの変化に影響されるが，必ずしもこれらの変化によっ

て決定づけられるわけではない。これらそれぞれの変化は，教師の文化的伝統，職業・道徳的目的・価値の意識，そしてエージェンシーを介して現れている。またこれらと職場環境との相互作用を介してとりなされるだろう。Burke and Stets（2009）によれば，「人間は混乱に直面しても着実で安定した環境を維持し，基準となるものに自分の認識が合うように（インプット），自分たちの行動を変化させる（アウトプット）」。そして，これはストレスと自尊心に対して，その示唆を与えるものである。肯定的であれ否定的であれ，そのような専門職としてのアイデンティティ・役割アイデンティティ・組織アイデンティティに対する一時的（もしくは持続的）な変化の揺さぶりにうまく対処するために，さらなる時間と感情的エネルギーを引き出すことが必要なのである。しかし，肯定的なアイデンティティ意識を維持したり回復させたりするために，これらをどの程度引き出せるかは，職場におけるサポートの本質によって影響されるだろう。

　これらの知見は，政策立案者やスクールリーダーにとって意味がある。知的側面だけでなく感情的側面でも要求の度合いが大きく，仕事の文脈が頻繁に変化する状況にあるので，教師たちが効力感を維持するためには，コミットメントとレジリエンスが必要となる。これらは，肯定的ないし否定的な専門職としてのアイデンティティ・役割アイデンティティ・組織アイデンティティの意識と関係している。もし変化に伴う困難さが無視され，十分管理できなければ，政策立案者による国家的レベル，スクールリーダーによる学校内のレベル，もしくは教師自身によるレベルのいずれかで，既存の肯定的なアイデンティティが不安定になる可能性が高まるだろう。これらとともに，専門職・役割・組織としての効力感を持続していくことが難しくなるだろう。それゆえ，政策立案者やスクールリーダーたちは，組織全体の次元で学校やカリキュラムの変化と改善すべき課題の実現を本気で望むなら，その計画立案にあたって教師のアイデンティティへの肯定的・否定的な影響を想定することが重要である。Bullough and Hall-Kenyon（2011b）などの様々な研究で指摘されているように，学校の中で一人ひとりが活躍する可能性がより高い環境は，脅迫的ないし恐ろしい，またよそよそしい環境ではなく，信頼，エンゲージメント，楽観主義，そして希望が育まれるような環境─「専門的な学習共同体（professional learning communities)」と言い表されてきたもの—なのである（これについては6章で論じる）。

● 教職への使命感（The call to teach）

> 給料，尊敬，名声のために教師になったものがいないことは明らかである。また，標準テストに合格させるために支援をしたり，空欄を埋めることを教えたりするために教職の道へ入った者もいない。人々は，善良で高潔な理由のために教職の道にやってきたのだが，その理由を現在の文脈では思い出すのが難しくなっている。たいていの人には，おそらく，自分自身の目や心，精神を開いてくれた教師たちがいた。時に生徒の人生において教師がいることでまったく異なったものとなり得ることを知っている。明らかに，学校の技術的目標（technological goals）を超えたことが，人々を教職へ導き，そこに留まらせているのである。　　　　　　　　　　　　　（Nieto, 2010, ix）

これとともに，これまでの研究（Bernstein, 1996; Wenger, 1998; Castells, 1997; Hall, 1996; Melucci, 1996; MacLure, 1993; Hargreaves, 2000; Beijaard, et al., 2004）からも明らかなことは，本章の最初で述べたように，以下のことである。安定的で肯定的な専門職としてのアイデンティティ・役割アイデンティティ・組織アイデンティティの意識は，ケアと生徒の到達度を中核とする教育的価値，信念，そして実践が明確につながりあっている状態を基盤とするものであり，これがレジリエントな教師が備える資質の鍵となる要因であるということである。

子どもの学習と到達度にコミットメントすることが，多くの教師が生きがいをもって長期間専門職に従事し続けられるような内的動機づけとしていかに機能するかについて論じられたエビデンスは，教師の仕事と生活に関する文献の中に膨大にある。教師たちにとって，大きいものであれ小さいものであれ，子どもの成功に関する断片的記憶ははかりしれない「嬉しさ」や「喜び」をもたらしてくれるものであり，最善を目指して教えているという感情的な強さを維持してくれるものである。また，教えることは彼らにとって単なる仕事以上の

ものである。それは，ライフスタイルなのである。Hansen（1995）は　公に認められることやより高い報酬に重きが置かれる専門職に対して，教師の仕事の言葉は，「（教える）実践それ自身の中核，その『中へ』と我々を向かわせる」，すなわち，「多くの教師が何をするか，そしてなぜそれをしているかである」（1995: 8）ことに向けられていると論じている。Nieto の研究において，ある教師の教えることについて考えていたのは，以下の通り Hansen の観察を証明するのに最も優れた証言であろう。

　　20 年以上にわたって私が教えることに関する喜びと情熱を維持できたのは，いくつかの理由がある。そのうちの 2 つは，生徒に対して抱く愛情と敬意，そして知的に生き生きとしたままでありたいという個人的なニーズである。しかし，活力と希望の意識をもって教室に入り続けている根本的な理由は，私が何をなすかということについて，いかに自身がとらえているかにある。教えることは，単なる私の職業ではない。それは天職であり，私の使命なのである。
　　　　　　　　　　　　　　　　　　　　　　　　　　　（Nieto, 2003: 128）

イングランドの VITAE 研究でも，教職生活の異なる局面にある 300 人のほとんどが，初めに強烈な教職への使命感をもち，そして子どもとともに働き，彼らの成長を見守ることの喜びを抱き続けていることを語っていた（Day et al., 2006, 2007a）。生徒に対して最高のサービスを提供したいという彼らの内発的動機づけや感情的コミットメントは，生徒のウェルビーイングを図るケアの倫理と結びついたものであった。これは，専門職として何をなし，いかに生きるかの中核であった。

　しかし，教職生活全体を通してケアを実践し続けるためには，多大な知的・感情的コミットメントが求められる。Palmer（1998）は，教える自己の内的世界において 3 つの重要な織り合わされた道—知的，感情的，そして精神的—があることを示している。彼は，生徒の学習を支援したいという教師の内的な探究，教師と生徒との関係を促したり妨げたりする感覚（feeling）と感情，そして，教える仕事に関わりたいという強い思いが，内的領域の本質を形成していると説明している。彼の視点を発展させると，教師の内的世界における

3つの道を結ぶ鍵概念が,「仕事（vocation）」であり,「天職（calling）」なのである。Hansen の著名な研究に記された4人の教師の証言には,「知的また道徳的に他者の学習や彼ら自身の向上を支援することに特徴的に結びついた」（1995: 15）多くの意味が示されている。子どもに対するそのような情熱と愛情は，VITAE 研究における多くの教師を教職へ導いただけなく，仕事－生活の緊張から生み出される困難に直面しながらも最善を目指して教え続けようとする内面的な強さを彼らにもたらすものでもあった。Hansen（1995）がとらえたように，教師の内発的な職業的原動力は，「教えることとは，提供したい重要な何かをもつものだと見なす構えにある。そして，そこで浮かび上がってくるような決心，勇気，柔軟性，そして質」（Hansen, 1995: 12）をもった教師個人のリソースをかき立てるものである。より重要なのは，それが専門的な目標や目的への強烈な意識と「自分の仕事が制限された目標しかないルーティンワークだととらえさせないような内的な刺激」（Emmet, 1958: 254-5）に結びつくことである。そして「教えることの課題や複雑さは，乗り越えるべき障壁や苛立たしい障害ではなく，仕事における**関心の源泉**（sources of interest）となるようなあり方で，認識の焦点」に変わることが促されるのである（Hansen, 1995: 144）。

　北京の初等・中等学校における 500 人以上の教師を対象としたレジリエンスに関する研究において，Gu and Li（2013）は，教師の職業的コミットメントを具現化するものが専門的に学習し成長を続けたいという強烈な願望だったことを明らかにしている。例えば，彼らの研究に登場した，あるキャリア中期の女性教師は，23 年間の教職生活の中で，最も満足していた時期は，トレーニング，研究，成長に深く関与し，生徒の学習を変えようと努力していた数年間であると振り返っていた。その時期は，仕事と家族に対する責任で常に悩み続けなければならず，きわめて困難な数年間であった。しかし，それにもかかわらず，彼女は，ほぼ毎晩そして週末も教授・学習の研究に費やしていた。「けれども，そうする価値はあったわ。特に今振り返ってみれば，私は子どもの学びを支援することができたし，同時に私もまた，専門職としてこれまで以上にあっという間に力がついたから」。

　実は，彼女やその研究に登場する他の教師たちにとって，このような自身と

他者による，まさにその学習の営みによって，教えることは次のようなものとなる。それは，彼らが携わらなければならない日々繰り返される一連の雑務や義務ではなく，むしろ「新たな機会と可能性を開く終わりなき連続」（Hansen, 1995: 144）となる。この中で，彼らは，自信が高まり，学習面の向上によって生徒の興味・関心に火をつける能力と，その結果として，自身の道徳的・個人的・知的達成感とが深まっていくのがわかるのである。

●● 結論：自己効力感・感情・レジリエンス

　自己効力感，教職の感情的側面，そして教師のアイデンティティの関係性に焦点を当てた研究は，まだほとんどない（Day and Lee, 2011; Isenberger and Zembylas, 2006; Noddings, 2005, 2010; O'Connor, 2008; Schutz and Zembylas, 2009; Sutton and Wheatley, 2003）。我々は，3章において，レジリエントである教師の資質と能力において諸々の感情が重要な仲介役を果たしていることを示した。これらの感情は，教師が働く社会構造と彼らの行動の仕方との間を必然的に結びつけるものである。すなわち，アイデンティティを構築し，時に再構築するあり方なのである。

> 　感情は，社会構造と社会的行為者（social actors）との間の必然的なつながりである。一般的に感情は，強制的なものではなく傾向のようなものなので，そのつながりは，決して機能的なものではない。しかし，感情のカテゴリーがなければ，状況に埋め込まれた行動の説明は，断片的で不完全なものとなるだろう。感情は，状況によって引き起こされ，行為の構えの変容として経験される。感情的経験が行為者を刺激するのも，彼らの行動を方向づけるのも，正に他者との主体的な交流を通してなのである。感情は，行為者の行動の構えを状況が変えることだけではなく，行為者が状況を変えることにも直接関わっているのだ。　　　　　　　　　　　　　　　（Barbalet, 2002: 4）

　我々が3章で見てきたように，肯定的なアイデンティティ意識，強い道徳的目的意識，感情的成熟，そしてウェルビーイングとの間には密接なつながりが

ある。生徒の学業上の進歩や達成は，専門的ウェルビーイングの意識をもち，最善を目指して関わり教えられる教師によって支えられる可能性が高い。そうした教師とは，改善し続ける中で生じる様々な内的・外的な困難とをうまく対処できるような感情的エネルギー，楽観主義，そして希望をもつ者，すなわちレジリエントな教師なのだ。本書の各章で触れているように，認知と感情とが密接につながっていることは，教師や生徒の生活を吟味する際に，これら2つを別々の要素と見なすべきではないし，見なすことはできないことを示している。両者の健康は，教師が自身をいかにとらえるか，そして専門職としてのアイデンティティ・役割アイデンティティ・組織アイデンティティの意識をいかに形成，発達，維持するか（または維持しないか）という点において重要な役割を果たす。

> 教師の仕事における感情的性質の議論は，技術・合理主義者が教職のスタンダードに力点を置くことに対して，対抗言説を形成している。スタンダードは教師が担う専門的役割を定義・規定する一方で，教師のアイデンティティは，複雑であり，生きてきた経験の中に社会的に埋め込まれたものであるのだ。
> (O'Connor, 2008: 125-6)

レジリエントである資質には，日々の教室生活においてであろうと，もっと極端で非日常的な試練となる状況であろうと，高い自己効力感と楽観主義の意識を備えることが必要である。このような教師とは，Davidson (2012) が著書で記した2番目の感情的スタイルの次元である「見通し (outlook)」をもつ者なのである。すなわち，「最も骨の折れる状況にあってさえも高いレベルのエネルギーとエンゲージメントをもち（中略），客観的に見れば，不幸や不安の源泉となりやすい生活から喜びを見いだし（中略），見通しは，どのくらい，またどれだけ肯定的な感情を維持できるかを反映したものである」(2012: 48-9)。

しかし，オランダにおける 2010 年の職場状況調査のデータから得られた研究において，Roosmarijn et al. (2014) は，「私は職場の心理的要求に応えることができている」の項目に同意した教育部門の回答者の割合が，その他すべ

ての部門の平均から有意に低かったことを明らかにしている。そして，否定的な要因として，感情面での労働負荷，時間のプレッシャ，不必要な行政関係の業務が頻繁にあると認識している割合は，すべての部門で最も高かった。さらに重大なことだが，他のすべての部門以上に教育部門では，ストレスや感情労働を減らす対策が不十分だと述べた回答者が多かった。

　アメリカでは，Melanie Tait（2008）が，レジリエンスと彼女が名づけた2つの人間的な強さ──個人的効力感と感情的コンピテンシー──との関係について焦点を当てている。彼女は，研究者が「リスク要因は心理的不安をもたらすが，保護要因は反対の効果をもたらす」ことに同意しているリスクとレジリエンスに関する文献をあげている（Tait, 2008: 59）。彼女は，Benard（2004），Hong（2010），Tschannen-Moran and Hoy（2001）と同様に，自己効力感が高い教師は，自己効力感が低い教師よりもレジリエントである資質が高いことも示している。「効力感の信念は，努力，目標設定，忍耐，レジリエンス，新しい考えや方略に挑戦する意志，熱中，組織的，計画，公正，そして教えることへのコミットメントに関する教師たちのレベルに影響を与える」（Tait, 2008: 59）。

　学校内の支援（学科や学科群，学校の中のいずれにおいても，同僚コミュニティによるメンタリング，ガイダンス，フィードバック，激励）は，自己効力感，学校への所属意識と愛校心，そして安定的で肯定的な専門職としてのアイデンティティ・役割アイデンティティ・組織アイデンティティの一部を育む専門性そのものを向上させるだろう。

　そのような教師たちは，危機的な状況に陥る可能性がある教室にあっても，生徒の学業上の進歩やウェルビーイングについて意思決定をするために，「判断し，行動し，そして責任を担うための資質」（Kelchtermans, 2009: 266）を備える者として，専門職としての自己やアイデンティティの強い意識をもっている可能性が高い。

　　　自己効力感を認識することは，自身の働きや人生に影響を与える出来事を制御できる能力があるという観点で，人々の信念と関連している。個人の効力感に対する信念は，人生の選択，動機づけのレベル，働きの質，ストレスや鬱をもたらす逆境やヴァルネラビリティに対するレジリエンスに影響を与

える。自身の効力感に対して人々が抱く信念は，4つの主な影響の源泉によって発展していく。それらには，熟達の経験，自分と同じように人々が課題要求を首尾良く達成できるととらえること，人々には与えられた現実で成功する力があるという社会的信条が含まれている。…普段の現実は，障害や逆境，挫折，そして不満や不平等だらけである。それゆえ，人々は，成功に必要な忍耐強い努力を持続できるような強い効力感を抱かねばならない。人生の歩みの中で，うまく働くための個人的な効力感をさらに高めるように求める新しいタイプのコンピテンシー要求が表れてくる。自己効力感を認識することの本質やそれが及ぶ範囲は，生涯全体にわたって変化するのである。

(Bandura, 1994: 71)

Banduraの独創性に溢れる研究から抜粋した，この長い引用は重要である。なぜなら，これは，個々人の自己意識，すなわち特殊な状況であるにもかかわらず，生徒の学習生活に影響を与えられるという教師の信念とレジリエントである資質に対する，職場の状況や生活の変化が与える影響との関係を強調しているからである。また，この引用は，個人的かつ集合的な学びに関する楽観主義や希望と，うまく教えることができる資質とが関連する研究にもつながっている。

本章では，教師の専門職としてのアイデンティティ・役割アイデンティティ・組織アイデンティティの本質について，とりわけ，職業的自己がレジリエンスに関する教師の資質に対して果たす役割について探究してきた。すなわち，これらが教職の理解をいっそう推し進める手がかりとしていかに重要なのか，また，政策，職場，そして個人の文脈の変化に対して効果的に力を発揮しようと努力し続ける教師であることが何を意味するのか，を探究してきたのである。教師の自己効力感，生徒・同僚・学校への感情的コミットメントは，困難な時期にあって，既存のアイデンティティとどの程度折り合いをつけられるか，また必要に応じてそれを変化させられるか，に影響されるだろう。我々が立証を試みてきたのは，教職生活全体を通して，最善を目指して学び，そして教えようとする資質に対して，専門職としてのアイデンティティと職業の内面世界が影響を与えるあり方なのである。長期間にわたって最善を目指して教えること

Part 2 教師のレジリエンスを形づくる…文脈の勘案

は簡単ではない。Nieto（2003）は，以下のように述べている。

> 最高の状況下でさえ，教えることは厳しい仕事である。しかも，ほとんどの教師たちは最高の状況で働いていない。教職に就いた時にあった熱意や理想は，多くの人の場合，瞬く間に消えてしまう。これは新しい問題ではない。
> 　　　　　　　　　　　　　　　　　　　　　　　　　　　（Nieto, 2003: 3）

　教師のアイデンティティとレジリエンスとのつながりを探究する中で明らかになってきたことは，遂行性（performativity）を中央集権的に管理・統制する方針や施策ばかりが出される教職の文脈にあって，生徒の人生を良くしようとコミットメントを保ち続けることを可能にする教師の職業的自己が果たす統合的な役割である。職業の概念によって，「教えるための勇気」（Palmer, 2007）を維持できるよう取り組んできた多くの教師たちの内的世界と専門職としてのアイデンティティは，我々にとって，それを身近なものとして感じさせてくれるレンズをもたらしてくれる。同様にこうした職業の概念のおかげで，多くの教師が何をしていて，なぜ教室や学校でそれを行っているかを理解することもできる。これらの教師を説明することで見いだされたことは，教師自らがもつ原動力や強烈なエージェンシーの意識のおかげで，教師が社会的・教育的文脈の犠牲者であるというよりは，活動的専門家（active professional）であることを可能にすることである（Sachs, 2003a, 2003b）。すなわち，自らの「宣教師的な熱意（missionary zeal）」（Nias, 1999: 225）のおかげで，学び，教え，そしてそれを通して，長きにわたって良くしていこうとする誠実さやコミットメントを実現する感情的強さや力を，教師たちは見いだすことができるのである。

Part 2　教師のレジリエンスを形づくる…文脈の勘案

5章

教師の成長，教師であり続けること，教師としての再生

　学校が教師を教職に定着させる効果的な方法を見つけるのは重要なことである。しかし，すべての教師を定着させることを望むのは，不可能でもあり，不必要でもある。…定着という用語は，肯定的な意味をもっていると同時に，それは，本来的に「良い」ということを示唆している。学校管理職や政策立案者は，質の高い教師の定着に関心を寄せている。このことを理解することは価値あることである。
(Scheopner, 2010: 262)

　有能な教師を引きつけ，成長させ，再生させることは，世界的にも関心がある問題である（OECD, 2005b）。我々は，「有能な教師」とは，生徒を魅了し，彼らを学ばせ，彼らの可能性の限界まで達し，さらに，それを超えて，学習に対する愛着を彼らの中に呼び起こすのに，必要な知識やコンピテンシーをもっている人と定義づけている。さらに，有能さについて，この定義を満たすためには，教師自身が，（以下のようなことに対して）高く動機づけられている必要がある。

　　　ある個人にあるタイプの行動を始めさせ，特定の目的に対して方向づけ，
　　それを熱心かつ根気強く持続させるには，満足させられなければならないニ
　　ーズ，価値，動機が重要となる。
(Müller et al., 2009: 577)

　すなわち，有能な教師がいかに成長し，再生させられていくのかについて理解することは，組織の発達を成功させることにおいて，決定的に重要なことで

ある。前の章において，我々は，専門職としてのアイデンティティに関する教師の意識に影響を及ぼすであろう個人的な要因，仕事場に関する要因，社会文化的な要因，そして政策に関する要因について，学校が注意を払う必要があることを知った。これらの要因は，教師の内発的あるいは外発的な動機づけに影響を及ぼす可能性がある。内発的動機づけは，(以下のように) 定義づけられている。

> 本質的に興味深く，楽しいので，何かを行っていること…目新しさや挑戦することを探しだそうとし，自身の資質を広げ，それをはたらかせようとし，探究し，学ぼうとする固有の傾向。
> (Ryan and Deci, 2000a: 55, 2000b: 70 ／ Müller et al., 2009: 578 において引用)

対照的に，外発的動機づけは，「分離できる成果を達成するために」ふるまいを規制する (Ryan and Deci, 2000b: 71 ／ Müller et al., 2009: 578 において引用)。これらは，異なる時間，異なる方法において互いに影響し合う一方，前者の—内発的動機づけ—は，職業意識もしくは「天職」として強い意識をもっている教師を特徴づけるといわれている。我々が4章で示したように，これらの教師は，他 (の教師) とおそらく違うであろう方法において，レジリエントであるようだ。しかしながら，コミットメントが高いレベルで生じ，しかも強化されている彼らのレジリエンスでさえ，残念なことに無尽蔵ではない。それは，彼らが働く環境の質，教室で仕事を組織し，実施するために期待されている相対的な自律性，スクールリーダーや同僚から得る支援，教科チームや学校の文化，そして，生徒が達成している成果によって高められたり，低められたりする可能性があるからである。

教師の専門職としてのアイデンティティに関する心理学の文献の最近のレビューからは，それが6つの要素：価値，コミットメント，自己効力感，感情，知識・信念，ミクロ－ポリティクスから構成されていることが明らかになっている (Hong, 2010: 1531)。これらそれぞれの低下が要因であること，一方，**感情的なバーンアウト**がドロップアウトの鍵となる要因であること，そして，教師が学校にとどまるか離れるかということを決める際には，各学校における仕

事の状態が非常に影響しているということも明らかになっている。

> 満たされないコミットメント，効力感の欠如，非支援的な管理職，教師の責任を重くとらえる思いは，感情的なバーンアウトの一因となる。
> （Hong, 2010: 1539）

　後に取り上げる，最初の5年間で教職に留まった7名の教師と離職した7名に関して，同じ心理学的レンズを用いた質的研究で，Hong（2012）は，どちらのグループも似たような挑戦（クラスルームマネジメントや授業の効果的な運び）を経験していたことを見いだした。また一方で，「よりいっそうの支援や学校管理職から手助けを得ていた傾向にある（教職に）留まった者よりも，離職者は，より弱い自己効力感に関わる信念を示していた」ことを見いだした（2012: 417）。Hongは，「（教職に）留まった者と離職者は，挑戦的な状況に対して，異なるレジリエントな態度や反応を示していた」と結論づけた。この結論により詳しく言及することは価値がある。なぜなら，それは，教師の心理的な構成概念（価値，信念，自己効力感，コミットメント，感情）が，働く環境に影響を与える過程，影響を与えられる過程，そして，多様な教師たちが，そのようなダイナミックな相互作用をマネジメントできている（あるいはマネジメントしていない）かを洞察する機会を提供するからである。

　離職者が，教室をマネジメントする，あるいは生徒の不品行を何とかしようと挑戦しているとき，彼らは，自己効力感に関わる信念の減少をたびたび経験していた。そして，その困難を，自らのパーソナリティもしくは性格に帰し，そして，感情的なバーンアウトを経験していた。しかしながら，同じような挑戦的な状況下で，（教職に）留まっている人は，管理職からの手助けや支援を伴いながら，強い自己効力感に関わる信念を今まで通り維持していた。彼らは，戦略的に，自分自身と生徒の間に，感情的なラインもしくは境界を設定し，不愉快な出来事を個人的に被ること，もしくは，バーンアウトになることもなかった。しかし，学習観に関して言えば，離職者は，生徒自身の役割や学習プロセスにおける取り組みを実現することではなく，生徒

の学習に対して，強い責任があるという信念をもち続けていた。

(Hong, 2012: 431)

　表5.1の2つの動機づけの違いは，教師を専門職に引きつけるモチベーションとなる3つの鍵―仕事の特徴，仕事の状況，専門職のイメージ―を明確化し，これらが時間を経て，どのように低下していくのか，彼らが離職することをいかに引き起こしているのかを示している。右側の最後の列は，教師のキャリアの進行を通じて，5つの「鍵となる決定要因」が，つまり，タスクシステム，リーダーシップシステム，報酬に関するシステム，社会的システム，職能成長

表5.1　教師のコミットメントや動機づけに影響を与え，成長させ，留まらせる横断的な要因

横断的な要因	教職に就こうとする動機づけ	教職から離れようとする動機づけ	システムに組み込まれた動機づけに関わる誘因
仕事の特徴	仕事のルーティンがほとんどない 多様な人との関わりを提供する社会的ネットワークの中での仕事（生徒，同僚，保護者） 進化し，大変な労力を要する仕事 若者たちへの知識の伝達	仕事の負担増（例：雑多な課題，より管理的な仕事の増加） 会議数の増加 組織的な改革が実行される内容や方法に関する不満足 生徒を教えることではなく，躾けることに対する過剰な取り組み 生徒のふるまい	タスクシステム（例：仕事の定義，仕事の描写） リーダーシップシステム（例：変革の実行） 職能成長のシステム（例：教師の能力向上） タスクシステム（例：教師の責任や専門的な活動の発展） 社会的システム（例：社会における教師の役割に関する認識）
仕事の状況	教育学的な（pedagogical）選択や活動に関する自律性 教授活動（teaching activities）を行うことに関する自律性	自律性や柔軟性の欠如 階層的な支援の欠如 柔軟性の欠如	タスクシステム（例：専門的な活動を実行するための構造やプロセス） 職能成長のシステム（例：スキルや知識を得る機会） リーダーシップシステム（例：専門的な活動を実行するためのガイダンスや支援） 社会的システム（例：チームワークやフィードバックの手続き） 報酬に関するシステム（給与や仕事の状況）
専門職のイメージ	教職の専門性への確信	教職の専門性のイメージの揺らぎ	タスクシステム（例：ビジョンの創造，ミッションの発展） 社会的システム（例：共有されたビジョンと基準の設定）

のシステムが、いかに彼らのモチベーションに「影響を与え」るのかを示している。

● 専門職のライフフェーズ：特徴と軌跡

教師は、異なる専門職のライフフェーズにおいて、異なる挑戦課題や彼ら――そして、彼らのリーダー――が管理することができるやり方を経験する。これらは、仕事の満足感や達成感に影響を与えているようだ。我々は、一連の研究から、例えば、教師たちは時間が経つごとに、ⅰ）生徒や保護者との関係における緊張、ⅱ）過度に外側から押しつけられたイニシアチブや改革、ⅲ）官僚主義の増大、ⅳ）メディアにおける教職の否定的なイメージといったこれらの結果から、情熱を失うかもしれないことを知っている（Smithers and Robinson, 2003）。

> 教職に対する強力な帰属意識は、時間を経て消える。教職に対する最初の情熱は、不幸なことに、維持されてはいない。より経験を積んだ教師たちの多くは、教職のイメージが彼らのキャリアの進行を通じて低下したことを残念に思っている。
> （Müller et al., 2009: 591）

我々が4章で示したように、教師のコミットメントとレジリエンスは、担当する生徒たちの学習をうまく促進する資質・能力に影響を受けている。それはまた、仕事を行い、生活している様々な「シナリオ」（それは時に競合する「シナリオ」でもある）の中で、専門職としての・役割・組織アイデンティティを用いながら、そこから受ける支援の種類や質、そしてニーズや関心事からも影響を受けている。それは、スクールリーダーが、ⅰ）もし、彼らが実際的に意味のある、効果的な CPD（継続的な職能成長）を計画しているのならば、これらの「シナリオ」や「局面」について認識することが必要であるということ、ⅱ）CPD は、フォーマルであり、インフォーマルでもある一連の学習や成長の機会となる必要があること、ⅲ）CPD の介入は、実質的なニーズと教師のコミットメントやレジリエンスを支援するためにデザインされたものの両方に「向けられなければ」ならないということが付随する。VITAE 研究（Day et al., 2007a）は，教師の仕事や生活が6つの専門職のライフフェーズ（局面）に及んでいること，そして，それぞれが，彼らのコミットメントやレジリエンスにとって，独自の挑戦課題を有していることを見いだした。

1. 専門職のライフフェーズ 0-3 年：コミットメント〈支援，挑戦〉

サブグループ：
a）効力感を発達させる
b）効力感を低下させる

教師の大多数（85%）にみられた顕著な特徴は，教職に対するコミットメントのレベルの高さであった。この専門職のライフフェーズでは，2つのサブグループが観察された。一方は，効力感を発達させており，他方は，効力感を低下させていた。

「心地良い始まり」を経験した教師は，「苦痛のある始まり」を経験した教師よりも，より好影響の経験の組み合わせがあり，そこから恩恵を受けたと報告していた。しかしいずれのグループの教師も，彼らの仕事に関して，共通して，生徒の粗暴な行動から悪影響を受けたことを報告していた。

新しい専門職として，その生活へ向けて奮闘している初任教師にとって，教室の現実の中で，学校／学科のリーダー，同僚からの支援は，彼らの自信や自己効力感を構築することや次なる専門職のライフフェーズへの方向づけを決定することにおいて，きわめて重要であった。

教室での取り組みに関する知識についてのCPDに関する活動は，彼らの勤労意欲に好影響をもたらすものとして，そして，彼らの授業実践の安定にとって重要であると，最も多く報告されていた。これらの活動は，学校／地区（学科）ベースの研修，INSET（現職教育）の日々，学外での初任者研修のカンファレンス，そして他の学校の教師の訪問，そしてそこでともに働くことを含んでいた。

このように，初任の教師たちに専門職としての生活の道筋を開く鍵となるものは，支援のレベル，仕事に対する認識，学校文化であることが見いだされた。

2. 専門職のライフフェーズ 4-7 年：教室におけるアイデンティティと効力感

サブグループ：
a) アイデンティティに関する強い意識，自己効力感，有能さを維持している
b) アイデンティティ，効力感，有能さをうまく取り扱い，やりくりしている
c) 傷つきやすく，減退している：アイデンティティ，効力感，有能さが危険にさらされている

　VITAE 研究の中で，この局面の教師の重要な特徴は，昇進や追加的な責任が，教師がこれまで認識しているアイデンティティ，モチベーション，有能さに関する意識に重要な役割を果たし始めているということであった。この局面にいるたいていの教師（78%）は，追加的な責任を有していた。とりわけ，専門職としてのアイデンティティの高まりとも関わって，つまり昇進と関わって，神経をすり減らしていた。これは，多くの教師にとって，この局面が安定の時期ではないことを示唆している。むしろ，教室において専門職としてのアイデンティティを強化していく一方で，教師はこれらを乗り越える挑戦の時期でもあるのである。

　サブグループ a) と b) の間の重要な違いは，後者のグループは，重い労働負担を何とかするために，能力を超えたことへの対応へ強い関心を寄せていたという点である。サブグループ c) における教師は，仕事の負担や難しいライフイベントによって，アイデンティティ，効力感，有能さが危険にさらされていると感じていた。

　自信や有能であるということに関心を示している，この局面の教師たちにとって，学校／地区（学科）のリーダーシップ，同僚，生徒からの支援は，重要なものであり続けた。専門職のライフフェーズ 0-3 年とは対照的に，授業の効果を低下させていると見なされている重い仕事の負担に対して，彼らは，より頻繁に言及していた。教室での取り組みに関する知識や外から来る政策に関する知識の必要性は，かなり少なく，役割の効果への関心も同様に少なかった。しかし，彼らにとって，専門職としての，そして，個人的な発達のニーズに焦

点化した CPD がより重要な関心事になっていた。

3. 専門職のライフフェーズ 8-15 年：役割やアイデンティティに関する変化に対応する〈緊張と移行〉

サブグループ：
a）維持されたエンゲージメント
b）離脱／モチベーションの欠如

　いく人かによって，この局面は，「教職生活全体の中で，最も見過ごされているグループ」（Hargreaves and Fullan, 2012: 72）であると言われている。この専門職のライフフェーズは，教師の職能成長において，鍵となる分岐点を示している。たとえ，彼らがより安定し，自信があり，有能そうであったとしても，この局面にいる教師たちは，専門的な生活と個人的な生活の両方での変化へ対応することにおいて，よりいっそうの緊張に直面しはじめている。例えば，VITAE 研究に参加した教師の大多数は，仕事－生活の緊張と戦っていた。この局面の教師の多く（79％）は，教室や学校の外側で責任を負うことが増加しており，マネジメントの役割を果たすことに目を向けなければならなかった。重い仕事の負担もまた，教室での授業の継続的な改善には，よりいっそう不利にはたらいていた。

　サブグループ a）は，エンゲージメントを維持している教師を含んでいた。そして，彼らが予想している道筋とは，自己効力感やコミットメント（人的資源への投資）の高まりを伴う昇進であった。リーダーシップ，スタッフの同僚性（高い社会的資本），生徒との関係性，CPD への取り組みといった支援の組み合わせが，このサブグループの有能さを肯定的なものにする意識の一助となっていた。

　サブグループ b）の教師のおおよそ半数は，リーダーシップ（50％），同僚（60％）からの支援の欠如—低い社会的資本—を報告していた。不都合な個人的な出来事や仕事と生活との間の緊張もまた，重要な論点であった。このサブグループの鍵となるほかの特徴としては，不都合な個人的な出来事（例えば，体調

不良,家族への献身の増加など)によってマネジメントの役割を諦めていること。早期退職を導くモチベーションやコミットメントの減退を示していること(例えば,遅い入職者,「キャリアが中断した」教師)。幻滅／低い自己効力感／モチベーションやコミットメントの減退,などが見られた。

4. 専門職のライフフェーズ16-23年:仕事－生活の緊張〈モチベーションやコミットメントへの挑戦〉

　先の2つの専門職のライフフェーズ(4-7年および8-15年)と同様に,過度の事務仕事や過重な仕事量は,この局面の教師にとっても,有能さに対する重大な妨害であると見なされていた。より初期の専門職のライフフェーズの教師とは対照的に,個人的な生活における出来事,追加的な義務が結びつき,この局面の仕事により強い影響があった。その結果として,より大多数の教師が,不利なワークライフバランスと格闘していた。この局面の教師たちは,仕事,生活,家庭での出来事へ挑戦するマネジメントという点で,3つのサブグループに分類された。

　　サブグループa):昇進や良好な生徒の結果(成績)／関係性の結果として,モチベーションやコミットメントを増大させている,そして,多くの場合,モチベーションやコミットメントが高まり続けると見なせそうな教師(初等教育=63%,中等教育=32%)
　　サブグループb):エージェンシーや時間管理を改善しようと決断した結果として,モチベーション,コミットメント,有能さに関する意識を保っている,そして,次の専門職のライフフェーズにおいて,仕事と生活の緊張にうまく対処する傾向にある教師(初等教育=30%,中等教育=37%)
　　サブグループc):仕事量,競合する緊張のマネジメント,キャリアの停滞が,モチベーション,コミットメント,有能さに関する意識に減退を引き起こしている。そして,彼らの今後のキャリアの道筋が,そのモチベーションやコミットメントの低下と結びつくことが予想されている教師(初等教育=4%,中等教育=27%)

仕事と生活の間の緊張に加えて,生徒の振るまい,個人的な生活,政策,リーダーシップ,CPD の組み合わせによって生じた悪影響が,サブグループ c) とりわけ,中等教育学校における教師たちのモチベーションの減退やキャリアの停滞の強力な原因となっている。

5. 専門職のライフフェーズ 24-30 年:モチベーションを維持することへの挑戦

この局面の教師は,専門職におけるモチベーションを維持するというより,強烈な挑戦課題に直面していた。88％は,新たなリーダーシップの役割を有していた。生徒のふるまいの悪化,個人的な生活上の出来事の影響,「新しい政策や管理職がやってくるという不断の流れによって,どのような命令にも従わざるをえない」ことへの憤り,キャリア(そして生活)をよく検討すること,学校における勤務時間の長さといった,これらのことが,この局面の教師たちの有能さにとって鍵となる影響であった。しかしながら,すべての教師が幻滅させられているわけではなかった。そのモチベーションのレベルを基準として見ると,2つのサブグループに分けられることが明らかになった。

  サブグループ a):モチベーションやコミットメントに関する強い意識を維持している(初等教育 = 59％,中等教育 = 45％),そして,多くの場合,自己効力感,モチベーション,コミットメントの高まりを楽しみ続けている傾向にある教師
  サブグループ b):もちこたえているが,離脱や早期退職への意識を導きがちで,モチベーションの欠如した教師(初等教育 =41％,中等教育 = 55％)

役割の効果が見える活動は,重要であり続けた。教室の取り組みに関する知識を更新することは,この局面の教師にとって重要であった。そして,より一般的な,専門職としてのニーズ／個人的な成長のニーズが,非常に重要であった。

5章 教師の成長，教師であり続けること，教師としての再生

6. 専門職のライフフェーズ 31 年以上：モチベーションの維持／減退，変化に対処する能力，退職を待望すること

　生徒の成長，そして教師－生徒の前向きな関係性は，これらの教師の仕事の満足感の主たる源泉であった。この局面の教師は，2つのサブグループに分類された。

　　サブグループ a)：個人的文脈，また専門職としての文脈，そして，組織の文脈が変化していても，あるいは変化していることによって，モチベーションやコミットメントが高いままである。予期される道筋としては，強力なエージェンシー，効力感，達成感のある教師（初等教育＝64％，中等教育＝64％）
　　サブグループ b)：モチベーションが低下しつつある，もしくは低下した教師。また，予期される道筋としては，増加する疲労，幻滅，退職となる教師（初等教育＝37％，中等教育＝37％）

　すべて6つの専門職のライフフェーズを通じて，有能さについての教師の意識にとってきわめて重要であるのは，支援的な学校文化だけではない。専門職のライフフェーズの中で見てきたように，教師たちにとっては，学校内における支援（高い社会的資本の投資）が重要であった。それは，専門職における教師の継続的なエンゲージメントとして，主要な役割を果たしていた。
　VITAE 研究によれば，統計的にみると，キャリア後半の局面（24年以上の経験）にいる教師の生徒は，初期，そして中間の局面にいる教師の生徒よりも，期待に達する，あるいは下回る傾向にあることが明らかにされた。すなわち，専門性は，必ず経験とともに高まるわけではないのである。
　VITAE 研究は，経験とコミットメントの間のつながりを発見し，この後半の局面の教師は，初期や中間の局面における教師たちよりも，あまり関わらない傾向にあることを明らかにした。この研究や他の国際的な研究において（例えば，Nieto, 2003; Borman and Dowling, 2008; Weiss, 1999），自己効力感，モチベーション，コミットメント，仕事の達成感，勤労意欲，仕事場の環境にお

ける支援の質は，教師の成長やすべてのキャリアフェーズを通じて，教師が教職に留まることや再生の質につながっていること，その鍵となる要因であることは明白であった。Scheopner（2010）のレビューは，教師の定着への戦略は，「キャリア全体を通じて，教師の質や有能さを構築し，維持しようとすること」（2010: 254）であるという，VITAE 研究によって明らかになったことを確かなものとさせてくれるものである（Day et al., 2007a）。そうであるがゆえに，何よりもまず，教師のコミットメントを維持することは，質の高い授業を保つことにつながっていくのである。

　本章の次のパートでは，より高いスタンダードやより多くの説明責任が増加し続けている様々な国から選択され，引き出された研究に目を向けていく。我々は，これらを，教師の仕事や挑戦の複雑さを描き出すための手段として用いる。それは，彼らがいま直面しているものであり，そして，彼らのワーキングライフのすべての局面において増大し続けているものである。以下では，感情的，理性的な環境との間にある緊張に関する事例を提示している。それは，教師が対処する必要があるものであり，学校，個人，政策の文脈の間で相互作用しているものである。そして，それは教師の資質のあり様やレジリエントの維持に対して好影響や悪影響を及ぼすものである。

● 不確実な未来：最初の 5 年間

> 教師が非常に減少しているという最近の傾向を考慮すれば，キャリア前期の教師たちを専門職に留まらせているものを我々が理解することはきわめて重要である。
> 　　　　　　　　　　　　　　　　　　　　　（Peters and Pearce, 2012: 249）

　たとえ，彼らが教員養成においてどのような準備の方法を経験していたとしても，生徒のケア，学習，成績の提示に対して責任を負う知的，専門的，そして感情的な局面，そして，多種多様の挑戦課題に直面したとき，キャリア前期の多くの教師が圧倒されたと感じることは驚くべきことではない。例えば，比較的最近の調査において，オーストラリアでは，45.6％（の教師）が，10 年後自分自身が教師でいることを予見することができないと報告している

(Australian Education Union, 2006 ／ Peters and Pearce, 2012 において引用)。それゆえ，Huberman (1993) の用語を借りるならば，初任教師が「苦しい」始まりよりも「心地良い」始まりを手にすることを確実にするであろう鍵となる良い影響を検討することは重要である。

　アメリカでは，Ingersoll (2003a) によれば，初任教師の 30％から 50％が，最初の 5 年以内に現場を離れると報告されている。そして，Alliance for Excellent Education (2004) は，14％が最初の年の終わりに，33％が 3 年以内に，50％が 5 年以内に職を離れるということを明らかにしている。オーストラリア (Ministerial Council on Education, Employment, Training and Youth Affairs, 2003)，カナダ (McIntyre, 2003)，イングランド (DfES, 2005)，中国 (Changying, 2007) においても，減少率に関する同じような割合が示されていた。そのような高い減少率の理由を解明するために，多くの研究が実施されている。しかし多くの場合，支援の不十分さ，政策やミクロな政策に対するフラストレーション，仕事量，生徒のふるまい，極端な官僚主義など，生徒の特徴や仕事の状況に関する悪影響に焦点を当てていた。教師たちが専門職としての自己をどのようにとらえているのか，彼らのアイデンティティに関する意識が決定に影響していることをみようとする研究は，少数である。もっとも，ひとまとめにして考えると，単一の出来事よりも，原因の組み合わせが，専門職としての自己，もしくはアイデンティティに関する教師の意識の低下と呼ばれているものを導いているということを研究は示している。

　　教職を続けないという決定は，一般的には，単一の出来事に起因する即時的な選択ではない。むしろ，そのようなキャリアの決定は，自己に関する教師自身の意識や教師としてのアイデンティティと密接に結びついている傾向にあり，それは教員養成や現職の教職経験を通じて構築され，挑戦され，修正されたものなのである。　　　　　　　　　　　　(Hong, 2010: 1531)

アイデンティティの低下のプロセスに関するこうした見方は，要するに，教職から離れるという決断，あるいは，教職には留まるが，熱意に関して，より少ないエネルギーもしくは浅いコミットメントを提供することへ導いていく。

また，保守的な戦略として，アイデンティティに関する意識を変える，あるいは再構成することへと導いていくものである。それは，教師のモチベーション，コミットメント，有能さに関して，専門職としてのアイデンティティ，もしくは専門職としての自己に関する意識が鍵となる要因であると確認している研究とも一致する（Day, Elliott and Kington, 2005; Day, Kington, Stobart and Sammons, 2006; Lasky, 2003, 2005; Van den Berg, 2002; Watson, 2006; Beijaard et al., 2004; Johnson, 2003; Bullough et al., 1991; Kelchtermans, 1993）。

多くの他の研究は多数の教師が専門職に入った際にもっていた初期の楽観主義や希望が，―初任教師の少数の人は，より経験を積んだ同僚と同様に教室における多大なる責任を果たしている―目標設定や成果に突き動かされた文化が，感情的，そして身体的なエネルギーレベルの貯えを激減させるのに伴って，教室における教職の日々の現実の中で，どのように悲観主義に変わっていくのか報告している。例えば，アメリカにおけるある初任教師の不愉快な経験に注目してみよう。

> （その学校において）初任教師は，誰も教えたくない難しい子どもたちを受けもっている。初任者は，本校舎から離れた学級，それはプレハブの仮設教室のようなところにある学級を担当している。…もしあなたがビジネスの世界を思い浮かべるなら，初任者が彼らに対する幾多の集中攻撃によって，離職するような始まりを思い描くことは決してないだろう。そして，5年後にやめてしまうと聞いたら驚くだろう。しかし，教職において初任者はそのように取り扱われている。悪く言いたくはないが，初任者の多くは，多種多様なことがらにおいて，なにも支援されてはいない。　　　　（Tait, 2008: 68）

教師のレジリエンス，定着，質，コミットメントに関する研究の中では，キャリア早期の教師たちの物語は，あまり示されていない。しかし，彼らは，教えることに対する高いモチベーションや，それを実現することによる影響が，彼らの個人的な生活と衝突することによって，気力を失い始めているのである。ここでは，イングランドからのある物語を紹介しよう。

5章　教師の成長，教師であり続けること，教師としての再生

　私は，教職を非常に好んでいるにもかかわらず，アイデンティティの危機であると思う。それは，私に会おうと誘った古い友人からのメールを受け取ったときに，すべてが始まった。
　「素敵！」と私は思った。しかし，それが日曜日の夜と気づいた。いま，私は，古い友人が住んでいるところから，電車で3時間の場所に住んでいる。そのため，次の日の学校の準備のためにロンドンに戻らなければならないことを考え，丁重に断ることを決めた。
　これは，私を悲しくさせた。過去の1年半を振り返ってみると，私は，古い友人と出かける自由な時間の量を計算していることを実感した。
　明らかに，私だけではなかった。スポーツクラブ，社会的イベント，友人の誕生や，それ以上のことを諦めた初任教師を私は知っていた。彼らの生活は，我々が始めることを選んだキャリアによって，徹底的に，そして完全に疲弊させられていた。
　過去1年，私の生活を構成していたものを思い出してみると，時間という用語は，巨大なブラックホールであり，学校の外の活動範囲で言えば，社会的な相互作用の欠如を意味するようになった。私が，中間休暇もしくは復活祭まで，社会的なイベントへの参加を延期しようとするため，私の友人や家族は，「私は違う惑星にいる」と考えなければならなくなっている。
　躁病のループにいる5日間のあと，土曜日と日曜日は，その週の感情的，精神的，身体的な極度の緊張からの回復に費やす。一方，それと同時に，次へのほんの少しの準備を試みる。それを理解するまでは，月曜日は，私を悩ませた。戻ってきたとたん，すべてが再び始まっていくからであった。
　私が専門的職業として教職を選んだのは，関心のない何かをすることに，私の時間の大部分を費やしたくなかったためである。教職は，私が楽しみ，情熱をもてるものであるが，もし，私の生活に伴うすべてを行う時間がないとしたら，私はどうして「教師」なのだろうか。
　私は，アイデンティティが，私の手からすべり落ちていっていると感じることがある。もし，私に唯一何が残るか考えたなら，それは毎日，教室の前に立っている私である。私は教師でもありたいが，そのほかのもの——ガールフレンド，姉妹，友人，娘——でもありたい。

105

私がゆっくりと単なる「教師」に変異しているのではないか，そして，他のすべての部分は，時間を経て，消えている，もしくは冬眠しているのではないかと，私は脅えている。それを楽しむという希望をもって中間休暇や休日中に喜んではじけようとすることは，教師から離れようとしていることになる。しかし，就業日を軽んじたり，天職意識がそこで消えていくようなものでもない。
　私は教師という仕事が非常に好きであり，同じ程度の満足感や挑戦を与えてくれるいかなる他の仕事も考えることはできない。しかし，それでも私は言わなければならない。今週，私が感じているのは，中間休暇が早く来るようにということであると。　　　　　　（Secondary Education, 15 February, 2013）

　我々は，この後，この教師に起こるであろうことを心配している。彼女は，個人の生活で，そして専門職としての領域で，異なる生活をやりくりし，それで，両方からの達成感を得ることができるだろうか。彼女は，仕事に対して注ぐ感情的，精神的，身体的エネルギーを減少させ，過度のストレスや不安に対して起こりうるスパイラルを避けている。もはや最善の教職を目指して教えることもないのだろうか。レジリエンスに対する彼女の能力は，現状のまま，もしくは減少するだろうか，そして，それにおける彼女のコミットメントはどうなるのだろうか。
　多くの初任教師が教育実習生から現職教員に移行した際に経験する「苦闘」について書かれたものはたくさんある（例えば，Huberman, 1993; Flores, 2004; Kelchtermans and Ballet, 2002）。しかし，彼らが，学校や教室で，全力をあげて貢献しようと調整する際に，教科，教授法，学習者理解に，それを当てるだけでなく，教育専門家や同僚として，彼らが何者であるのかということ（彼らの教育に関する信念，ソーシャルスキル，モチベーション，仕事の倫理観）を考えようとするなど，彼らが経験している多様な緊張とどのように向き合い，やりくりしているのかを扱った実証的な研究は少ない。Fuller and Brown（1975）による，教職の最初のライフフェーズに関する独創性に富んだ研究は，それが，4つのステージから構成されていることを明らかにしていた。ⅰ）初任教師のアイデンティティが，教師というよりも生

徒に近い**教員養成のときの関心事**，ⅱ）初任教師が，教室を管理する方法や生徒が彼らを好きかどうか（ケアリング 対 強いふるまい）という**生き残りに関する関心事**，ⅲ）初任教師が，教師であることとは，授業を準備することや，一人で彼ら（生徒）を教えること以上のことを意味しているという認識に至る**教職への関心事**，ⅳ）初任教師がより難しいことやより個人化された授業や学習にいっそう従事しようとする，**生徒への関心事**，から成り立っていることを発見した。

Pillen et al.（2012: 10）は，初任教師によって経験される13のジレンマを見いだした。すべての初任教師が，これらのジレンマのすべてを経験するわけではないが，たいてい（60％）は，（以下の間の）緊張を経験したと報告している。

- 生徒を大切にしたい 対 断固とした姿勢を貫きたい
- プライベートな生活に時間を費やしたい 対 仕事に時間や情熱を費やさなければならないというプレッシャ
- 教えるために学ぶということに関する相反する志向性の経験

単にそれらに「うまく対処する」というよりもむしろ，これらの，そしてそのほかの緊張をうまく統制するために，初任教師は，日々のレジリエンスに対する資質・能力を早急に――むしろ，学校の明示的な支援を伴って――発達させる必要がある。

●「有望な教師」の仕事の状況の影響

次のエビデンスのもととなるのは，ニュージーランドにおける初等学校および中等学校の教師の，教職に就いて最初の9年間に関する研究である。その著者たち（Lovett and Cameron, 2014）は，アメリカにおける教職に就いて最初の2年間の教師に関するSusan Moore-Johnsonと彼女の同僚（共同研究者）の研究の成果（Johnson, 2004; Johnson et al., 2012）をもとに進めた。おそらく驚きもしないだろうが，この研究は，教師の喜びや教職に留まることにおい

て鍵となる要因が，経験を積んだ同僚からの支援であることを発見した。

> 専門的な学習に対して外から義務づけられた優先順位…へ教師が従属することは，抗しがたいものであるようだ。しかし，これらの規定の中であっても，教師の個人的そして集団的なエージェンシーは，過小評価されるべきではない。　　　　　　　　　　　　　　　　　　　　　　（Ambler, 2012: 181）

ニュージーランドでは，さらに範囲を拡大した研究が行われた。その目的は，教師のエンゲージメントに関する意識，教育学的なウェルビーイングを構築しているものやそれに逆らって作用しているものを明らかにすることであった。この研究の著者たちは，イングランドにおけるVITAE研究（Day et al., 2007a）で明らかになったことと同様に，教師は，校長や同僚など多様なレベルの支援を経験していることや，これらの，そして彼らの仕事場の状況が，「教師が仕事について感じる過程，生徒の学習を促進させる能力，そして，リーダーとしての責任をとることに対する願いにとって根本的なもの」であることを明らかにした（Lovett and Cameron, 2014）。以下，我々はこの研究から，教師の仕事，生活，レジリエンスが，学校の状況に影響を受けている，その過程に関して，後ろ向きなものと前向きな描写を提供する。

> 私は，この学校で働くことを非常に好んでいる。私は，良い仕事に取りかかり，それを行っていくのにちょうど良い程度だけ支援され，ちょうど良い量だけ私一人に任せられていると感じている。学校では，やる気が喚起され，モデルとなるような良い仕事／生活のバランスもある。教師は専門職として尊敬され，扱われている。　　　　　　　　　　（Lovett and Cameron, 2014）

> 私の学校には，「恐れの文化」がある。それは，いく人かの教師が，非常に小さい間違いでさえおかすことに恐れを感じている，仕事を失うことや，おそらく彼らのキャリアが損なわれてしまうことに対して恐れているというものである。…いく人かの教師は，不必要に訓練されており，そして，ある意味では，彼らの尊厳を保つことも，他の仕事に簡単に移ることさえ許され

ていない。　　　　　　　　　　　　　　（Lovett and Cameron, 2014）

● キャリア前期から中期の教師の内部と外部の生活の間の境界を検証する

　3つ目の研究として，北アイルランドのキャリア前期から中期の局面にいる教師の社会的なパーソナリティやアイデンティティへの挑戦について検証している研究を取り上げる。彼らが検証したレンズは，セルフスタディ（self-study）であった。我々がここで論じているように，ある人にとって最善の教職に対して決定的に重要であるのは，「専門職としてコミットメントを保つこと，教職や子どもたちに対する情熱を育てること，勇気を生むこと，倫理的な目的に関する意識を取り戻すこと」（Leitch, 2010: 329）や専門職としてのアイデンティティと個人的アイデンティティ，認知的アイデンティティ，情動的アイデンティティの内的な関係性は避けられない（Day et al., 2007b: 105）ということに，著者たちは着目していた。仮面をつくるということを研究方法として用いることによって，教師は，仮面を作成し，それを身につけて省察することを通じて，「彼らの物語を話す」（2007: 335）ことに誘われた。この研究は，より普通の手段を用いてはほとんど明らかになることがない，教師の内的な自己に到達するという点で，非日常であり重要である。例えば，初任教師は以下のようなことを明らかにした。

　　私は，表面上，まったく何の緊張もない専門職としての役割を装っていた。一方で，内面では，あらゆる緊張が，私の生活の構造を引き裂いていた。私は，カメレオンであり，いつも変化している。（Leitch, 2010: 336 において引用）

　第二の専門職のライフフェーズにいる他の教師は，「子どもたちに対する学

訳注2：Leitch（2010）は，Jungの分析心理学の考え方をふまえつつ，教師のアイデンティティを理解するための創造的なセルフスタディの方法として，「仮面をつくる」という手法を用いている。仮面を作成することによって，教師としての生活における自らの「顔」を振り返ることを可能にしようとするものである。さらに，仮面を作成した後には，それをもとに「語る」という活動を行っている。Leitch（2010）によれば，「仮面」は，「私的な生活」と「表向きの人格」との間を「仲介するもの」として位置づけられるという。

校のアプローチからはあぶれたところ」に彼女自身を見いだしていた（2010: 340）。

> 子どもたちはそれ以上のことを必要としている，ねぇ，そうでしょう…抑えられ，訓練されることよりも，理解されること，そして，教育されることを必要としている。もし，私が，効果的に教えることができたなら，その時は，私は生徒たちとより緊密で正真正銘の関係を発展させたい。もし，これがまったく間違っていると思われるのなら，私は，どのように教えるのかということについて当惑してしまう。　　　　　　（Leitch, 2010: 341 において引用）

理科部門の主任である3人目の教師は，教職におけるキャリアの分水嶺にいた。生活で，個人的なアクシデントに関する私的な苦悩をやりくりしている生活や，学校に復帰すると，自分の部門の同僚以外は，「誰も」，私の回復に興味を示していない，という難しい学校の文脈で働いていることの衝撃を，仮面をつくって表現していた。

> 外側の仮面は，目のくもった顔を示している。そこには，斜めに横切って走っている目に見える亀裂がある。他の人は，これらの疲れた目を，私の家族の生活に起因するものであると見なしている。それは，決して，それらに対して起こったのではなく，これらは，学校における絶え間ない変化や導入されたカリキュラムに対する改革への適応の結果なのである。私にとって，これ（亀裂）は，部門の主任としての説明責任，試験の遂行に対する要求，シニアマネジメントによる最近の再構成の動きによってつくられた分裂—誰もが知っていることよりも，よりひどい目に遭う変化—の結果なのである。
> 　　　　　　　　　　　　　　　　（Leitch, 2010: 344-5 において引用）

レジリエンスや仕事のアイデンティティの損失に関する，そのほかの小規模な質的研究を見ると，その研究者ら（Kirk and Wall, 2010）は本書のはじめ（2章参照）に我々が記述した「教育における甚大な構造変化」（2010: 629）が，生じているということを示している。つまり，キャリア中期の教師たちに，か

つての安定したアイデンティティの再考，ますます官僚主義的かつ商品化した教育部門（セクター）の新しいニーズや要求のほうに向きを変えて，自分自身を再教育することを引き起こしていることを示している。彼らの研究は，最近退職した教師の話を描いている。それは，がっかりさせられ，不快で，難しい挑戦を生き抜いているにもかかわらず，彼らは，ケア，職業意識，子ども中心主義の感覚の深さの結果として，「教師としての個人的アイデンティティを維持するかなりのレジリエンス」をはっきりと表明していると報告していた（2010: 633）。すなわち，喪失の感覚を感じていたにもかかわらず，彼らは専門職としての中核をなすアイデンティティを保持していたのである。

● 熟練教師：適応，再生，屈強さ

4つ目の研究は，Cohen（2009）が，アメリカの高校における2人の熟練教師の仕事と生活に関する詳細なポートレイトを提供しているものである。ともに，25年以上教えており，非常に成功していると見なされていた。Cohenは，彼らのコミットメントが相変わらず強く，ともに，彼らが教えている教科，そして生徒に対する情熱を貫いていることを明らかにした。彼女は，耐久性に関する3つのテーマを明確化した。

1. **自己を最初に据えること**
  自己への愛着—ナルシシズム—は，教師の長期的な生き残り，とりわけ，精神的な見返りが頻繁には経験されない難しい学校においてはきわめて重大なものである。 (2009: 481)

2. **有益な記憶喪失**
  私の長年勤務の鍵の1つは，常に，すべての子どもについての最善を考えることである。彼らは，かなり頻繁に悪いことを私に提供するが，少なくとも，私は最善を想定することに取りかかる…昨日何が起こったとしても，過ぎ去ったことだ。あなたは，最善を想定しなければならない。 (2009: 481)

3. **教科に対する情熱**

利他主義よりも，辛抱強さよりも，子どもへの愛よりも，「教科に対する情熱」が，熟練の都会の教師のような献身的なある特定のタイプを定着させる，最も決定的な特徴かもしれない。　　　　　　　　　　　　　　（2009: 483）

この研究では，教師を典型的な熟練教師として紹介してはいない。そして，彼らが働いている学校は，都会のコミュニティに位置している。しかしその一方で，「もし都市部の学校がより優れた教師をより長期間定着させたいなら，教職員の中に屈強さを**生み出す**方法を見つける必要がある」というこの研究者からの助言は，すべての学校にとって等しく真実であろう。なお Cohen が Maddi の屈強さに関する研究を取り上げているのは，ポジティブ心理学 (positive phychology) の中で見いだされる。それは，「ストレスフルな状況にもかかわらず，パフォーマンスや健康を維持し，高めるディスポジショナルな要因」として定義づけられている」(Maddi, 2002: 76)。

この研究とは反対に，イングランドにおける VITAE 研究は，すべての教師が「屈強さ」を生み出し，維持できるわけではないこと (Day et al., 2007b)，そして，我々が「後期の」専門職のライフフェーズと呼ぶもの (24 年以上と判断) に属する教師たちは，コミットメントの感覚をより失いがちであるということを明らかにした。さらに，そうした教師の生徒たちは，初期，中期の専門職のライフフェーズにいる教師たちの生徒よりも，予想通り，あるいは予想を下回って低い成長，そして低い学業成績を示しがちであった。しかしながら，このような一般的なパターンが見られたにしても，そこには後期の専門職のライフフェーズにいて，コミットメントの感覚を維持することができている教師が存在することが明らかになった。そして，このことには，前向きな教室での関係性が持続していること，職業意識，権限を付与されたスクールリーダーシップや同僚との協働が関連しているということが明らかになった。

Nieto (2003) による初期の伝統的な研究は，Cohen (2009) の研究に出てきた成功したベテラン教師たちのように，Maddi (2006) によって明らかになったことと一致した結果を示していた。それは，最もコミットしている傾向がある「屈強な」人たちは，労働環境を広く統制できているという強い感覚をもち，

挑戦を心地良く感じているということであった。しかし，そこには，あまり成功を経験していない他の熟練教師もおり，彼らの語りは，いくぶんか異なる物語を示す点も明らかにしていた。例えば，ある人たちは，単に，「生き抜いて」いるだけなのかもしれないということである。

● 留まる力と影響を与える力：都会の学校における教師

「教職の最初の5年間に関する省察—留まる力と影響を与える力を理解する」において，Tricarico, Jacobs, and Yendol-Hoppey（2012）は，フロリダのある学校地区において，「教職への移行」の5年間のプログラムに参加している，都会の小学校教師の教員養成および初任者研修の経験を研究している。勤務して最初の5年以内に専門職を離れる教師の割合が，都会の学校では，平均して50％である—他の学校におけるそれらの割合のおおよそ2倍である—という国レベルの文脈で研究は実施された（社会－経済的な文脈に挑戦している都会の学校に勤めている人たちが直面している特定のことに関する，より詳細な議論については，7章も参照）。研究者は，そこで成功した教師と生き抜いている教師の両方に関心を寄せていた。

> 生き抜くことと成功することは，2つの異なることがらである。生き抜くことは，システムを気に入っており，システムの執行部や官僚主義にとって重要である多くの期待によって留まっていることを意味している。成功しているということは，重要な一部分であるが，完全に別個のものである。成功しているとは，子どもの学習に関することを意味している。
> (Yendol-Hoppey et al., 2009: 11, Tricarico／Jacobs, and Yendol-Hoppey, 2012: 7において引用)

彼らは，生き抜くスキルは，留まる力を構築するために必要であり，成功のスキルは，影響を与える力の一助となることを明らかにした。彼らは，研究を通じて，4つの前提を作成し，検討した。最初の3つは，Wilshaw（3章参照）によって定義されたものと類似しており，個々の教師の構え（dispositions）[★]

に焦点化していた。4番目は，教職の社会的文脈を検証していた。

　ⅰ）非常に難しい学校において，「留まる力」と「影響を与える力」を伴っている教師は，たゆまぬ忍耐，強力な仕事の倫理観や要求が高い文脈において子どもたちと働くことに対する天職意識をもって参加し，維持している。

　ⅱ）非常に難しい学校において，「留まる力」と「影響を与える力」を伴っている教師は，差し出されたリソースを待っているのではなく，授業実践を強化させるため，そして必要な支援を提供するために必須であると信じ，特定のリソースを一人で探し求めている。

　ⅲ）「留まる力」と「影響を与える力」を伴っている教師は，彼らの成功を，次のようにとらえている。つまり，それは，生徒たちや家族のコミュニケーションの多様さに対応して，差異化した指導を特に目指した，強力な専門的知識によるものだととらえている。

　ⅳ）「留まる力」と「影響を与える力」を伴っている教師は，学校を高めるために，教師のリーダーシップの好機を求めている。しかし，たびたびその成功に対する障害に直面している。

(Tricarico, Jacobs, and Yendol-Hoppey, 2012: 13-29)

　これらの最初の3つの主張は，困難を抱える都会のコミュニティに位置する学校に勤務する教師の，教職への情熱の力や強力な仕事に対する倫理観，確固としたコミットメントの力の様子を明らかにしている。そして，こうした「留まる力」と「影響を与える力」を創出したものは，これらの組み合わせであり，そして，相互作用であることを，彼らは明らかにした。さらに，彼らによれば，4つ目の主張は，「彼らのキャリアにおける次のステージの間に向けて，新しいタイプの『留まる』そして『影響を与える』力を『心に描き，そして生み出す』ことを引き起こすことについて触れたものであった。これには，次の3つの重大な関門」の突破が必要であることも明らかにしている（2012: 9）。

- 官僚主義の縮小

- すべての人（校長，コーチ，教師，家族，地区の管理職，コミュニティ，子どもたち）に仕事をさせる
- 変化や改善が報いられる文化をつくる

ある教師からの引用がこれをうまく描き出している。

> 例えば，生徒から大人まで，学校の文化がより統合力のあるものになる必要がある。私たちは，非常に小規模である。そのため，すべての人が一致団結することは簡単であるとあなたは考えるかもしれない。たとえ，私たちの意見が完全に一致していなくても，目指すものは同じで，共通の目標をもっていると。しかし，時として，目標やビジョンは，次第に変化していく。不幸なことに，人々は，どちらかと言えば，自らの関心の方向に進んでいく。そのため，私は，モチベーション形成，チーム構築，団結力に目を向けていきたい。あなたは，起こることがらのために，教師を誘い込み，スタッフを誘い込まなければならない。最近では，（それは）単なる事例ではなくなってきている。つまり，それが，私が変化させたいことである。そのうち，子どもはその姿を見て，全員がある程度，仲間として一緒に躍動するようになる。
> (Tricarico, Jacobs, Yendol-Hoppey, 2012: 28-29)

いかに，彼らの「天職意識」が強くても，完全に彼ら自身のリソースを頼みにして，留まる力と影響を与える力を維持することができる教師は稀である。しかしながら，彼らはそうあろうと専念している。本書におけるほかのところで，我々が示しているように，彼らは，初期の熱意を維持し，知識や専門性を広げ，ケアすることを続けるために，高い質のリーダーシップや働く状況を必要としている。

> 年を経るにつれて，一時的な見方を得る。自分自身の進化や変化を経験した。私は，変化しなかった他の学校の人を知っている。しかし，それはむしろ，ある特定の問題について，いつまでも先延ばしにしているのだった。環境の変化に対して適応することは，生き抜くことを可能にしている。

(Eilam, 2009: 500)

環境に支援されている他の人々は,活躍し続けているようだ。

　我々自身の中に,心からの信頼と信用の語りをつくり出した。互いのアイデアやコメントを尋ね,提案し,批判し,受け入れており,熟練者もそうでない教師も同様である。
(Eilam, 2009: 505)

● 高い要求に応えなければならない学校で働く教師たち

　最後の例は,教師を取り巻く特別な環境に焦点を当てたものである。彼らは,社会−経済的に不利なコミュニティの要求を満たす都会の学校で働いている。また,彼らが,レジリエントであるという資質,つまり「最も不利な状況下においてもなお,適応を求めてくる状況を調整する資質,そうした状況を継続的な学習のための機会として見なす資質」,これらの資質を構築するためにどのように支えられているのかということについて焦点を当てている(Huisman et al., 2010: 484-5)。これらの学校の教師は,たびたび,読み書きや計算に関する成績に関して,ほかのより優位な生徒たちに比べて,国の要求を既に下回っている生徒たちの成績を改善する,という過度な要求に直面している。

　すべての初任教師が,仕事において,ある程度のストレスを経験している。しかし,都会の学校において教えるということは,たいていの場合,仕事に対する彼らの認識と教室の現実との間で経験している隔たりから生じるストレスと関わっている。
(Huisman et al., 2010: 484)

　これらの学校の生徒は,たびたび,自分の注意を集中すること,持続させることが求められている。彼らは,学校で要求されることに対して,感情的かつ経済的に不安定な家庭やコミュニティの環境でうまくやっていこうと苦闘しているからである。不利なコミュニティの要求に応えようとしている多くの学校では,学習への期待や要求されることの激しさや複雑さ,不十分な生徒の

ふるまいへの非難，学校における支援の欠如や親の無関心などに，うまく対処できない問題を抱えた初任教師が多く存在している。このような学校で，より多くの教師たちが転職しようとするのは，おそらく驚くべきことではない（Bullough, 2005）。

この研究の著者たちは，「**ポジショニング理論**」（Harré and van Langenhove, 1999）を参照している。それは，「人々は，最初に，状況を解決することにおいて，所有権をとり，そして，成功が効果を生じさせることへの願いを与えるにつれて，追い求め，状況を解決しようとし続ける」というものである（1999: 486）。彼らは，レジリエントな教師とそうでない教師を，以下のように区別している。

> たとえ，レジリエントな教師がそのとき，関わりから離れていたとしても，失敗に関する彼らの意識は，一時的であり，何かを試みるために，常に，状況に対して再び関わろうとしている。レジリエントな教師は，彼らが教えている（場所の）文化の価値を包含している背景の一部にある価値を拡張してとらえようとしている。…彼らは，子どもへの期待を，低下させるのではなく，多様な方法において彼らに合わせるために変化させる。レジリエントでない教師は，彼ら自身を犠牲者として位置づけ，成功できないことを，状況に付随することがらのせいにする。ついに，これらの教師は，関わりから離れて，失敗の感覚を永続させるようになり，彼らは再び関わる機会を探し求めることはない。
> (Huisman et al., 2010: 486)

たとえ，この研究が，アメリカにおける12の都会の小学校における，教職1年目もしくは2年目のたった12名（女性）の教師に対するインタビューをベースとした，比較的小規模な質的研究であったとしても，教師のレジリエンスに対して貢献しているとみなされる。その主題は，都会の学校の教師に関する他の研究において明らかになったこととも共鳴している（Brunetti, 2006; Castro et al., 2010）。以下の7項目は，あらゆる学校の初任教師にとって望ましいことがあげられている。しかし都市部にある学校の初任教師たちにとっては，必要不可欠とみなされることが指摘されている。

1. **重要な年長者との関係性**：おそらく他の者たちよりも大いに，都会の教師たちは，同僚を頼りにしている。それは，彼らのことを聞いて，適切な情動的かつ実践的な支援を提供し，助言や指導をし，絶望よりも希望を促進してくれる，とりわけ経験のある同僚である。

2. **他者をメンタリングすること**：同じような仕事に従事している同僚と進行中の経験を共有すること。

3. **問題解決**：例えば，なぜ，生徒のふるまいが不十分あるいは期待より低いのかについて，革新的な解決策を生み出すための手段として，理由を分析すること。

4. **希望**：次への改善を計画するための手段として，最初の年に彼らが学んだことを検証すること。この研究における教師は，メンターの役割について，このように述べている。

　（彼女は）私に，希望を与えてくれたと思っている。なぜなら，原因の90％はあなたであると，私に話してくれたからだ。子どもではなく，あなただと。私はそれを聞きたくなかったが，私はそれを真実だと実感した。なぜなら，あなたも知っているように，私は状況に対処していたからだ。…私は，制御し，問題を予防するのではなく，状況に対応していた。私はそれに対して，情熱的であった。いま，私は，それが起こる前に，問題を見ようとしている。私のカリキュラムを良くしようとしている。より関わるようになり，純粋に教えることを試みようとしている。私は最善でありたいのだ。
　　　　　　　　　　　　　　　　　　　（Huisman et al., 2010: 491 において引用）

5. **高い期待**：外部の不利な状況や悪化する見込みの原因となる，現在の生徒の態度を認めてしまうのではなく，生徒の学習に優先順位をつけ，成功に達することを可能にし，意図する実践における信念を保つこと。

6. **社会−文化的な気づき**：直接関係するコミュニティの内外において不利な状況にある都会の学校で教育することに関するバイアスや偏見を悟ること，そして，すべての子どもたち，特にそのような不利なコミュニティにいる人々には，献身的で良い教師に教えられる機会があるべきだという倫理的な確信をもって，そこにいようと選択すること。

7. **職能成長**：学ぶためのインフォーマル，そしてフォーマルな機会を積極的に探すこと—個人からだけではなく，学校からも生涯学習に対してコミットメントすること。

結論

　キャリアや生活の多様なフェーズにいる教師たち，多様な学校環境で働いている教師たち，そして多様な国の教師たち，彼らの内なる信念，感情，感覚に関するこれらのスナップショットは，彼らの仕事に対するコミットメントの強さとこのコミットメントの代価の両方に関する強力なイメージを提供してくれた。それらは，レジリエンスが，深刻な挑戦課題へ対応する際，すぐに立ち直る即時的な能力以上のものであることも描き出していた。それは，時間を越えて，質を保ち，コミットメントを更新する能力であった。ひとまとめにして考えると，これらの研究は，教師のレジリエンスの社会的かつ心理的な次元に関する確かな描写も提供してくれていた。「個人が，彼らが関係している飛び地をまさにつくっているように，…これらの環境は，個人そして社会的アイデンティティに形成的な衝撃を及ぼすようになる可能性がある」(Dixon, 2001: 601)。

　Klassen and Anderson (2009) は，「比較のポイント」として1962年に実施された調査を活用して，2007年に，イングランドの8つの学校における210人の中学校教師を対象として，仕事の満足感のレベルや仕事の不満足感の源における変化を探究している (Klassen and Anderson, 2009: 749)。他の研究と同様に，彼らは，満足感や不満足感が，教師のモチベーションやコミットメント，そして我々の関心のある文脈でいえば，教師のレジリエンスに重要な影響

を与えると考え，その研究を行ったものであった。「不満足感の源が変化することによって，徐々に，教師が仕事に対して満足する度合いが蝕まれていく」(Klassen and Anderson, 2009: 753)。彼らは，1962年のそれらの研究から引き出された以下の3つの点と，2007年に教師が報告したことや認識されていことが，異なっていることを明らかにした。

1. 仕事の満足感はより低い
2. 仕事の不満足感の源は多様である
3. 男性と女性の教師の見方がより一致している

2007年の反応は，不満足感の根源的な源として，時間の制約と生徒のふるまいや態度によりいっそう焦点化されている。生徒や生活の多様性に関する我々の研究と同様に（Day et al., 2007b），著者は，教師の仕事の満足感の源が，一連の相互依存，つまり相互作用的で互恵的な関係性（自己，生徒，学校，政策との）に埋め込まれていること，そして，Herzberg（1966）やNias（1981）のモデルが提案しているよりも，より複雑であることを明らかにしている。むしろ，仕事の文化，特に，教師の学習コミュニティにおける開発や校長のリーダーシップが主たる影響力であることを明らかにしている（Talbert and McLaughlin, 2006）。我々が，前の章で見たように，例えば，アメリカでは，Brunetti（2006）が，12年以上の経験をもつ教師を，教職に留まらせるために，最も重要なモチベーションへの影響力は，スクールリーダーシップから彼らが受け取る支援であることを明らかにした。一方，Fullan（1999）によれば，同僚性のある学校環境の内外における多次元の支援システムが，教師のレジリエンスに影響をしていることを明らかにした。

最善の学校は，専門職にコミットメントしている教師を発見し，維持させようとする（Moore-Johnson and The Project on the Next Generation of Teachers, 2004）。自身に対する教師の期待を高め，彼らの学習や成長へのニーズに対して焦点化された支援を提供することは，彼らのウェルビーイング，倫理観，モチベーション，コミットメント，定着の感覚を高めることになり，生徒がより良い学習成果を達成する鍵となる。次の章では，我々は，仕事場の

要因が，教師のレジリエンスの感覚をどのように促進（もしくは妨げるのか）について，より詳細に探究する。

Part 2 教師のレジリエンスを形づくる…文脈の勘案

6章
レジリエンスを活性化する職場の諸要因

　これまでこの本の中で，我々は自己管理システム（それ自体，継続的で，証拠に基づいて刷新する省察過程，高い自己意識に基づくシステム）を発展させている教師は，肯定的な自己効力感やウェルビーイングの意識，専門職としてのアイデンティティ，コミットメント，感情的エネルギー，道徳的目的をもち，学びに関して楽観主義であろうとすることを見いだしてきた。教師たちは，エージェンシー，また仕事の満足について強い意識をもち，さらにより良く仕事を遂行しようとする意識をもっている。我々は，教えること，また効果的に教えることがいつも複合的で，熱心で，すべてを投入する仕事であること（励ますことと同様に）を示してきた。そして，そのために「対処」と「生き残り」を越える日常のレジリエンスが必要であることを示してきた。このように，伝統的に定義されてきたレジリエンス—逆境や極端な状況から復活してくる能力—だけでは，どのように，なぜ教師たちが開花でき，彼らのベストを尽くして教えることができるか，を理解するのは不十分であった。

　本章では，職場の要因に関するきめ細かな調査に目を向け，学校の状況，文化，相互作用が教師の中のレジリエンスにどのような影響を与えるか，その方法を探究していく。我々は，教師とともに行ったこの調査の中で，次のことを見いだしてきた。それは，教師たちの長期間に及ぶコミットメントとレジリエンスが，うまく学び最善を尽くして教えることを支える職場環境と切り離して考えることができないことである。我々は何かに役立ちたいと強い願望をもってスタートを切った教師が，時間がたつにつれて，残念なことに，その学校で失望し，コミットメントをしなくなっていくことを見てきた。—「彼らの仕事はするが，

それ以上でもなければそれ以下でもない。そして彼らの仕事をかつて照らしていた神聖な灯がくすぶること」（Hamon and Roman, 1984／Huberman, 1993において引用）—を見てきた。我々は，Kennedyの観察から次のことを確認している。

　　教育の研究者や政策立案者は，授業の質を問う際に，個々人の特質の役割を過剰に評価しているかもしれない。生徒の学習に関わって，教室間の違いを理解していく取り組みの中で，彼らは，我々が見ている授業の実際の質を強く担っているかもしれない状況的要因を見落としたまま，教師自身の性格などに，あまりにも多く関心を注いでいるかもしれない。

　　　　　　　　　　　　　　　　　　　　　　　　　　　　（Kennedy, 2010: 591）

　我々は，職業上の専門的な生活の変化に影響を及ぼしているコミットメントを維持し，教師の意思と能力に影響を与えている，その要因を広くとらえ考えてきた（4章参照）。教師という職業，道徳的目的，ウェルビーイング，自己効力感，コミットメント，感情的エネルギー，そして専門職としてのアイデンティティの意識が，仕事の遂行，そして教師として仕事を続ける判断にどのように密接に関わっているか，同様に，生徒の学習への関わりやその達成にどのように重要な影響力をもっているかを示してきた。教師たちは，教室のアイデンティティや実践の中で，より自信をもち，その効果や安定を感じるにつれて，自信をもって，新たな責任や仕事上新しいことや，実験といったことにも取り組み始める局面に入っていく。これらの責任は，教師が年を重ね，家族へのより大きなコミットメントを求められ，仕事と生活の緊張状態を経る中で生じる。そして，自分自身の期待と学校からの期待が重なってしばしば同時に生じることになる。このような教師が専門的，個人的生活の各局面で挑むシナリオは，実際は個々で異なるかもしれない（Mansfield et al., 2012の研究からの証拠も参照）。しかしながら，それらをマネジメントしていくうえで必要となる身体的，感情的，知的なエネルギーは大変似ている可能性がある。

　教えることは，生徒，同僚，学校内外の専門的なネットワークによって影響を受ける，本質的な社会的試みである。心理学，神経学，教育の最近の研究知

見は，教師の仕事や生活における肯定的なアイデンティティ，ウェルビーイング，そして有能さの意識を維持していくうえで，良質の諸関係や社会的資本が重要であることをこぞって指摘している。つまり，Kennedyが我々に思い出させているように，教師の質と関わる，教えることの質は，何かに耐えている個人的な特質からのみ影響を受けるわけではないのである。それは，「教室の中でのスケジュール，教材，生徒，制度的な障害，また教師が順応しなければならない，絶えざる改革の混乱」も影響している（2010: 597）。このようなことから，本章では，職場の同僚や管理職が教師のレジリエンスに，どのような影響を及ぼしているかに目を向けていく。我々は，専門的な学習コミュニティでの学びや成長の機会，その存在，その質と範囲が，教師の個人的・集団的なモチベーションをどのように育てるかを，実践からの引用をしながら述べていく。我々は，レジリエンスの資質を形成し，維持し，刷新することを可能にしていることとして，自己効力感と学びに関する楽観主義，ウェルビーイング，仕事の充足感，アイデンティティの意識，帰属やコミットメントの関係がそこにあると想定している。

　勤務して間もない教師の疲弊やその後のコミットメントの低下は，予期せぬ否定的な経験（Flores and Day, 2006など多くの人が述べている「リアリティショック」が数年前から観察されてきた）から個人が選択した結果，あるいは，あらかじめ慎重に考え抜いたうえでの決定（その教師が職業として教えることへコミットすることを意図していなかった場合）の結果として，考えられている。しかしながら，それ以上に，例えば，そこにはリーダーシップの欠如，初任教師が過小評価をするかもしれない同僚からの支援の欠如，孤立，寂しさ，同僚や幅広い専門集団のメンバーシップから疎遠になること（Schlichte et al., 2005），生徒，給与，仕事内容や学校での位置づけと関わって生じる諸問題（Smith and Ingersoll, 2004; Borman and Dowling, 2008; Guarino et al., 2006）といった多様な原因が存在するだろう。これに対して，適切に初任教師の支援を提供する，同僚，管理職，そして学校文化，そして構造は，感情の枯渇を最小限にする効果をもつ。そして，彼らの自信や帰属意識を育て，レジリエンスの資質と能力を形づくっていくといわれている（Johnson et al., 2010）。また位置づけの問題は，彼らが「生徒」や「実習生」に対して，自分自身を「教

師」として見る過程と関わっているかもしれない。フィンランドの研究(Grubb, 2007), アメリカの研究 (Johnson, 2004; Markow and Martin, 2005), 英国の研究 (Smithers and Robinson, 2003), 台湾の研究 (Wang, 2004), 中国の研究 (Wriqi, 2008) そして, オーストラリアの研究 (Johnson et al., 2010), これらすべての研究は, 職場の条件が鍵となる影響力をもつことを明らかにしている。そのため, この後, 教師が職場を移動したり完全に辞めたりせずに, 職場に留まることを導いているその要因を調べることにする。

● 職場と自己効力感

学校文化が, ウェルビーイング, 生徒や教師によって感じられている学習とその成果に及ぼす影響は, 誰に聞いても, はかりしれないものである。特に教師にとって, それは自己効力感と関連している。

> 個々の教師の効力感は, 教師が生徒の成績に及ぼすその効果を部分的に説明しているかもしれない。それと同じように, 組織的な視点からすると, 集団的な教師の効力感は, 学校が生徒の成績に及ぼしている, その異なる効果を説明するかもしれない。それゆえ, 学校が重要な目的の達成—生徒の教育において学習への支援がどのように異なるかについて我々が理解するうえで, 集団的な教師の効力感は重要な貢献を示してくれる。
>
> (Goddard et al., 2004: 483)

国際的な研究に目を向けると, そこでは, 強い効力感が, その仕事をうまく計画し行う能力や教室での授業で柔軟であること, 強い対人関係を形づくること, そして自分の仕事に満足感をもつことに貢献する, という見方を示している (Klassen et al., 2010; Caprara et al., 2006)。しかしながら, 初等, また中等学校の教員に対するノルウェーの大規模調査では, 効力感や技術の習得は, それ自体, 必ずしも仕事の満足感を導かないことを明らかにした。「我々は, (素晴らしい実践をしたにもかかわらず), もしその人が自己効力感を感じる肯定的な効果を経験していないなら, 能力があっても, それが満足を保障するもの

ではないことを見いだした」（Moe et al., 2010: 1151）。つまり，その社会的環境は重要であり，結果，レジリエンスは，その環境（例えば，構造や文化を設立し培うときのリーダーシップの介入）を通じて，促進されたり抑制されたりするのである。職場での心理的な危険要素が教師に及ぼす影響を調べた最近のヨーロッパの研究（ETUCE, 2011）は，教師間での「仕事の高い満足感がストレスを減らす前提となること」（ETUCE, 2011: 19）を見いだしている。さらに，おそらく驚くに値しないかもしれないが，似た研究は，職場での「信頼と公平」が，仕事の満足感に及ぼす最も強いインパクトとして，そこにあったことを明らかにしていた。そして「コミュニティの意識」，「仕事の意味」，資源や「仕事とプライバシーの争い」（例えば，仕事と家庭生活の適合性と非合性）が，仕事の満足感に及ぼすインパクトとして続いていたことを，明らかにしていた。Scheopner（2010）は，過去20年に出版されている国際的な33の研究のレビューを通じて，教師の効力感に及ぼす職場の重要な影響を明らかにしている。

> 単純な解答は十分でないだろう。しかし自己効力感はきわめて重要である。教師は，有能さの意識を経験しなくてはならない。教師は，彼らを勇気づけ支援する同僚や校長から，また彼らが達成できることに対する実際の期待から，彼らがしている仕事を認める環境があること，そして支援されていることを感じる必要がある。…教師は，彼らの同僚からの支援的な関係を尊重する。そのため，教師は仕事をすることを勇気づけ，互いのフィードバック，専門知識，その知識から得るものがあることを促す関係構造を同僚とともにつくっていく必要がある。　　　　　　　　　　（Scheopner, 2010: 274-5）

論議すべき点は，レジリエンスのレベルとストレスや離職の間に緊密な関係があることである。これは，また職場の条件と関わっているように思われる。教師が現場に留まることに関する25の国々のレビューの中で，OECD（2005b）は，働く条件が良くないところ（仕事の負担；生徒の行動；資源；保護者からの支援に関わって）は，しばしば，教師がその専門職から離れる理由となっている（2005b: 199）。供給と離職の割合は，国際的にも，特別な地域や教科領

域によっても変動している。例えば，多くの「先進」国の中で，離職は，社会－経済的に課題の多い農村部や都市部で大きく，一方，発展途上国では，供給不足，仕事の条件や健康問題（HIV/AIDs）が重要な要因となっている（Rinke, 2008: 3）。しかしこのような中でさえ，成功している学校は，地理的，社会的環境を越えて，あらゆる領域で，高い教員定着率を保持している。

　我々は，ある研究から，教師の仕事，生活，有能さの中に変動があること（Day et al., 2007b），しかも同僚，管理職，個々人の出来事，変化する政策や社会状況が，教師のコミットメントを支える意思や能力に重要な肯定的，また否定的影響を与えることを知っている。Susan Moore-Johnsonと彼女の同僚（2004）は，学校文化が，教えることに留まるか去るか，初任の教師に意思決定させる重要な役割を果たしていること，同僚からの感情的な支援が，職場で働き続けることの要因であることを，明らかにしている（Moore-Johnson et al., 2004; Hobson and Ashby, 2010）。同僚性が低い学校文化の中では，初任教師は，孤立を感じがちになり，学校の中での位置づけについて幻滅するようになり，教室で効果的である自分の能力に疑問をもちはじめる（Flores and Day, 2006）。しかしながら，間接，直接と最も影響を与えるのは管理職である。

　また，彼の研究は，多くの教師を，彼らの職業生活を通じて，熱心に専門的に保ってきたのは，コミットメントに対する持続的な意識であることを示している。教師の仕事の遂行は，心の満足した状況そのものである。それは，彼らの専門的な資質が，生徒に学習への参加，学習自体，そしてその達成に向けた前向きな意識をもたらしたことからくる，その見返りに起因している（Gu and Li, 2013）。この努力について，生徒が正しく理解すると，生徒自身がその心と頭を使って，気遣い配慮してくれる多くの人々とつながろうとすることになる。この意味で言うなら，教師の教科への思いや子どもたちに対するその思いによって，教えることに引きつけられているかということは，おそらく相対的にあまり重要ではないかもしれないのである。教師がいったん教職に就くと，より重要となるのは，生徒がこのような思いを維持できるかどうか，また生徒がその教科への情熱や学び続けること，その成果を上げるのを見ることで喜びをもてることへ，学校が支援できているかどうか，になる。

　我々が文献の中で見て，また一緒に仕事をしている多くの熱心で希望をもち，

Part 2 教師のレジリエンスを形づくる…文脈の勘案

コミットメントしている教師から聞いたことからすると，継続的に公式，非公式に専門的な学びやその成長の機会を提供できることが重要である。その結果，教師は，教える資質を磨き，教室内外で専門家としてのレベルを拡張し，これらを通じて，専門を遂行する強い意識を楽しむことをし続けることができる。このような教師の説明は，レジリエンスが生き残るための何か以上のものであることを，我々に確信させてくれる。レジリエンスのある教師は，単に生き残る人ではない。むしろ，教師は，知的，文化的，社会的環境の中で改善することに努める能動的な専門家である。その環境は，教師がさらなる改善に向けたその可能性，つまり自分自身や他の人によっていつもチャレンジができることを感じさせる機会や支援を与える。その環境は，個々人の学びやその成果に貢献し，集団的な学びや学校の企画とその成果に貢献する。そして，それらのことを認識し，尊重する機会を与えるものである。以下，我々は，本章の中で，また本書を通じて議論されるこれらの影響が，教師のレジリエンスにどのように貢献し，それらが互いに結びつくか，その全体像を提供していく（図6.1）。

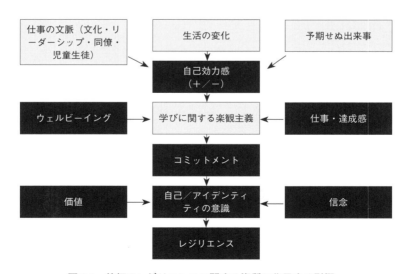

図 6.1　教師のレジリエンスに関する資質に作用する影響

● 管理職の影響

　校長が，教師間に，目的を共有する意識をもたせている学校，そして生徒の乱れが最小限に保たれている学校で，教師は大きな効力感を感じていた。加えて，教師のために様々な資源を提供し，破壊的な因子から教師を守るためにリーダーシップを発揮している校長，そして，教室での出来事に対して，教師に柔軟な対応を可能にしてきた校長は，教師たちに自己効力感に関する強い信念をもたせる文脈をつくり出していた。

（Tschannen-Moran and Hoy, 2007: 947）

　上記の知見は，初任者や経験ある教師の自己効力感に及ぼす影響について，組織の効力感（学科や学校での集団的な自己効力感の意識）が生徒の学業達成に学校が影響していることを示す1つの顕著な特徴であることを補っている。初任教師の40％〜50％が5年で教職から離れていく理由を調べたアメリカの調査の中で，Ingersoll and Smith（2003）は，次のことを述べていた。このうちの39％がより良い仕事内容や別の職業を求めて学校を去り，29％が教えることそれ自体の問題から──生徒の行動の問題，校長からほとんど支援がない，生徒のやる気がない，学校や教室での意思決定に参加する機会がないために──，学校を去って行くことを明らかにしていた。スクールリーダーシップとマネジメントの質が，「学校のスタッフの問題発生において重要な役割を果たし，その解決の中でも重要な役割を果たす」（2003: 5）とする Ingersoll and Smith（2003）の知見は，重要であり，それはオーストラリアの研究者の知見でも確認されている（Scott et al., 2001）。

　　問い：我々は，効果的な授業と良い校長のつながりについて何を知っているのか？

　　Linda Darling-Hammond：もしあなたが，教師に「勤務校に留まる理由は？」あるいは「なぜ辞めるのか？」と尋ねるなら，それは教師が行っているほとんどすべてが，リーダーシップが発揮されるその方法に影響を受けている。

そのため，そのリーダーシップと支援が，最も重要な要素の1つになると答えるだろう。あまりリーダーシップと支援がない学校で効果的な教師になることも可能ではあるが，容易なことではない。それは犠牲を伴う。うまくリーダーシップと支援が発揮されている学校では，より効果的に成功する教師になることが可能である。　　　(The Wallace Foundation, January, 2013: 18)

　ある研究は，管理職が生徒の成長や学業の達成に及ぼす影響が，担任の教師の影響の次に大きいこと（Leithwood et al., 2006b)，そして，成功している効果的な管理職／校長は，授業の最適な状況をつくるうえで，とても重要な要素として位置づけられていることを明らかにしている（Robinson et al., 2009)。Tschannen-Moran（2004）のアメリカの小学校における信頼性の研究によれば，校長によってなされる教師の自己効力感に対する枢要な貢献は，教師がレジリエンスの資質を磨くうえでの1つの鍵となる要因であることを明らかにしている。

　このように，学校文化，特に管理職は，教師のコミットメントやレジリエンスを積極的に促していく条件をつくるうえで，まさに肯定的あるいは否定的な役割を果たしている。それらは，個人的また組織的に明らかにされているニーズや優先事項に対して，その学びや発達の機会をつくり，それを支援していくことを，一貫して強調していくことによって，その役割を果たしているのである。

● 個人への投資

　我々は，3章と4章で，心理的／感情的健康（ウェルビーイング）についての教師の意識そしてアイデンティティが，レジリエンスの資質に重要な役割を果たしていることを見てきた。専門家としての教師と同様に，1人の人間としての教師に関して，校長の調査は重要である。イングランドの教師の生活，仕事，効果について，その差異に関するVITAE研究（Day et al., 2007b）は，あらゆる年代の教師から，また学校に対する継続的な教師のコミットメントに対する管理職の経験から，多くの証拠を見いだした。

6章　レジリエンスを活性化する職場の諸要因

　Peters and Pearce（2012）は，勤めて2年目の初等，中等学校の教師のレジリエンス，およびそこで務め続けることを促す状況を調べた。オーストラリアの2つの州の59の学校の管理職と教師にインタビューすることを通じて，彼らは，「今注目されているテーマは，管理職との関係が，教師の個人的，また専門的なウェルビーイングの気持ちにどのように影響を及ぼしているか，であること」を見いだしている（Peters and Pearce, 2012: 249）。この論文の中で，彼らは，2人の教師の話を取り上げている。最初は，Jasmineで，1年目は無事に過ごせたが，2年目には，2つの厳しい個人の生活上のトラブルを被った話であった。それは，学校外で彼女の時間を多く使うことを求めるものであり，またレジリエンスの資質を脅かすものであった。校長はこれに気づき，その支援において中心的な役割を果たした。

　　すべての家族が――何も果たすことができないことが起こったとき何をしたらいいか――を経験している。この学校では，みんな家族のように振る舞ってくれる。そのことは，彼らが私を支援してくれていることを，私が知ることをかなり容易にしてくれた。そして，1対1のアプローチを取り，私に話す機会をくれたのは，まさに校長自身でもあった。
　　　　　　　　　　　　　　　　（Peters and Pearce, 2012: 253 において引用）

　教師の感情的ウェルビーイングとコミットメントを継続させる意識に対する，同僚や管理職の貢献の重要性は，幅広く語られてきた（Wood, 2005; McCormack and Thomas, 2003; Gu and Day, 2007）。しかしながら，それらは，また否定的な効果ももつかもしれない。

　　初任教師が，学校の執行部を含む，同僚によるマネジメントの努力の中でうまく支援されていないことを感じたとき，彼らは急速に，学校の環境の可能性や頼れるリーダーの能力について幻滅を感じるようになる。
　　　　　　　（Manuel, 2003: 147 ／ Peters and Pearce, 2012: 254 において引用）

　Peters and Pearce（2012）によって提供されている2つ目の話は，Audrey

の最初の学校でのものである。そこでは，「状況（最悪のクラスのグループ）との闘争に一人で置かれ，そのためにうまく準備できなかったことを彼女が感じていた」（2012: 255）。2番目の学校では，「完全に疎外と孤立を感じていた」。「私はただ，『これも良くない』『あれも良くない』と言われ続けた」（2012: 255）。

他の研究で（Blackmore, 1996; Gu and Day, 2007; Wood, 2005; Crawford, 2009），Peters and Pearce（2012）は，市場原理の政策である「遂行性（実行性）」といった言葉を通じて，プレッシャや増加している仕事の負担について指摘している。それらは，教師の感情的ウェルビーイングを犠牲にして，管理職が測定可能なことの遂行に夢中になることを引き起こしてしまうかもしれない。これについては，Aubreyの事例が明らかにしていた。しかし，成功している管理職に関するある研究では——2012オンタリオ・リーダーシップ・フレームワーク（Leithwood, 2012）——，管理職が，Jasmineの校長のように，その専門性として人のニーズを聴くことの重要性を示している。これに関して，Peters and Pearceは，管理職にとって有益な「体験記」を提供してくれている。それによると，管理職は，務めて間もない教師の職業上のレジリエンスのために，これを用いることができる。また一方で，その職業上のあらゆるキャリアの局面にも，これらが応用可能であると，我々は考えている。

- 「務めて間もない」教師の幸福と成長に個人的な関心を向ける。
- その採用や初任研修に積極的に参加する。
- 「信頼，寛大，支援，協力」の関係をモデル化し，促進する（Barth, 2009: 9）。
- スタッフの学びとウェルビーイング，協同的な過程を支援する学校文化の発展を導く。
- 専門的な知識とスキルを開発する一方で，自尊感情を形成することの重要性を認める「人間的」アプローチでメンタリングを行う。

(Peters and Pearce, 2012: 260)

成功している学校のリーダーシップに関する我々の研究で（Day et al., 2011），個人と集団のレジリエンスの意識が重要となることを，我々は明らか

にした。そこでは，個々の教師が，学びに関する楽観主義，希望，エージェンシー，同僚性，そして肯定的なアイデンティティの強い意識を表現していた。それに加えて，量的に言えば，学校を去る人よりも学校に留まる教師のほうが多く，欠席する生徒はほとんどなかった。そして行動は何の問題もなく（過去に彼らがいたいくつかの学校ではあるけれども），テストや試験の点数も―学校の位置にもかかわらず―上向きの軌道にあった。しかし重要なのは，教師が，孤立を感じていないことであり，Bandura（1997）によって定義されているように，集団的な効力感の強い意識がそこにあったことである。

　　　自己効力感と似たものとして，学習成果についてあるレベルを生み出すために必要な行為の流れを組織し実行する複合的な能力について，グループで共有されている信念…がある。つまり集団的な効力感に関する信念は，ビジネス，スポーツ，政策，教育といった多様な分野のグループのパフォーマンスに影響している。　　　　　　　　　　　　　　　　　　(Bandura, 1997: 477)

　パフォーマンスは，仕事の満足，不満足，そしてその充足を判断する1つの情報源である。3章で示したように，それはウェルビーイングと関わるかもしれない。重要なことは，効力感は文脈固有であることである（Goddard et al., 2004）。しかも，これは，同僚，生徒，リーダーシップ，そして学校の文化によって，肯定的また否定的に影響をされる可能性がある。アメリカの初任教師と経験のある教師に関する研究の中で，

　　　自己効力感に対する強い信念が，学校の状況を肯定的に受けとめている教師の間で見いだされてきた…そして学校のスタッフの間での学力への強いプレッシャは…さらに言えば，学校の共同体の意識は，教師の効力感のレベルを示す，1つの最も大きな予言的役割を果たすものであった。
　　　　　　　　　　　　　　　　　(Tschannen-Moran and Hoy, 2007: 946)

Part 2　教師のレジリエンスを形づくる…文脈の勘案

● 学習への投資

　教師に影響を及ぼしている重要な条件に目を向けると，そこには専門的な学習や成長を促す機会の提供があげられる。それは，成功している学校の中で見られることであるが，専門的な学びや成長に関する伝統的な（狭い）見方を越えて，まず公的な「現職研修」のコースやカンファレンスに出席する機会の提供がなされていることがあげられる。例えば，アメリカでは，初任者のインダクションにおいて校長が5つの役割を果たすことの重要性を Wood（2005）は明らかにしている。「(a) 文化の形成者，(b) インストラクションのリーダー，(c) コーディネータやメンター，(d) 初任教師のリクルーター，(e) 初任教師の支援者」(2005: 39) である。いくつかの国々の政策（例えば英国）では，初任教師への公的なメンタリングの計画のため，初任教師の授業の担当は最大で 80% と定めている。確かにこのような取り組みに関して，その質に差があることが報告されている (Jones, 2002; Bubb and Earley, 2006)。

　スクールリーダーシップの研究の多くが強調していることとして，「インストラクションのリーダーシップ」をとることの長所があげられる（例えば，Heck and Hallinger, 2005, 2009; King and Newman, 2001; Robinson et al.,

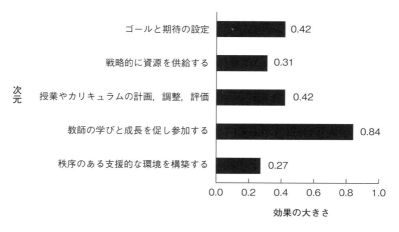

図6.2　リーダーシップがつくり出す差異

2009)。成功している校長は，教室での授業の改善に焦点化して取り組んでいることが明らかにされている。これは，実証的な研究で，国際的にも「最善な証拠が示されている」研究知見として支持されてきた（Robinson et al., 2009）。そこでは，効果的なリーダーシップの5つの鍵となる次元の効果の大きさが計算され（図6.2），継続的で専門的な学びや職能開発に参加し，それを促進する（教師の学びと成長を促し参加する）ことが最大値を示していることが読み取れる。

● 包括的な学習

成功している学校は，少ない人に導かれているというよりも多くの人によって導かれているといわれている。そして，そのことがリーダーシップを分散させることの根本的な理由であるように示されている。しかし残念なことに，リーダーシップを分散させることについての論文は，しばしばこの成功のために必要とされる社会的・感情的なインフラづくりに目を向けず，成功への鍵としてリーダーシップの分配やリーダーシップを分散させることに目を向けている。つまり，社会的・感情的なインフラづくりを考慮せずに，分散の形式やレベルばかりに目を向けてしまっているように思われる。しかし信頼関係をつくることは時間がかかる。スクールリーダーが，生徒の学業達成に影響を及ぼしていることに関する大規模な実証的研究によれば，信頼と信用のレベルとリーダーシップが分散される度合いには相関があることが見いだされている。

● 専門的な学びと職能開発のメタファー

Roosmarijn et al.（2014）は，教師と学校のレジリエンスを探究する際に，教育関係からではない，4つの「レジリエンスと関連」する理論を用いている。

1. **レジリエンスの工学**：「パフォーマンスが可変的であることは当たり前のことである。むしろ挑戦すべき課題は，柔軟かつ厳格に，注意深い方法で，この可変性に対処していくことである」
2. **組織的な取り組みでの留意事項**：「注意深い取り組みは，先手の原理と封

じ込みの原理と関わって行われる」
3. **ヒューマンリソース・マネジメント**：「もし我々がレジリエンスを高めたいなら，その個人の目標を組織の目標と結びつけることができる変革的なリーダーや変革的な従業員を必要とする」
4. **社会システムとしてのレジリエンス**：「もし我々がレジリエンスを高めたいなら，危険因子（従業員の内的外的な有害因子）を削減することに目を向けるか，あるいは支援的なネットワーク，問題解決能力，称賛と調和といった資源（保護因子）を高めていくことに目を向ける」

彼らは，このような理論が共通に行っていることとして，レジリエンスを形成していく際に，多レベルのアプローチを用いる必要があることを提案している。そして，このようなアプローチ—期待，観察，応答，学習—は，個人，チーム，学校にとってレジリエンスを発達させていくうえで必要であることを，提案している。

この点，レジリエンスを形成する資質，また自己効力感，学びに関する楽観主義，感情のエネルギー，信頼，そしてモチベーションといった構成要素の文脈で言えば，Judyth Sachs（Sachs, 2011）によって明らかにされた継続的で専門的な学びと職能開発の4つのメタファーを調べることは，価値あることである。最初の2つは，「訓練」を指向したものであり，3つ目と4つ目は教師の学びを指向するものである。

1. **再道具化を促す継続的な職能開発（CPD）**：これは，学ばれるべき考え方，知識，技術がすぐに教室で応用できることに関心を向けている。そして，教えることに関する「実践的」な能力の見方に目を向けた，支配的な訓練モデルとして見なされる。それは，「スキルベースであり，教えることに関する技術的な見方」（Kennedy, 2005: 237）を表現している。それは，「教えることと教師になることについて，ある限定された概念でそれを促進しようとする傾向がある」（Day, 1999: 139）。
2. **再モデル化を促す継続的な職能開発（CPD）**：これは，「教師が政府の変革課題に順応することを確保するために，存在している実践を修正してい

6章　レジリエンスを活性化する職場の諸要因

くことに，より関心を向けたものと Sacks によって見なされているものである。それは，これが今の教室実践と関わっているので，その知識をそのまま用い，そこで固有なスキルの改善を進めるように，教師の考えを強化していくものである」(2011: 5)。
3. **再活性化を促す継続的な職能開発（CPD）**：ここで目が向けられているのは，教師がなぜ教えるに至ったかを振り返る機会を提供しながら，また職能開発のネットワークや実践ベースの探究への参加を促すことを通じて，信念や実践を調べさせ，教師が自身の再生を図ることである。
4. **再イメージ化を促す継続的な職能開発（CPD）**：これは，Sacks が「教師の専門に関する変革的な見方」と呼んでいるものである（2011: 7）。そこでは，教師であることの複合性を認めている。それは，教師の中に，自分自身を「分析し変革させる能力」を発達させることを求めている（2011: 7）。ここで，教師は，「オープンな心で問いを出し，振り返ることを支援する同僚がいる環境で，協同的な活動に参加していく。その環境は，知識の妥当性やその形成を支援するものとなっている」(2011: 8)。

Sachs の継続的な職能開発の枠組み（格子）（表6.1.）を取り上げてみる。これを用いて，教師が利用できる様々な種類の学びの機会を省察すると，次のことが見えてくる。つまり多くの国で，多くの学校で，―特に改革が激しく行われる時代に―，支配的になるのは，道具化と再モデル化である。(Sachs が先述の彼女の研究の中で見いだしているように)，このことは，議論の余地がないことである。しかし，我々自身の研究は，効果的にまた改善している学校（教師の職場での定着率が高く，より前向きに，自己効力感をもち，同僚性があると思われる学校）を調べる中で，この4種類を横断する，ある1つのバランスがそこにあることを見いだした。つまり各々の成功の鍵となるのは，学びと職能開発が1つの互恵的なプロセスとして存在するということであった。そして，その中で，個人と組織のニーズの両方が交渉され，それに向けて，個人と組織の両方が責任を共有することであった。

教師の取り組み課題を明らかにすることは，学びと変化にとって重要であ

表 6.1　継続的な職能開発の枠組み（格子）(Sachs, 2011: 162)

	再道具化	再モデル化	再活性化	再イメージ化
動因／駆動力	行政からの説明と統制	政府の改革への順応	専門の更新	専門の再発見
目的	スキルの向上	既存の実践の修正	実践の再思考と更新	変容的な実践
コンセプト	伝達	伝達	移行	変容
責任の所在	行政組織	学校／地区	個々の教師	教師たち
焦点	職能開発	職能開発	専門的な学び	専門的な学び
学習過程	知識の受容	無批判な受容	協同	相互の従事と知識創造
アプローチ	外部の専門家による1回限りのセミナー	長時間に及ぶ外部の専門家から工夫されたプログラム	協同的な学びのサイクル，ネットワーク，アクションリサーチ	実践家による探究，アクションリサーチ，立場を取った探究
授業観	単純技術者としての教師	技巧者としての教師	省察的学習者としての教師	自律的な専門家としての教師
専門的な成果	授業スキルの改善	最新の教科の知識と教育方法のスキルの獲得	教育方法や学習に対する新しいアプローチ	新しい知識の産出
専門性に対する考え方のタイプ	統制	従順	協同	能動

る。

　…教師の学びは，個人的には問いに方向づけられる必要がある。それは，個別でも協同でも，どこでも持続される必要がある…継続的な職能開発（CPD）が意味しているのは，ニーズや目的に合ったある範囲の学びの機会を保障することである…これらは，探究の学校文化によって支えられる。そのためには，根拠を集めて示すことが重要となる。それは教師と学習者，教えることと学ぶことの複合的な世界を認めさせてくれる。

（Day and Sachs, 2004a: 26）

6章 レジリエンスを活性化する職場の諸要因

● **レジリエンスのための能力形成**

> 学校改革の努力は，生徒に焦点化して行いさえすればそれで良いわけでない。それ以上のことが求められる。つまり，それは，学校で働く人が，互いに聞き話し，協同性をもち，革新に目が向けられ，互いを支援するといったことを促し強化する，また新しく，異なる方法で一緒に働くことを求めることである。
> （Bowen et al., 2007: 206）

Bowen と彼の同僚は，学習する組織としての学校を評価する道具を開発し，それを試行してきた。彼らは，より効果的に働く学校力を支援するとき，「成果指向の組織」（Bowen et al., 2007: 206）として，2つの構成要素―「行為」と「心情」―が，それに影響を与えるポイントであることを見いだした。我々は，省察の1つの手段として，表6.2にそれを示している。

管理職は，個人と集団のレジリエンスを形成し，維持し，それを刷新するときに，特に影響を与えている。管理職は，学習が生じる知的，倫理的，社会的，政策的，感情的環境に影響を与えることを通じて，個々人の学習の支援となる研究の場をつくる責任があるからである。しかしながら，我々が次の章で見るように，管理職自身は，他の人の中にレジリエンスの資質を形成するだけでなく，もしうまく導くことができるなら，自らのレジリエンスの資質の形成もできることが必要である。

組織の文化，構造，行為を通じて，個々の教師の中に，レジリエンスが形成され支持される方法について，研究は，我々に何を伝えてくれるのだろうか？

表 6.2 学習組織として学校をアセスメントする行為と心情

行為	心情
チームに目を向ける	共通目的
革新	尊敬
参加	つながり
情報の共有	信頼
エラーへの寛容性	相互支援
結果に目を向ける	自信をもつ（楽観主義）

Part 2 教師のレジリエンスを形づくる…文脈の勘案

どんな個人の関心事が説明のために必要とされるのか？　最善の教育は生徒の学習課題を「個性化」することであると言われるように，最善の職能開発の活動は，教師のレジリエンスのニーズを個性化することになる。すべてではないけれども，ほとんどは，働いている文脈や教えている生徒によって，焦点化され形づくられる可能性がある。コミットメントのレベル，アイデンティティの意識，自己効力感，楽観主義の意識と希望の意識，そしてそのときの仕事の充足感は，ある程度，個人の経験や実践に基づく知識から生じてくることになるだろう。これらは，「知の基底」(Gonzalez et al., 2005) と呼ばれるもので構成されている。レジリエンスを形成し，維持し，刷新するといった，学校内で行われる専門的学びの鍵として，教師が，その目的を再び考え，その価値や意図や実践を「ひもとき」調べるよう支援することに関心を向けることである。それは，現在挑んでいることや彼らがその仕事に与えることができる感情のエネルギーを，ウェルビーイングや有能さの意識をもって，評価できるために必要である。

　　資質は１つの力である。「思考習慣（habit of mind）[★]」は，より幅広い意味で生徒の学習を高める集団的な目的であり，教育システムのあらゆるレベルで，人々の学びに関わり，その支援をすることに目を向けたものである。思考習慣は，規則的に彼らの周りの世界から学び，この学びを新しい状況へ応用することを，個人的また集団的に人々に可能とする１つの特質であるといえる。その結果，人々は，絶えず変化する文脈で，その目的に向けて道を歩み続けることができるのである。　　　　　　　　　(Stoll, 2009: 125)

我々は，このような言葉を十分に支持する。しかし一方で，能力形成の部分として，システムのあらゆるレベルで，人々の頭と同様に心にも関わる必要があることを明確にしたい。そこで感情のエネルギー，レジリエンスが形成され，維持され，刷新されるためにである。レジリエンスの鍵となる要素である，モチベーション，自己効力感，コミットメントといった，強い意識がないなら，「思考習慣」は，生徒の学びを高めるのに十分とはならないだろう。「生きるために必要とされていることを学ぶということは，学びを可能としているある方

法である。学びを生きていることから切り離してとらえることはできない。つまり学ぶことと生きることは，ほどけることなく結びついている」(Andrews, 2006／Collinson, 2008: 443 において引用)。

資質それ自体は，教師の知識，専門知識，コミットメント，ウェルビーイング，仕事の充足感を豊かにし，刷新することを可能にし，それを保障する過程を通じて形成される (Darling-Hammond, 2005)。言い換えれば，資質形成の戦略それ自体は，もし社会的な結束，信頼，共有された責任が高まり，これに沿って，継続的で専門的な学びと職能開発へのコミットメントを高めるなら，そのとき成功することになるだろう。

Mitchell and Sackney (2000) は，個人，対人，組織といった資質の3つの「範囲」を明らかにしている。そして管理職は，これらすべてを同期させて形成しなければならないことを論じている。例えば，教室で教え学ぶ状況を高めながら，組織的な構造が形づくられていく必要がある。その一方で，同時に，開放性と信頼が，スタッフ，生徒，保護者の間で育てられる必要がある。重要なのは，再生のための個人的，対人的，組織的な資質は，内的なものでもなければ，静的なものでもないことである。それらは，慈悲深さや疎外感にしたがって，その専門的な規範や社会的結びつきを変動させるからである (Bryk et al., 2010; Hargreaves, 2011)。また，レジリエンスの資質が，コンピテンシーのある教師や有能なリーダーの1つの内的な特質であるといわれる一方で，それは無尽蔵ではないからである。そのため，教師（やリーダー）のレジリエンスを形成し維持するのに必要な状況と行為を理解すること，そしてレジリエンスそれ自体の構成要素を理解することは，教えること，学ぶこと，その成果の質と関わるすべての人にとって重要なのである。

最近，Bruce Johnson と南また西オーストラリアの彼の同僚が，勤務して間もない教員のレジリエンスについて範囲を広げた拡張的な研究を行った。正確には，「文献の中で今不足していることは，勤務して間もない教師の経験から，個人的そして文脈的要因の相互作用を深く理解することに関心を向けた研究である」(Johnson and Down, 2012: 2)。我々自身の研究 (Gu and Day, 2007, 2013) は，彼らが次のようなレジリエンスの「主流の概念」と呼んでいることに対する彼らの批評を支持している。つまり，ⅰ）複合的な人間の相互作用

を，生活の個別的な側面に焦点化して，それぞれの従属変数と独立変数に還元しようとする還元主義者のアプローチ（Johnson and Down, 2012: 4）。それは，教師が働いている，より幅広い社会的，政策的，経済的文脈を無視している。ⅱ）どんな状況であろうと，個々人が自分の努力を通じてレジリエンスになるべきであるという前提に立ち，「危機と成功への順応の分析を個別化していく」（2012: 5），超個人主義的なアプローチ。ⅲ）例えば，Johnson and Downs が「個人的また専門的に彼らを危機的な状況に置いていること」（2012: 7）と述べているように，暗黙の（しばしばミドルクラスの）信念，関心，前提から勤務して間もない教師にとって「良い」あるいは「悪い」ことはどういうことかについて，無視してしまう標準化アプローチである。Wright Mills（1959）の研究は，このことに関して，次のように提案している。

　　個人の生活は，その伝記に記されている制度の参照なしには，十分理解することはできない。…個人の伝記を理解するために，我々は，その人が果たしてきた，また果たす役割の意義と意味を理解しなければならない。この役割を理解するために，我々はその一部である制度を理解しなければならない。
　　　　　　　　　　　　　　　　　　　　　　　　（Wright Mills, 1959: 178-9）

　Johnson らの研究は，務めて間もない教師に関わって，5つの条件と影響を明らかにしている。―諸関係，学校文化，教師のアイデンティティ，教師の仕事，そして政策と実践，である。しかしながら，重要なのは，この研究が，教えることについて，肯定的，あるいは否定的な経験を示している点である（Huberman, 1993:「容易な」あるいは「痛みを伴う」はじまり）。務めて間もない教師の経験は，1つの条件というよりも，これらの条件間の複合的な相互作用の結果であると予想される。このことから，Johnson と彼の同僚は，「務めて間もない教師のレジリエンスを支援する諸条件の枠組み」を開発している（Johnson et al., 2012）。図 6.3 にそれを示す。

6章 レジリエンスを活性化する職場の諸要因

政策と実践	教師の仕事	学校文化	諸関係	教師のアイデンティティ
政策と実践は、公的に認められている文書、ガイドライン、そして教師への配慮に関係している。初任教師（ECT）のウェルビーイングや処方可能にしたり制約したりする政策的・社会的実践の複合体という点から、教師の欠点ばかりに焦点を合わせるよりも、集団的行為、予想不可能性、関係性、社会正義、民主性などに価値を見出し、それらをローカルな声やコミュニティへの強い声、そして実践に対する要求に対してコミットメントを示すときに高められる。	教師の仕事は、その役割を形成している複合的な仕事、実践、知識、価値、人間関係を指している。初任教師の仕事は、実践、知識、価値、関係性の複合体である。個人的な欠点ばかりに焦点を合わせるよりも、教師の可能性についての理解を促進し、予測不可能性、関係性、社会正義、民主性、共同性の価値、そして実践の代替的・価値の声を示すときに、促進される。	学校文化は、学校生活の日常の習慣的な行為を特徴づけている。規範、信念、行動、そしてECTとの関係を形づけている。初任教師（ECT）のレジリエンスは、初任教師の共同体としての学習や意思決定のプロセスの教育のあり方によって塾かれていく。	諸関係は、初任教師（ECT）によって経験される自己自身の気づきや理解を特徴づけている。人間関係への所属と関係している。諸関係と価値づけられる学校では、ECT、初任教師は、感情的にともに焦点化し、ケア、尊敬、信頼などの相互作用の中で自己省察や代世代理解を通じて初任を支える教師になることを深く高め、そのような価値をもって活力のある教師に育てられる。	教師のアイデンティティは、教師としての自己の気づきや理解を発達させている。個人のまた専門職としての教師のレジリエンスが発生したアイデンティティがいくつかのつまりに強く生み出される社会文化的な場の中で、個人・専門的アイデンティティの進化する性質を理解することで、アイデンティティ部分の感情、アイデンティティ部分の感情、アイデンティティの統合部分からなることを認識する。
勤務間のためのレジリエンスを高めるために、重要なこと：	勤務間のないレジリエンスを高めるために、重要なこと：	勤務間のないレジリエンスを高めるために、重要なこと：	勤務間のないレジリエンスを高めるために、重要なこと：	勤務間のないレジリエンスを高めるために、重要なこと：
・専門職のための安全して正当で責任ある養成への提供 ・学校の文脈に合ったスムーズな移行を支援するメンターシップの養成 ・多様に正当な経験を提供する継続的な初任研修、利害関係者への教育経済的な財政支援を提供する ・複合的な学級の環境の場合、付加的な専門的な財政支援を提供する ・養成期のすぐれた専門的コース等への高度な講義や大学での講義への投資を促す ・透明で公平な責任ある雇用関係への尊重等を促す ・雇用の柔軟性と個別性、学習の機会等を促す ・初任指導者と支援を支援する校長のための専門的な発達の機会を提供する	・複合的に計画し、教え、アセスメントし、報告する技術を開発する ・教師の完全性の認識 ・生徒の多様性、感情、興味に焦点化する ・協同的なカリキュラム作りのための知識と戦略の開発 ・取り組みやすい学習環境を作るための支援の提供 ・生徒が民主的な学習者から発達することで、学びへの責任を多様な方法でコミットメントをもって民主主義世界の価値への真摯な取組みを支援する ・生徒の自律的な卒業生やそらとの間の真の世界からの学びのつながりを促す ・適切な対面授業から十分な理解を促すためのつながりを促す	・帰属意識と社会のつながりの意識の促進 ・多様な展望、実践、信念、背景を認識し価値づける ・信頼と信用を促進する ・孤立的や個人的なものに対して集団的な精神の実践を促す ・教育的に計画し、民主的で、権限を与える過程（分散的）リーダーシップを発展させる ・問題に丁寧に取り組む ・雇用の立場にかかわらず、あらゆるコミットメントをつくる ・社会的正義のコミットメントをつくる ・公式、非公式の学習コミュニティの提供、メンター・コーチングの機会を提供する ・継続的な研修会を提供する ・指導の長さや性質によらず等しく認める ・学校の多様性を理解し多様な子孫を認識する ・協同的な学びをウェルビーイングと民主的な過程の中で異なる役割を理解するための行為を共有する ・生徒の行動に対してや集団的な責任体制のとり方に関連された時間に対して集団の責任体制のとり方	・個人的なコミュニティ、模範、ケア、信頼づくり ・個人的なネットワークの中での挑戦と職業の管理を支援する ・専門的なコミュニティのネットワークのコミットメントを勇気づける ・家族、友だち、同僚からの支援を価値づける ・生徒と学ぶことを楽しみ、そしてその成功を祝う ・生徒と子どもを学ぶ過程を中心内に位置づく ・みんなが共に学ぶ民主的な発展的な関係者とコミットメントを築く ・子どもを尊敬する ・教師としての関係の内外での生徒への革新的な取組を祝う ・職能性の促進 ・個人で、構成的な、信頼、ウェルビーイング、ケア、そして承認の表現を与える ・教師としての長所を相互に承認することで動機づける ・フィードバックの主体と承認を与える ・保護者を共同体のネットワークで ・コミュニケーションを支援する ・専門的な関係の促進 ・精神的な寛容さを維持する ・肯定的な関係を維持する ・持続して支援を抱く時間と空間をつくり出す	・個人と専門のアイデンティティの理解 ・個人的な相互作用の間にあるアイデンティティがいかにつくられるかを理解する ・教師が社会文化的な世界の中でアイデンティティが自分の社会文化的な部分部分からなることを認識する ・個人・専門的アイデンティティを理解する ・感情、アイデンティティの質と統合部分の認識 ・自己省察への従事 ・新しい仕事、前進、価値観とし挑戦を信念、前進、価値観として実践を発生させ交渉する ・教えることについての倫理的なもの、緊急と交渉する ・個人的な対応の戦略を取る ・代理機関、有能感、自尊の意識の促進 ・道徳的な目的にコミットする ・希望と応答する自己を維持する ・仕事と生活のバランスをとる ・ルーティングを求める ・援助と支援を求める

図6.3 キャリアの初期局面におけるレジリエンスを支援する諸条件の枠組み (Johnson et al., 2012)

143

Part 2 教師のレジリエンスを形づくる…文脈の勘案

●● 結論

　明らかに，資質形成は，ビジョンをつくり，方向づけを行い，リーダーシップを割り当てたり，業務の日程を再編したり，教室で利用できる設備や資源を更新したりする以上のものである。これらは重要な貢献者である一方で，成長や再生の機会を通じて，学びの文化を築き，個々の関係や組織の信頼を形づくり，資質を形成していくことが，教師のレジリエンスの資質や能力にとって基本となる。

　校長は，

> 　　情報が強調される度合いや組織で可能となる度合いに応じて，どのような知識が論議可能で論議可能でないか，知識はどのように共有されるか，メンバーは意味づけや意思決定に参加するかどうか，リーダーシップは共有されるかどうか，メンバーの成長やウェルビーイングはどのように育てられるのかを決定する。　　　　　　　　　　　　（Collinson and Cook, 2007: 139）

　つまり，例えばスタッフを再び元気づけ，彼らにエネルギーを与えていく際に，管理職は，「他者のもろさを認め，積極的に彼らの関心事を聞き，決定者的な行為を避けながら，尊敬と個人の配慮の両方をつくっていく」必要があるだろう（Bryk and Schneider, 2002: 137）。言動に関する個々の価値のモデルを構築するとき，その過程で，教師たちは校長を尊敬することになる。管理職は，目標を達成していくことと同様に，能力形成時に個人的関係，また対人的関係を，時の経過の中で，「どのように」教員に促していくかが重要となる。Bryk and Schneiderが述べているように，「校長とそのスタッフの間の力関係の歴史が，いくつかの新たな改革を引き受けていく次の世代のスタッフの意思に強く影響していく」のである（Bryk and Schneider, 2002: 5）。

　他の研究者の研究成果（Day et al., 2007b; Gu and Day, 2007, 2013; Gu and Li, 2013）と同様に，彼らの研究成果は，次のように管理職が鍵となる役割を果たすことを示している。つまり，教師のレジリエンスを育て形づくる際，支援的な学校文化を構築し，あらゆる教師の感情的，実践的な自己のために強く

一貫した支援を与えること，とりわけ勤めて間もない教師が，その専門的自己の意識やレジリエンスがまだ十分に形づくられていないときに支援を与えること，それらについて管理職が鍵となる役割を果たすことを想起させてくれる。またそれは，校長の支援がないときに現れるかもしれないことだが，既に存在している多くの研究が目を向けていることとして，教え学ぶ支援的な文化や条件が規範的となっている「教師たち」と「学校」を想起させてくれる。それらは，挑戦的ではあるが，しかし支援的な環境の中で教師の肯定的なアイデンティティの意識やレジリエンスの資質と能力を育て，形成し，維持している「良い，あるいは優れた」教師や学校とは言えないのである。次の章では，それゆえ，レジリエントなリーダーとレジリエントな学校の関係に目を向けていく。

Part 3

教師のレジリエンスで何が問題となるか

Part 3 教師のレジリエンスで何が問題となるか

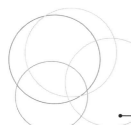

7章
レジリエントなリーダーと学校

　教師の仕事と人生に関する調査と著作の大部分は，スクールリーダーによって担われる役割に焦点を当てている。例えば，（6章に示したように，）教師のレジリエンスの資質を形成しうる学校や学級における職場環境，文化，組織の創造や発展における役割である。しかしながら，リーダー自身がレジリエントであることの必要性についてはほとんど触れてこなかった。本章では，これまでに我々が着目してきた成功型のリーダーシップに関する国内外にわたる実証的研究について述べる。それは，リーダー自身の自己効力感，コミットメント感，ウェルビーイング，レジリエンスである資質に対する，好影響または悪影響について知見を提供してくれる。我々は，リーダーにとって，レジリエンスはそれらをベストな状態に導くための本質的な性質であり，不可欠な資質であることを指摘していく。これは，学校における指揮や経営には本質的な複雑性があるからであり，学校改善の推進過程においては，校長が，広範囲にわたって利害関係のある集団や個人とともに実践しなければならないからである。そして，それらの取り組みは，リーダーの仕事や生活を拡大させたり，激化させたりする傾向をもつ改革や，時には相反する改革の文脈において発生することに理由がある。レジリエンスは以前から校長職において望ましいものであるとされてきたが，現在は不可欠なものとなってきている。しかし，いくらか驚くべきことだが，レジリエンスの本質やその成立と，成功している校長職との関係性を対象とした調査は数少ない。生徒に対する校長の影響が，学級担任のそれに次いで第2位であるという主張（Leithwood et al., 2006b）から考えれば，これは驚くべきことである。

7章　レジリエントなリーダーと学校

　長い時間をかけて最良に導いたり，最善の教育を目指して指導したりするには，レジリエンスが要求される。それは校長と教師の取り組みの両者にとって本質であり必須の資質である。1章で述べてきたように，心理学分野で詳細が述べられているレジリエンスの概念は，レジリエントな人々の個人特性を明確にしてきた一方，次のような点については知見を欠いてきた。望ましい，または望ましくないといった，異なる状況の中で，レジリエントである資質はどのように変動するのかを記述すること。レジリエントである資質はパーソナルな要素やプロフェッショナルな要素とどのような点で関連しているのか。我々が働いている外的・内的な環境の特質や，我々の信念や強い願望と同様に，一緒に働く人によって，どのように資質は強化されたり抑制されたりするのか（Day et al., 2007b）。

　　多様な要求は，リーダーの有する知識やスキルの広がりを試す。しかしそれだけでなく，自身が果たさねばならない多様な社会的役割との関係において，リーダーたちがどのように自身を概念化するかという，まさに彼／彼女の自己意識の適応性や柔軟性を試すことになる。　（Hanna et al., 2009: 169）

　この20年間もしくは（特に英国において）それ以上の間，自身に突きつけられた拡大する職務や役割，説明責任，アカウンタビリティを果たすために，多重なタスクや長時間労働，規定外の労働時間の増加を多くの国において校長たちが経験してきたということは，自明の理である。それらの多様で時に矛盾する要求は，リーダーの有する性質，知識，スキルの広がりを試すのみならず，適応性，柔軟性，レジリエンスを試すものである。
　近年の調査（Angle et al., 2007）によれば，イングランドにおいて，自身の仕事以外で趣味に時間を費やした中等学校校長は，わずか7％であったことが報告されている。イングランドやウェールズで実施されている，より最近の学校のガバナンスとカリキュラムの徹底的な改革にみられるように，2007年以降も，この傾向が大きく変わることはありそうにない。

　　私は1日に15〜16時間働くと思う。業務リストを見ると，スタッフや保護

149

者，工事施工者，監督者，精神分析医，ソーシャルワーカーなど多くの人との会合があるので，ゾッとする。2つの異なる学校において毎日実施しなければならない会議，設定し管理しなければならない予算と目標，選択しなければならない備品，業者対応，スタッフの雇用，解雇，評価。
　　　（Guardian, 16 June, 2007, Work: 3／Thomson, 2009: 66 において引用）

　校長という職は，国や経験している挑戦課題の程度において異なっており，労働時間の連続性という点において，教員とは異なる。しかし，ある調査研究は，仕事に時間を費やす職業人生が魅力を失ってきたことや，いくつかの国において，これらの役割を志願する者の減少とストレス兆候の増加がみられることを指摘している。それゆえに，近年校長になることが多くの人にとって魅力的でなくなってきていることは驚くことではない。特に社会経済的に不利な条件にあるコミュニティを抱える学校においては，志願者をひきつけることが困難であることが明らかとなっている（NAHT, 2011）。

　もし，校長が管理しなければならない，また多くの場合主導しなければならない，応答責任やアカウンタビリティ，そして，そのタスクの数が増え続けるならば，校長は近い将来，より広範囲におよぶ政治的，そして内的・関係的な個人・組織的資質や戦略やスキルを有する必要が出てきそうである。より重要なこととして，成功に至る条件として，彼らは自身や同僚の仕事を動かす道徳的価値や集団倫理的価値，教育的イデオロギーや目標を，日々の相互作用の間で，持続し，明言し，表現し，維持する必要がある。

　すべてのレベルにおいてリーダーは，スタッフが高いモチベーションと自己効力感を有し，コミットし，レジリエントであることを確実にするという明確な責任を有するため，自身もまた強固な効力感とレジリエンスの感覚を感じている必要がある。カナダ人の国際的スクールリーダーシップ研究者である Ken Leithwood と，共同研究者である Doris Jantzi は，リーダーの効力感と生徒の学力向上に貢献する能力との間の接点や関連性について述べてきた（Leithwood and Jantzi, 2008）。McCormick（2001）の仕事を引用した Leithwood and Seashore Louis（2012）は，次のように述べている。

7章 レジリエントなリーダーと学校

　リーダーの自信や自己効力感は，所属校のダイナミックな環境において，リーダーが果たす機能を調整する認知的要因であろう。リーダーシップに関する論文の主要なレビューのすべてが，自信（self-confidence）を効果的なリーダーシップに不可欠な特性として記載している。

(Leithwood and Seashore Louis, 2012: 1)

　学級外での指導の過程は，学級内の指導の過程と似ており，不利な環境においてすぐに回復する能力をはるかに超える断固とした粘り強さやコミットメントを要求する。我々は本書を通してレジリエントな資質能力（潜在的資質：キャパシティや実務的能力：ケイパビリティ）は育成することが可能だと示してきた（Higgins, 1994）。また，それらは，例えばケアリング，配慮ある教育的セッティング，ポジティブで高い期待，ポジティブな学習環境，強固な支援的社会コミュニティ，支援的な同僚関係などの，関係的・実践的な保護因子によって成し遂げられることを示してきた（例えば，Johnson et al., 1999; Rutter et al., 1979 を参照）。したがって，個人的・専門的な構えと価値観から構成される両者は，組織的，個人的要素の影響を受け，文脈特有の要素をやりくりする個人的能力に左右される。例えば，教師は挑戦的環境の有無にポジティブまたはネガティブに反応するだろう。そしてそれは，自身のコミットメントの強さと同様，組織的な同僚のリーダーシップの質によって決まるだろう。そして現在，コラボレーションの拡大は，"協調的惰性"（Huxham and Vangan, 2005: 13）を避けるための政策的必要性からも求められている。リーダーシップ・レジリエンスの社会的構成は，心理学的構成とは異なる。それは，個人的，専門的，状況的苦悩（プレッシャ）が，感情的ウェルビーイングや専門的コミットメントを維持するために，校長の資質に及ぼす重大な影響を認めている。それゆえ，本章の次節では，リーダーシップ・レジリエンスの3つの側面について検証していく。

1. リーダーシップの成功と関係のあるレジリエントな構え
2. 道徳的目的意識
3. レジリエンスへの挑戦：不利な条件下のコミュニティにある学校

151

● 成功と関連するレジリエンスの構え

成功している校長が，自身の学校においてレジリエンスを構築し維持しているように思われる構えには，次の4種が存在する。

1. そうすることによって脆弱性（ヴァルネラビリティ）が生じるにもかかわらず，明確な教育的価値に基づきリスクを負う意欲
2. 学びに関する楽観主義
3. 信頼
4. 期待

1. ヴァルネラビリティとリスク

我々はベルギーのGeert Kelchtermansと彼の同僚による，教師という存在が構成される過程に関する小規模なきめの細かい質的研究による成果を各所で参照してきた。他にも，同様の説得性を有する研究がイングランドにおいて並行して実施されてきており（Troman and Woods, 2001），教師のアイデンティティも各所で研究されている（Beijaard et al., 2004）。それらは次のような結論を下している。教師という存在は壊れやすく，"ヴァルネラビリティ"は教育の特質である。そしてそれは校長の仕事にも同様にあてはまる。例えば，学校におけるリーダーシップの本質的特徴である不明確さに対する創造的なマネジメントは，刺激的であるとともにストレスフルである。

Pat Thomsonは，彼女の著書 "*School Leadership: Heads on The Block?*"（2009）において，校長職をリスクのある仕事と特徴づけており，リスク社会の高まりが校長の毎日の生活になくてはならない3種の仕事を引き起こすことを，Beck et al.（1994）を引用しながら指摘している。それは次の3点である。

1. リスクアセスメント―リスクの可能性を予測する予測的仕事の開発
2. リスク回避―悪影響の可能性に基づいた決定

3. リスクマネジメントの計画 ―リスクの影響が現実化する時に有効なプランや広がることを防ぐ合理的なプランの開発

(Thomson, 2009: 4)

　彼女は，これらの仕事を「試行することや，可能性を夢見ること，可能性のある手段を探索すること，間違いを犯すという現実と向き合うことを怠る事態を導くような，規定内容の繰り返しを過度に強調した」政府の政策と並置している。成功している学校の中の成功している学級は，彼女によれば，リスクの起こる中にあるという。成功している校長の仕事を対象とした国際的調査は，成功している校長たちの間に存在する性質は，政府の比較的狭い到達目標の実現の遵守というよりは，教えることと学習者に内在したり外在したりする道徳的よさ（moral good）と学ぶことの境界への挑戦という興味につきまとうリスクを受け入れていることである。また，成功しているリーダーは，学習への情熱と持続的な学びに関する楽観主義の意識を具体化している（Day and Leithwood, 2007; Day et al., 2011）。

2. 学びに関する楽観主義

　教師の学びに関する楽観主義は，教師の「自分たちは効果的に教えることができる，生徒は学ぶことができる，保護者は教師が学習を推し進めることができるよう支援してくれる」という，個人的・集団的信念と定義されてきた（Beard et al., 2010）。それは「1つの統合的な構成概念となっている楽観主義の認知的，情意的，行動的構成要素」を含んでいる（2010: 1142）。それは，「アメリカ合衆国において，社会経済的条件や過去の学業成績を制御した場合に，生徒の学業成果に影響を与える学校の組織的特徴のうちの数少ない1つ」として明らかにされた（2010: 1136）。具体的には，「高く挑戦的な目標と協働を伴った動機づけという少なくとも2つのメカニズムが，生徒の学業成果に直接影響する」というものであった（2010: 1143）。また最終的に，「強固な学びに関する楽観主義を有している学校と教師は，挑戦的な目標，かなりの努力，首尾一貫，レジリエンス，建設的なフィードバックをもち，それによって高度な意欲をもっ

た生徒を有している」ことを自身のデータから理論化している（2010: 1143）。

　学びに関する楽観主義は，また，関係的・組織的信頼とも関連しており（Bryk and Schneider, 2002; Louis, 2007），成功している校長によって育まれ，構築され，広げられている。学びに関する楽観主義は，教師にとって成功をおさめるうえで不可欠な構成要素であり，それを否定する合理的理由は見当たらない。また，本書の実証的データはそれを証明しており，学びに関する楽観主義は，すべての成功している校長に共通する特徴であるといえる。実際，Beardら（2010）も，学びに関する楽観主義を「可能性ある」学校文化と関連づけており，Hoy and Miskel（2005）によって，妨げるというよりも助けるヒエラルキーとして，また，失敗を罰するよりもむしろ問題解決を導くルールや規則のシステムとして定義されている。

3．信頼あるリーダーシップ，リーダーへの信頼

　オックスフォード英語辞典では，信頼とは「ある人や物事の質や特質に対する確信や頼ること」と定義されている。したがって，信頼は，「忠誠，信頼性，誠実といった，信頼できるという性質」とも関連があるといえる（www.oecd.com）。言い換えれば，信頼と信頼性は，相互関係にある。また，「不信の確信よりも，信頼の確信の方が，個人的にも組織的にも活躍を助ける」と主張されている（Seldon, 2009: Preface）。「模範として，社会のあちこちでリーダーは，信頼性の2つの重要な基準を満たさなければならない。倫理的に振る舞うことと，専門的に熟練していることである。リーダーによる信頼の構築もしくは破壊のパワーは巨大である。誠実さと能力の欠如は疑念を高める」といわれている（Seldon, 2009: 26）。これらの言葉の中で Seldon は，スクールリーダーのパワーを，道徳的目的と学校文化（標準的なふるまいや互いに心を通じ合う方法）を決定するものととらえている。

　信頼とその信頼の発展は相互関係にあり，両者の関係は次のようにいえる。

1. 人々：双方向のプロセスの結果であり，人々のニーズの結果として変化する。

2. 行動と方略を伴う信頼の関係：方略の成功を決定づけることのできる環境（例えば分散型のリーダーシップやビジョンの共有）をつくるとともに、それら方略の結果でもある。

したがって，信頼の文化を構築するために，リーダーの行動だけが重要なのではなく，有している価値（value）と美徳（virtue）を，はっきりと話して共有することが重要となる。我々の調査では，価値や美徳が，教育に必須とされる誠実（honesty），勇気（courage），配慮（care），公正（fairness），実践的見識（practical wisdom）に含まれることが確認された（Sockett, 1993: 62）。

> 教えることは必然的にこれらの美徳を必要とする。―しかし，多くの他の美徳は偶然に大きな影響を与えるものかもしれない。まず第1に，教師は知識を扱い，事実を伝えようとする。そこでは，誠実さと騙すことの問題が，状況における論法の一部として現れる。第2に，学ぶことと教えることの両者は，困難に直面することや，知性的・心理的リスクを伴うことを含んでいる。それゆえ，勇気を要求する。第3に，教師は人を成長させる責任と，個人に対する無限のケアが要求される一連の行為に対する責任を負っている。第4に，民主主義的な機構における規則の運用には公正さが不可欠となり，実に1対1の個々の関係においてもそれは求められる。最後に，実践的見識は，教えることがまさにそうである複雑なプロセスにとって不可欠であり，もちろん，教える状況に伴う（例えば忍耐などの）美徳の専門的技術を要求するだろう。
> (Sockett, 1993: 62-3)

信頼は，他人や他者たち，集団，そして彼らの性質や反応の価値と特質を頼りにするため，単純な1つの特徴としてとらえることができない。信頼を構築することに寄与する性質はいくつか存在する。これらは向上のための環境を築くため，他の変数と常に相互作用を起こしている。そのため信頼は「共同作業にとって不可欠の構成要素」ということになる（Seashore Louis, 2007: 3）。信頼は，個人的であり，関係的であり，組織的でもある概念である。その存在とたび重なる成立は，校長がつくり上げる価値，特質，決定の表現であり，学

155

校改善の成功に不可欠なものである。つまり，信頼は，これらのリーダーシップのどんな要素からも完全に区別することは不可能である。実際には，近年の調査は「リーダーの信頼は組織のパフォーマンスを決定するとともに，組織のパフォーマンスによる生成物でもある両面をもっている」と主張してきた（Seashore Louis, 2007: 4）。

> 管理職がおさえておくべきことは，信頼は，拡張された教師のエンパワーメントと影響から，簡単には区別できないということである。なぜなら学校において教師は受動的な実践者ではなく，信頼の共同構築者である。能動的な専門職として，重要な決定において蚊帳の外だと感じている教師は信頼の低下という反応をみせるからである。そしてそれは変化を弱体化させてしまうからである。　　　　　　　　　　　　　　　　（Seashore Louis, 2007: 18）

教師は，しばしばその決定において概念と実際のその関与との違いを認識する。それは特に目標が個人のそれではなく実用的な成果として解釈されるときである。ここで我々は，人間中心の学習コミュニティをつくる「機能を，個人のため，もしくは個人を表現している」場所としての組織の一形態と，人間味のない組織をつくる「個人を過小評価する」場所としての組織とを区別したFieldingの研究を参照する（Fielding, 2003: 6／Day and Leithwood, 2007: 183において引用）。民主的に「リーダーシップが分配されている」組織では，人々は目標のための手段とはみなされない。組織における信頼を構築することを目標とする戦略を採用するならば，リーダーは他者を信頼する必要がある。したがって，校長の信頼は次の2種類で異なってくる。自身の仕事や組織に対する個人の動機づけやコミットメントを向上させることを目的とする場合，スタッフからの校長の信頼は倫理的となる。一方，個人のコストや利益を気にしないで特定のタイムスケールで課業を完了することを目的とする場合，校長の信頼は実際的または実用的となる。リーダーシップの人間中心アプローチは，次のように特徴づけることができる。

> 包括的なコミュニティの創造；関係とケアの倫理の強調；学校の専門的文

化を通じた意味とアイデンティティの共有と創出；教育のためのスタッフの成長プログラムとその設定；ダイアログを促進する学習とアセスメント；個人の会話；学習の相互関係性；新たな学習方法の促進；リーダーシップやマネジメントの同時期の理解の継続維持。　　（Day and Leithwood, 2007: 184）

　信頼を徐々に分配していく取り組みは，導くこととその管理を求められるアクティブなプロセスである。それをうまくやるには，アクション以上のものが要求される。リーダーは，見識と優れた判断力と戦略的な洞察力の資質を有していることが求められる。さらにいえば，組織における信頼は，無条件のものではない。「信頼の適正なレベルの判別は，教育的リーダーに見識と優れた判断力を要求する。最適な信頼は，分別があり，計画的であり，条件次第のものである」（Tschannen-Moran, 2004: 57）。

4．期待（Hope）

　教職，そしてそこでのリーダーシップは，価値を導く専門的職業である。そしてそれは本質的には，子どもの向上，究極的には社会全体の変化と関連している。実際に，期待を欠いた世界は，「現状維持に支配された世界」である（Simecka, 1984: 175）。
　職業人として，一方で完全な消耗の感覚，他方で仕事へのエンゲージメントの感覚は，彼ら自身の個人のリソース（例えば，自己効力感，楽観主義，レジリエンス）と，仕事上の要求と，仕事上受けるサポートとの間の相互作用と関連している。そのことを Hakanen et al.（2008）と Prieto et al.（2008）は，全面的に明らかにした。心理学の見解からも，Peterson and Luthans（2003）が，組織のリーダーによる高レベルな「期待」の表出と，職務満足・定着の間には関連があることを明らかにした。期待（hope）は，また，相互に関連のある4種の心理的資源による構成概念の1つであることが明らかにされている。それは，経時的なウェルビーイング，効力感，楽観主義，レジリエンスである（Avey et al., 2010）。
　ビジョンは，期待の表出である。「我々は日常的に失望と苦難に直面してい

るにもかかわらず，（中略）自身の活動を目的あるもの，意味あるものであるとみることができていることは事実である」(Sockett 1993: 85)。校長ならびに他のリーダーにとって，ビジョンや期待は，年度の初めと終わりの会議やワークショップだけでなく，日々の強い願望と信用の行為を通して，常に再検討され続ける必要がある。ビジョンを通した期待の表現は，ダイナミックなプロセスであり，以下のことがらを含む。

> それは，計画の変更やテーマの進展という複雑な混合物である。ビジョンの策定は単なる計画や開始時や終了時の一時的なイベントではなく，ダイナミックなプロセスである。ビジョンは，期待に基づく種子ではあるが，それは活動によって開花し強化されるものである。
> （Seashore Louis and Miles, 1990: 237）

良いリーダーシップは，良い教育と同じであり，定義するならば一連の目標に基づいた期待実現の旅である。ほぼ間違いなく，期待は，困難な時代や個人的・専門的に挑戦的な環境にある中で，自分たちを維持するという我々の目標である。そしてそれはレジリエンスを構成する本質的部分である。

> 期待をもつことは，圧倒的な不安に屈しないことを意味する…。事実，希望に溢れた人は，そうでない人に比べてくじけにくいことが証明されている。例えば，自分たちのゴールを求めてうまく立ち回ったり，一般に心配が少なかったり，感情的な苦悩が少なかったりする。　　（Goleman, 1995: 87）

調査結果によれば，成功しているリーダー，特に校長は，彼らの学校やコミュニティにおける期待の導き手でもあることが証明されている。

● 道徳的目的意識

Starratt は，教育的リーダーシップの専門的倫理が，これまでの研究では比較的無視されてきたと主張している（Starratt, 2012）。また，彼は，それらを

学習者にとって本質的に道徳的に良いこととして，真性の学習の促進と関連づけてとらえてきた。彼はこれを「古い種類の学習でもなく，…自然や文化や実社会との関係において，子どもの自己理解や主体性の育成を加速させることのできる深く広い学習」として定義している（Starratt, 2012: 108）。また，彼は，「公正，真実を語ること，尊敬，公平，対立，誤解，誠実をめぐる問題」と「教育実践における『良さ』」を促進する専門的倫理を含む一般倫理の実践について，説得的に論議をしてきた（Starratt, 2012: 107）。

　首尾一貫していてわかりやすい教育的価値を校長が支持し統合するとき（4章において述べたように），自身の「道徳的目的意識」を表現することが，個々の教師にとって容易となる。2006年10月，中国の北京において行われたNational Academy of Education Administration（NAEA）に，14の異なる国の100人の校長（the G100）グループが，世界の教育システムの変化と革新について議論するために招集された。そのワークショップの最終セッションのとき，グループ全体で自分たちの結論を公式声明する準備に協働で取り組んでいる（Hopkins, 2008）。その最終パラグラフを読むと，次のように述べられている。

　　道徳的目的意識とは，保護者，生徒，教師，パートナー，政策立案者，そしてより広いコミュニティとともに教育について議論するすべての場面において，クローズアップされるものであるということを，我々は確かにする必要がある。
　　我々は，道徳的目的意識を，生徒に対し，または生徒によって，やるべきことに人を惹きつける原動力と定義する。それは，「水準を引き上げ，格差を縮める」専門的行動を通して生徒に供給される。そして，それは，この世界においてともに生きる者として，他者とともに，他者から学ぶという目的を実演することを通して供給される。

レジリエンスは本質的な性質であるが，それは道徳的目的意識と子どもの学習と成果に関する責任との関係において理解しなければならない。そのことは，成功しているリーダーを形づくっているものを明らかにする。それは，その証拠からも明白である。教師と同様，レジリエントであり，コミットしている多

くのリーダーの行動を保っているのは，より高度で，深淵で，システム的な規模で，変化をもたらす機会である。これらの強い道徳的目的意識の感覚は，良好なリーダーシップの心臓部である。例えば，イングランドならびに他の国において，傑出した，熱心な校長が，自身の学校においてすべての生徒，すべての教師が享受することにふさわしい，創造的であり，ケアの機能をもち，鼓舞し，挑戦的である学習環境をつくり出している。それによって，校長は元気づけられていた。この意味では，道徳的目的意識を伴わないレジリエンスや，向上し奉仕し続けるための変化を目的とした自己省察や学習への意欲を伴わないレジリエンスは，十分とはいえない。レジリエンスはまた，コミットメント，コンピテンス，エージェンシー，使命感，個人的・集団的な学びに関する楽観主義，信頼や期待といった他の要素から独立したものとしてはとらえられない。すべての学校の校長にとって重要な責務は，教師の仕事の本質，環境，マネジメントを，可能な限り，ストレスからのネガティブな経験を軽減し，レジリエンス能力を高めるためにデザインされたものとしていくことである。この観点からいえば，レジリエントなリーダーシップは，「個人の特殊な特徴やスキルというよりは，人々の集団間の相互作用による可能性の結果」であると表現される（Robinson et al., 2009: 24）。

● 社会経済的に不利なコミュニティにある学校におけるレジリエンスへの挑戦

　不利な条件下にあるコミュニティの学校，また，他の地域に比べより継続的で強い課題に直面している学校で，成功している校長は，共通する一般的な性質，方略，スキルをもっている。しかし一方で，そうした校長には，それらの性質をより高度に有するだけでなく，それらの学校の文脈に特有の異なる性質やスキルも求められる。

　これらの学校の生徒の多くは，彼ら自身の生活，社会的生活，学業生活において，より低い成績となってしまうリスクが高いため，これを向上させる状況を分析することが特に重要である。イングランドとスウェーデンの校長の仕事を対象とした調査によれば，例えば，条件的に不利なコミュニティにあるも

のの改善しつつある学校の校長について,次のことが明らかとなっている。i) より永続的なレベルの課題に直面している。ii) より強烈な戦略の組み合わせやまとまりを適用している。iii) 他の条件の良いコミュニティの学校よりもより広範な個人的,社会的スキルを使用している。これらの学校の校長は,条件の良い学校に比べて,しばしば,若く,経験が少なく,また,身体的にも感情

表 7.1 不利な条件のコミュニティにある学校に勤めている成功している校長の特徴と方略:程度の違い(Day and Johansson, 2008: 20-1)

条件が比較的良好なコミュニティの学校	方略と特徴	条件が比較的不利なコミュニティの学校
重要	ビジョンの設定と方向性の設定	不可欠
重要	人の理解と育成	不可欠
重要	組織の(再)構築・(再)文化醸成	不可欠
課題	教授学習計画の管理	より深刻な課題
課題	文脈に対する価値導引的な反応	より深刻な課題
重要	リーダーシップの委譲と分配	重要
課題	スタッフや子どもたちのモチベーション,コミットメント,やる気,エンゲージメント(関係的信頼)の構築	より深刻な課題
課題	スタッフや子どもたちのモチベーション,コミットメント,やる気,エンゲージメント(関係的信頼)の維持	より深刻な課題
課題	教育,学習,成績期待の高揚	より深刻な課題
課題	論理と感情の結合	より深刻な課題
重要	多様な内的・外的コミュニティへの対応と管理	不可欠
—	スタッフと子どもの流動性の管理と縮小	課題
—	疎外感の管理	課題
重要	持続的,楽観的,レジリエントなリーダーの期待	不可欠
重要	他者から学ぶことに対するオープンマインドさ,柔軟さ	不可欠
重要	学校全体の変化や推移に対するリーダーシップとマネジメント	不可欠

的にも不安定な状況の中で、マネジメントする責任を負う。例えば、条件の不利な学校において教師と子どもの流動性は高い傾向にあり、子どもや教師の動機づけ、子どもの行動、エンゲージメントや出席に関する課題が大きい傾向がある（Day and Johansson, 2008）。より条件の良好な学校の校長が仕事熱心でなかったり、コミットが低かったりするわけではないが、より条件の不利な学校の校長が使用しているスキルや特質は、それとは異なっており、条件の良好な学校に比べ、より文脈に依存し、複雑なのである。

> 環境が異なれば効果的なリーダーシップ方略は異なる。また、校長の目的意識や、彼らが働いている文脈における彼らの信念、価値観、ビジョンに基づく行動は、成功と失敗の違いを生む。　　　（Day and Leithwood, 2007: 174）

表7.1は、課題の特性とともに、暫定的な仮説を示したものである。

● 期待のタンク、タンクが枯れるとき

すべての校長は、社会的活動領域の中で、人を導きマネジメントする。それはしばしば感情で充満するものである。そのため、彼ら自身を導くことのできる内的な強さを保持するため、感情的にレジリエントである必要がある。2003年、イングランドの中等学校の校長は、National College of School Leadershipによって行われた「実践家調査（practitioner enquiry）」プロジェクトに参加し、そこで2種類のものを出版した。1つ目は、"*Reservoirs of Hope*"（Flintham, 2003a）であり、それは、イングランドにおける様々な局面や地域におよぶ学校背景にある25名の校長インタビューに基づくものである。それは、期待を基盤とした精神的（spiritual）、道徳的（moral）リーダーシップを通して、どのように自身の学校や自分自身を保ったかに焦点を当てている。2つ目は、"*When Reservoirs Run Dry*"（Flintham, 2003b）であり、それは、14名の早期退職校長を対象とした調査である。こちらは、「活動に対するプレッシャが強くなったとき、ビジョンが維持できなくなったとき、主任教師の補充戦略が失敗したときに、何が起こるのか」（Flintham, 2003b: 2）を調査している。

7章　レジリエントなリーダーと学校

　Flinthamは，彼の初期の研究で，すべての校長が「自身のリーダーシップのためのアプローチを実証している」(2003a: 6) 価値を明確に話すことができていたことを見いだしており，また，自分自身を保つことを可能にする戦略を描くことができていたと述べていた。ここでのFlinthamの発見は，Leithwood and Jantzi (2008), Goddard et al. (2004), Tschannen-Moran and Hoy (2007) らの知見と一致しているだけでなく，さらに，それらを拡張するものである。

　　これらの戦略は，信念のネットワークを含んでいる。それは，根拠となる価値システムの正しさに高度な自信をもって支えられているものである。またこれらの戦略は，サポートネットワークを含んでいる。それは，家族，友人，同僚，そして教育界を越えているが，関心や経験をもつ人がエンゲージメントしてくる外部ネットワークによって支えられているものである。
　　　　　　　　　　　　　　　　　　　　　　　　　(Flintham, 2003a: 6)

　我々は，彼らの期待を維持する能力に重要な好影響を与えるものとして，何を確認しているかを描き出すため，これらの校長によって提供された大量の豊富なテクストから，下記の3つを選択したい。

　　私は（レジリエンスの）6つの源泉を知っている。それは補給とバランスを保つことが必要で，空にならないように，計画的に生かされていかなくてはならない。6つの源泉とは，知性的 (intellectual) で，身体的 (physical) で，感情的 (emotional) で，精神的 (spiritual) で，創造的 (creative) で，社会的 (social)，のことである。　　　　　(Primary school principal: 15)

　　私は自身，リーダーシップチームとともに，省察の時間をつくっている。…それは，「すること」ではなく「なぜするのか」であり，「するべき」ではなく「あるべき」か，に関することを省察している。
　　　　　　　　　　　　　　　　　　　　　(Secondary school principal: 30)

>　校長の地位についた初期のころは，規則に従っている。自身の信念の方向に進むことに自信をもつというよりは，外的な専門的目標を引き受けることになる。…後には，リスクをとることに対する十分な自信をもつように，「勇敢になる」。
>　　　　　　　　　　　　　　　　　　　　　（Primary school principal: 27）

Flintham（2003b）は，2つ目の研究で，なぜ14人の校長は早期に彼らの職を離れたのか，その理由を整理している。何名かは，教育コンサルタントなど，他のキャリアへ移るために離職し，また，政策展望の変化に幻滅し，離職していた。

>　アカウンタビリティが自身の専門的自由を制限し，リーグテーブルはそのダイナミクスを破壊した。…私は，新たな時代の文化とは一致できないと気づいた。
>　　　　　　　　　　　　　　　　　　　　　（Primary school principal: 6）

他には，レジリエントである資質を失ってしまったとの報告も見られた。

>　採用と定着問題に立ち向かう，知的疲労感と精神的枯渇が，そこにあった。
>　　　　　　　　　　　　　　　　　　　　（Secondary school principal: 6）

校長であろうとすると家族との関係を侵害すると気づき，もはやそれに耐えることができないとする者もいた。また他に，中等学校校長職を早期にバーンアウトする極端な例として，外部サポートのメカニズムが重要であることを指摘するメッセージも見られた。

>　もし私が持続可能性のある戦略を有していたら，前進する方法が見えただろう。私のした唯一のことは，ほぼ同じである。私は満足を与えてくれる改革を楽しんだが，皮肉にもそれはさらなる長時間労働を引き起こした。私には専門的に頼ることのできる人がだれもいなかった。私は専門的なリスニングパートナーを好きになりたかった（そしてそれをみんなで共有したかった）。しかし（内部スタッフの）問題があり，学校で機能しなかった。…私

は専門的孤独と孤立に苦しんだ。…私の自信は弱体化した。

(Secondary school principal: 10)

これらのレポートはどちらも小規模な質的調査に基づくものだが、校長の話は、外部主導の政府による改革が進む中で、学校を導いていく際の課題について、明確な証拠を提供している。そのようなもとで他者を率いていくならば、校長は自身の「期待のタンク」を保つ方法を有している必要がある。International Successful School Principals Project (ISSPP) のメンバーによる近年の調査は、勇気、決断力、レジリエンスを強調しており、それは多くの異なる国において成功している校長によって証明されている (Moos et al., 2012; Day and Gurr, 2013)。

どのような基準に照らしても、校長であることは、認知、感情、身体的条件においてタフな仕事であることが明らかにされている。9か国36の都市部の学校において成功している校長を対象とした研究 (Day and Johansson, 2008) によれば、仕事を通して実現されていることとして、次の5つの領域があげられている。

領域1：教育成果要求と教育的価値の統合
　ここで、試験の結果も重要であるが、関係や社会的学習も同様に重要である。ケアの倫理と教育効果は、能力、社会背景、言語、倫理集団にかかわらず、すべての子どもたちに平等に生かされる。

領域2：包括的な保護者コミュニティの構築と維持
　保護者の要求や関心を調整することも、校長の仕事の一部となってきた。しかしながら、近年、より多くの保護者は自己の特別な関心でフォーマル・インフォーマルに組織化されてきている。いくつかの国（例えば、スウェーデンや英国）では、政府は「フリースクール」による意思決定さえもさらなる参画として推進しており、校長は市場競争のもとに置かれている。すべての国において、社会的に不利な条件のもとにある地域の校長は、より社会的に良好な条件のもとにある地域に比べて、相対的に保護者との交渉のため多くの時間を費や

さなければならない。

領域3：集団アイデンティティと高い期待や誇りの感覚の構築

　成功には，内部・外部多様なコミュニティの間で，共通の目的意識の感覚や所属感，期待感を構築し維持することが求められる。これは，政策的，社会的環境の不連続のなか，校長は，自校にとっての安定性と「個性原理（thisness）」という集団感覚を確立するために，高度に感情的な理解ができなければならないことを要求している。

領域4：価値，信念，倫理といった文化の構築

　良いリーダー，良好なリーダーは，価値の表明や共通の文化の創造ができる者でもある。良い校長とそうでない校長を分けるのは，彼らのビジョンの質ではなく，どれだけ自身が導いているすべての人々を本当にケアできているか，またそれが日常的な仕事や活動上においてどれだけ現れているかである。例えば，成功している校長の考えや社会正義や公正の問題に対する意思決定は，ルールに従わせる問題ではない。むしろ，彼らは自身の学校や外部のコミュニティとともに，共有の倫理基準の感覚を構築していくことが重要であり，そのために多大な時間と労力を投入している。

領域5：信頼あるリーダーシップの構築と維持

　成功している校長は，信頼，義理，団結を，相互補完的に機能するものとして理解している。個人と組織の関係における信頼は，他者に対する誠実さを前提とするだけでなく，例えば，学校のあらゆるところにリーダーシップを分散するなど，その表現方法によっても決まると理解している。また，スタッフや子どもたちが，自分たちの仕事における内容，方向，進度，成果についての決定を一任されて下すことができるという感覚と関係していることも理解している。

　学校における複雑で多様な社会的，感情的，業績主義的要求の増加が，校長に対するプレッシャとなっていることは疑いようがない。それは，すべての子どもたちに，より広範な付加価値的な成果を達成していることを示すことであ

る。特に，測定可能な成果と関連させ，ウェルビーイングや社会の調和，（国が異なれば異なる定義の）民主主義と関連させた，より公然とした成果を示すことが求められている。これは，増加する多様な関心に基づくコミュニティとともに活動する中で，彼らの仕事をより内的・外的要求に応じるものへと変えている。要求の統合はすべてが新しいことではないが，それらは複雑な計画文書を通して，確実に，より激しくなっている。これらの要求に向き合い調整するために，校長は数多くの領域において成功裡に仕事を進めていく必要がある。——特に課題のあるコミュニティにある学校に勤める校長には——これらの文脈で働いていない人に比べて，より高度な，また場合によっては追加の資質とスキルが必要となる。

●● 結論

健康被害

　スクールリーダーシップは，教室での指導と同じく，複雑なプロセスである。複雑なものをマネジメントすることは，それ自体が本質的にストレスフルなものである。なぜならそれは，様々な方法で必死に向上し成長できるように他者を動かすことを含んでいるからである。そして向上することは，変化を伴う。成功しているスクールリーダーは，教室の指導の質と子どもの学習や成績との間には関係があることを知っている。また，彼らは，学級担任が，自分自身は学びたいと思っているかわからない，教師が学んでもらいたい方法で学びたいと思っているかどうかわからない，そういった広範な子どもたちを動かすために働いていることも知っている。教師が最善の教育を目指して教えている子どもたちの学習に影響を与える努力は，毎日なされなければならないことであり，無視できないことである。そして彼らは，自身の情熱，専門知識，そして成功を高め，維持するために，支援を必要とする。教師と同様に，校長も，自身の専門的学習生活の様々なフェーズにあり，様々な能力やコミットメントの程度を示すかもしれない。

　レジリエンスは，リーダーの成功にとって不可欠な資質である。英国の学校

におけるミドルリーダーによれば，近年，次のようなことが調査から明らかになっている。

> 学校における最も上位のレベルのリーダーのレジリエンスの欠如は，一般的な学校の機能において，悪化という形で現れる。それは，様々な地域において確認できる。それは，資金調達，予算編成，カリキュラム開発，教授学習方略，規律の調整，スタッフと子どもの関係，学校コミュニティの関係について方向性を見失うことを含んでいる。　　　　　（Birkbeck, 2011: 14）

　自身のキャリア全体を通してレジリエンスを維持する校長と教師の能力は，毎日の仕事の一部として直面する自身の使命感と仕事上の内的・外的環境の質との間の相互作用の影響を受ける。予測される場合と同様，不測の出来事を調整する資質には，これらを効果的に調整するものが求められる。つまり，新たな社会的・経済的課題に対応するために，組織的・専門的変化が避けられない時代においては，自身の教育的価値，信念と実践の間のつながりを調整する支援を受けられる者や，同僚や組織の支援を受けられる者が，レジリエンスであるために必要となる個人的，関係的，組織的能力の発揮を通して，最も成功を導くと考えられる。

Part 3 教師のレジリエンスで何が問題となるか

8章
教職歴全体を通したコミットメントと有能さに関するレジリエンスの役割
…現場から明らかになったこと

　VITAE 研究（Day et al., 2007a）を論拠として，本章では教師たちのレジリエンスが，生徒たちの学びや成績にどのように関連するのかについて探究する。VITAE 研究の目的は，教師の仕事・生活・有能さについての特徴を検討することであった（1章の要約を参照）。様々なキャリア局面（ライフフェーズ）にある在職中の 300 人の初等中等教師の 73％への第二分析によって，レジリエンスが彼らの質的な維持に関する鍵となる要因であると明らかになった（Day and Gu, 2010; Gu, 2014）。このテーマのもとで，全 232 人の教師のプロフィールが分析された。これらの教師たちの経験を描くことで，本章では，コミットメントと有能さを維持する多くの教師たちにとって，3 つの内的条件が，学校や教室での生活で起こるしばしば予想外でより激しい「嵐」をうまく乗り切るのと同様に（Patterson and Kelleher, 2005），教職の日常で，日々の教授学習環境が良く機能するのに不可欠だということを示していく。その内的条件とは，教師の職業的自己，同僚との質の高い社会的・職業的関係性，リーダーシップによる支援と評価のことである。言い換えれば，教職キャリア全体を通して，「日常的レジリエンス」を維持する資質は，働き生活する個人的，職業的，組織的文脈をうまくやりくりする能力と関わっていることを示していく。
　我々の独自の研究や他の研究から明らかなことは，レジリエンスについての教師の意識が，子どもの学びを改善する職業的なコミットメントによってのみでなく，職業的・個人的環境における「重要な他者」の支援と承認によっても影響を受けるということである。前の章で，多くの献身的な教師たちが，日々の学校での子どもの学びを助けるのに必要な内なる原動力，強さ，楽観主義を

169

どのように得ているのかについて述べてきた。また，スクールリーダー，特に校長によって演じられる重要な役割によって，学校現場が成長し元気でいるための信頼，開放性，同僚性，集団責任のもととなる条件がつくられ，実質的に運営されているのを，我々は見てきた。本章では，教師たちの関係的なレジリエンスにより焦点を当て，同僚や生徒たちとのつながりをつくり出すことが，集団の知的・感情的資本をどのように創造し，増大させるか，また，仕事の充足感やコミットメントの意識にどのようにそれらが貢献するのか，について探究する。キャリア前期と中期の2人のレジリエントな教師の描写によって，個人的，関係的，組織的な要因が教師にどう影響するのかを描こうと思う。そこから教師たちが，彼らの仕事と生活の関係性の文脈において，レジリエンスに関する意識をいかに構築し，高め，引き出したのか，そしてそのようなレジリエンスが後々の生徒たちの成功を導く能力を支えているのか，について探究する。最後に，生徒の学業成果の伸びが測定されるのと同様に，教師たち自身によって感じられる，教師のレジリエンスの感覚と効力感の間の関係性を明らかにする。それによって，本章で示される根拠が，政策立案者，学問関係者，教職専門家の間で近年議論されている，専門職としての教師の定着だけでなく，より重要な質の高い教師の獲得についての議論にも貢献できるだろうと我々は願っている。

● 関係性，レジリエンス，効力感

　教師がレジリエンスを形成するプロセスは，「共同的な関係性の網」(Palmer, 2007: 97) の中で入れ子になっている。そのため，彼らの仕事や生活に埋め込まれている関係性の質によって，良くも悪くも影響を受ける。我々の研究では，次の3つの関係性がこの網の中心にあることが明らかになった。それは，教師と教師の関係，教師と校長の関係，教師と生徒の関係である。それらは，個人的にも，集団的にも，職場でも，社会的で知的な環境を形づくっており，これを通して，教師の専門性，コミットメント，コントロールに関する意識が促進されたり，妨げられたりしている。
　特に，先の2つの関係性は，教師の集団的・協同的な学習と発達に，構造的

で社会的な必要条件を提供する，その重要性を示したものであった。つまり，そのような学習と発達を通して，多くの教師たちが，同僚のコミットメント，高度な専門知識，知恵を彼ら自身の専門的な成長に結びつけることができるようになる。同時に，お互いに感情的，知的，社会的，精神的につながる能力を高めること（価値や興味を共有するという点で）ができるようになるということである。「息の合ったチーム」の中で行われる価値の調整は，強い集団的な効力感と専門職としての充足感を達成するために，道徳的な土台として必要だと多くの人に認識された。そして，教師と生徒の関係性について，教師と生徒の間の感情的な愛着が，強い天職意識と密接につながっており，それは彼らのキャリアの歩みの終わりまで，仕事の充足感の源泉として残っているということが明らかにされた。

1. 教師たちとの関係的レジリエンス構築

6つの専門的生活の局面は（5章を参照），VITAE研究において明らかにされた（Day et al., 2007a; Day and Gu, 2010）。そして，それは，彼らのウェルビーイング，コミットメント，毎日の仕事で効力感を維持する資質に，同僚たちの**集団的，感情的，知的つながりが好影響として現れた**ことが報告された。職業生活の異なる局面にいる教師の78〜100％は，同僚の情熱，熱意，支援が，所属感や集団的な責任感やコミットメントにどれだけ貢献しているか，について強調している。

これは特に，社会経済的な課題をもつコミュニティの学校の教師たちの場合に見られた。例えば教職歴26年の第9学年の英語教師Malcolmにとって，現在の都心の学校で感じさせられるもの，それは，同僚との**関係性の緊密さ**だった。彼のいる学科は特に，彼が今まで働いてきた中で「最高の場所」だった。

> 個人的に私は，ここで働くことを愛している。私が今まで働いてきた中で「最高の場所」だよ。チームの精神，熱心さ，動機づけを私も学科の他の人々ももっていた…この学科では私は幸せだ。私は物事を楽しんでいる。私は，私が高く評価し，価値があると思っている人々とともに働けて，私にも価値

があると感じている。

　上記のように，自分たちの職場が，職員間に「チームの『良い感じ』」があり，支援的で友好的なコミュニティだと述べる教師たちは，最善の教育を目指して教える能力とコミットメントを維持している可能性がある。レジリエンスとコミットメントの感覚をなんとか維持しようとしている教師の91％は，道徳的，知的，感情的なウェルビーイングに関わって，**同僚の協同的な支援による好影響がある**と報告していた。一方，レジリエンスとコミットメントを維持できなかった教師の71％が，同僚の支援について報告していた。カイ2乗検定の結果は，観察された違いが統計的に有意だと示している（χ^2=10.903, df=1, p<0.01）。

　個々人の学習と成長を促し，これを通して職場の中で創造的で生産的で知的な資本をつくることにおいて，職場の同僚との関係で**開放性，信頼，忍耐が重要である**ことが，教育的・組織変革の文献でよく指摘されている（Nieto, 2003; Hargreaves and Fink, 2006; Lieberman and Miller, 2008; Hargreaves and Fullan, 2012; Louis, 2012）。VITAE研究は，これらの研究成果と関わって，その価値を再確認させてくれる。職場での職員関係の好影響について報告した人々の中には，約6人に1人（16％）が，「本当に良い，非常に意欲があって有能なスタッフ」と一緒に働くことが，彼らの満足感，士気，コミットメントに**最も大きな影響を与える**，と答えていた。この報告の中心をなすのは，互いに学び合い，互いにアイデアを引き出し，ともにアイデアを共有することが「教室内の有能さに影響する」という一貫したメッセージであった（Roger, 教職歴23年）。

　同僚間での**対話と相互作用の維持**は，学科や学校において共有される専門的知識や知恵のレパートリーをつくり上げる有効な方法として見られている。普通より遅く教職に入って，教職歴でいう「分水嶺」の局面（8－15年の経験）にいる小学校教師のMargaretは，彼女の学校の**社会的で知的な強いつながり**に特に感謝している。それは，彼女自身の学習と授業実践を，同僚のそれとつなげることを，対話と相互作用が可能にしたからだ。

8章 教職歴全体を通したコミットメントと有能さに関するレジリエンスの役割…現場から明らかになったこと

　　　我々は，試して共有する。子どもたちの問題を議論する。戦略について議論する。我々がもつ知識を共有し，我々がもつ専門的技能を共有する。我々はヴァルネラビリティを感じることなく，人に聞くことを自由に感じる。なぜなら答えがわからないから。我々は互いに聞けると感じている。

　初等教育部門で 30 年以上の教職経験がある Kathy にとって，同僚や TA からの専門的なサポートは，未だに「計り知れないほど貴重」で，彼女の効力感，モチベーション，コミットメントに「重要」な影響を与えるものだと見なされていた。彼女は自身の学校が「とても面倒見の良い場所」であると言う。そこでは，助けやアドバイスがほしいと表現することが弱さのサインとは見なされず，むしろ権利であり，学習と成長の機会だと見なされている。それは，**共有するという同僚間の文化**によるものだと，誇らしげに述べた。

　　　お手上げになること，「これはできない」「これをどうやったらいいかわからない」「誰か助けてほしい」と言うのを怖がる人は誰もいない。誰かがいつも助けてくれると私は思う。誰も，完璧な教師の最良の事例として自分たちを誇示したりしていない。私たちは皆，我々がそうじゃないとわかっているから。

　Noddings の議論に「ケアリングは関係性における存在方法」(2005: 17) とある。教師への，教師に関するケアの倫理は，次のような信念に基礎を置くべきである。それは，「正直に一緒に話す方法，新しい理論やアイデアの生産者と批判的な消費者の両方の立場に立って，知識の仕事に従事する方法，自身の学びと教育実践と生徒たちへの影響の間につながりをつくる方法，を学んでいる」という信念である。また，「自分たち自身を見て，異なる行動を起こし始めているところだということ。すなわち，教師としてまったく新しく仕事をつくり直し，自身のキャリアを再び活気づけることである」という信念である (Lieberman and Miller, 2008: 101)。Little (1990)，Palmer (2007)，Hargreaves and Fullan (2012) も，教師自身がスクールリーダーと同様に「より協同的で同僚的な専門職，つまり一職業的に支援的だというだけでなく，生

徒の学びや達成を向上させる―を開発していくこと」の重要性を述べている（Hargreaves and Fullan, 2012: xi-xii）。しかし今日でも，閉じられたドアの中で，教え続けている教師が多い。

　同僚間で学びをケアし，信用するコミュニティ内のつながりの性質は，個人間の物理的なコミュニケーションの中にだけあるのではない。それは，すべての子どもの学びや達成に効果を生み出すことに向けた，共有された価値や興味の中にも存在する。初等教育部門で 20 年以上の経験をもつシニアリーダーの Tony にとって，自らの学びと成長を可能にしてきたのは，まさに，そのようなコミュニティ内の**同僚からの知的な挑戦**であった。

> 　専門的な支援という点で最も大きな財産は，学校における私の教師仲間たちだった。我々は，非常に活発なモニター集団で，お互いの授業を観察し，その強みや開発したほうがいいことをコメントする。私もほかの仲間のように，カリキュラムのコーディネーターたちによってモニターされる。そしてそれは，私にとって現実的な支援であって，学習支援対策の質は学級にとって非常に重要で，非常に多種多様な方法で学級の水準を上げる助けとなった。

　Tony（彼と他の 155 人の初等中等部の同僚たち）の経験は，そのようなコミュニティが「ニーズを探究し，すべての生徒の利益となる学力向上」を一緒に起こすように教師たちをどう励ますのかに関して，もう 1 つの重要な証言となると思われる（Hargreaves and Fink, 2006: 128）。

　既に見てきたように（3 章），過去 20 年以上の教育研究は，授業がその性質上，感情的な実践であることを一貫して報告してきた（Hargreaves, 1998; Sutton and Wheatley, 2003; Kelchtermans, 2005; Zembylas, 2005, 2011; Day and Gu, 2009; Zembylas and Schutz, 2009）。感情と認知の間の本来備わっている相互のつながりと，教師の学習と思考に対する前向きな感情的文脈の影響は，文献で既に知られている（Nias, 1996; Frijda, 2000; van Veen and Lasky, 2005）。VITAE 研究でも，同僚との強力な感情的つながりと教師のモチベーションやコミットメント意識の関係の重要性を指摘する論拠は，有り余るほどある。仕事上で教職員の密接な関係がもたらす好影響について報告した 158 人の教師の

ほとんどにとって，それは，同僚との間での信頼であり，「仕事に行くために朝起きたときに力を発揮する」ような「激励」であった。

教職経験26年の小学校教師 Andrea は，仕事と生活の両方に徐々に苦労するようになっていた。彼女の子どもたちへのコミットメントは高いままだったが，仕事の楽しさは「以前と同じではなかった」。その理由は，「外部からのプレッシャと，この事務仕事すべてをやるようにというプレッシャ」のせいだった。彼女は，「愛すべき場所」だと述べる，**その学校の社会的環境**にとても感謝していた。なぜなら，スタッフは相互支援的でユーモアをもった雰囲気で一生懸命仕事していたからである。

> 私がともに働く人々は，皆すごく良くて，とても支援的です。この学校で私たちが歩み続ける要因の1つがそれだと思う。この学校のスタッフは，皆うまくやっていて，少し弱ったなと感じたときに大きな助けとなってくれる。支援と助言を提供してくれる誰かがいつもいる。

都市部の課題の多い中等教育学校に勤務しているキャリア前期の英語教師，Cherryにとって，学校の学科の中の「**固く団結したチーム**」と，支援的な広がりをもつ学校の気質が，彼女のモチベーション，効力感，教職にとどまろうという決意に大きな力を発揮していた。

> 学校がしっかりと把握しようとしているだけなのか，ここで働く人たちのタイプがそうなのか，より上から来るものなのか，私はわからないけど，教職員たちは適任でお互いに支え合っているように思える。もし頼れるメンバーがいなかったり，金曜日の夜に飲みに行けなかったとしたら，私はここにはもういなかっただろう。教えるのも，対応する問題も，仕事量もとても骨の折れる学校だから。もし，教職員からのバックアップがなかったら，我慢できないだろうと思う。

同僚との緊密な関係を報告した185人の教師たちは，動機づけやコミットメントへの同僚によるケア，共感的で道徳的な支援の重要性を，ほとんどみんな

強調していた。

　同僚間でのケア，つながり，感情的きずなの構造は，「主に社会的で，対人関係的な関心によって組み合わせられた」ものだった（Little, 1990: 513）。特に社会経済的課題の多いコミュニティにある学校で働いている多くの教師たちにとって，そのような関心はしばしば，「我々は皆同じボートに乗っていて，一緒に漕いでいる。さもなければボートは沈む」というような感覚に基づく（Paul，教職歴26年）。経験5年目の小学校教師Davidの経験においても，「コミュニティの良い感覚」は「あらゆる共有，ケアリング，学びに関する」ものだ。

　同僚間での相互に支援的な気風は，—個人的レベルと同様に職業的にも—教職員に不可欠な心理的・社会的にポジティブな環境を提供する。それは，授業への前向きな感情を「貯蔵」し（Fredrickson, 2001, 2004），主観的なウェルビーイングを育成し（OECD, 2013），コミットメントを強く保つ。教師たちにとって最も重大であることは，専門的な学校で働くか，あるいは，共有化された価値と前向きな感情が調和された学科文化の中で働くことであるようだ。これは，教師たちが「彼ら自身を変化させ，より創造的で，知識豊かで，レジリエントで，社会的に統合されていて，健康的な個人になる」のをより助けるようである（Fredrickson, 2004: 1369）。Edwardsが議論したように，このすべての文脈において，すべての生徒は，「熱心でやる気のある先生によって教えられる権利がある」（Edwards, 2003: 11）。

2．リーダーたちとの関係的レジリエンスの構築

　学校内で同僚とのポジティブで専門的な文化を創造し，築き上げるための強力なリーダーシップの必要性は，教育に関する文献で絶えず報告されてきている（例えば，Leithwood et al., 2006b, 2010; Day and Leithwood, 2007; Deal and Peterson, 2009; Hargreaves and Fullan, 2012; OECD, 2012a, 2012b; Gu and Johansson, 2013）。7章で見てきたように，リーダーと教職員の信頼ある関係性が，成功する学校の重要な一側面であることも多くの証拠で示されている（例えば，Bryk et al., 2010; Day et al., 2011）。成功した都市部の学校での仕事において，Bryk and Schneider（2002）は，「校長側に好意的な態度があ

ると気づく教師たちは，自分たちの仕事に有効性をより感じやすい」ことも見いだしていた (2002: 29)。

またVITAE研究では，(校長，シニアリーダーやミドルリーダーを含む)**スクールリーダーからの支援と評価**を報告している教師たちは，それが専門職としてのコミットメントとレジリエンスの意識をよりいっそう高め，維持する傾向にあったことを明らかにしている (χ^2=7.155, df=1, p<0.01)。そのように何とかやりくりしている教師の74％は，そうでないと答えた52.5％の教師と比べて，士気，モチベーション，コミットメントに対して，スクールリーダーシップから好影響を受けていたことを報告している。さらに，生徒たちの学習へのコミットメントを維持している118人の教師の中で，7人に1人 (14％) は，リーダーシップによる支援が学級における効果を生み出していると感じていた。教職歴11年の小学校教師Shirleyは次のように言う。「それ (校長と副校長からの支援) は，あなた自身とあなたの役割をより良いものだと感じさせるし，あなたをもっと有能な教師にする」。

類似する傾向として，キャリア中期の中等教育学校の数学教師Kwameは，授業において有能さを向上させたのは，学科長からの個人的な支援で，「すべてにおいて建設的な助言」だった，と感じていた。教職歴25年の小学校教師Lizにとって，彼女の効力感を改善したのは，シニアリーダーの率直さとその評価だった。「マネジメントが変化してから，より多くの責任を与えられ，以前より高く評価されるようになった。だから，それによって自分がより有能な教師，より有能なリーダーになったと思う」。

信頼とケアリングの関係性は，建設的なリーダーシップの中枢となる。そのような関係性は，**道徳的な目的と責任感の集団意識**に基づいている。VITAE研究からの豊富な事例によれば，その関係性は，コンピテンシー，誠実さ，コミットメントについて，リーダーと教師の間で，相互に受容し評価した結果である。例えば，30年以上の教職歴をもつ小学校教師Janetは，教職歴の最後の局面 (ライフフェーズ) の楽しみは，彼女の学校の校長のおかげだと考えていた。教師たちのコミットメントと誠実さの中にある，校長への信頼は，生徒の学業達成に向けて共有された目的と密接であった。

Part 3 教師のレジリエンスで何が問題となるか

　　彼はとても良いリーダーで，とても公平です。彼は，新しいイニシアティブで私たちを攻め立てることはなく，何らかの方法で私たちを保護してくれる。私たちは皆自分がすべき仕事をやる。私たちには Ofsted の非常に良い結果があるが，校長は我々を攻撃しないし，仕事をすべて済ませたか確認するために一挙一動を監視することはない。教職員は自分の仕事について信頼されているし，それは非常にうまく機能していると思う。

　教職歴 8 年の中等学校数学教師 Melanie のモチベーションは，新しい校長から「事実上の」2 番目の指揮官として扱われたとき，非常に増大した。「それは私により満足感をもたらした，なぜなら私はもっと責任感を与えてほしいと感じていたから。私はそれが大変な仕事だとわかっていたにもかかわらず，楽しんでいる」。さらに，彼女の動機づけとコミットメントを維持したのは，新しい校長によってつくられた，ケアリングと正しい評価についての共通する文化であった。

　　我々が働いている学校は，教職員が子どもに関するケアリングの段階についていつも話している。子どもに良いと思うことのために何をするのか，ということが，他の学校と比べてもここのほうが多い。そういう学校だと私は思う。もしあなたが子どものために何かに参加したら，校長は感謝し，個人的に感謝の手紙をもらうことになるだろう。

　VITAE 研究の中の多くの教師が，動機づけとコミットメントにおいて変化が見られ，効力感を向上させていた。その信頼関係の発展に不可欠であったものは，教師たちとリーダーたちの間の互恵的なやりとりであった。他の多くの健全な社会的関係性や互恵主義，信頼，信用に値すること（Field, 2008）もまた，教師－リーダー間の関係性の鍵となる特徴であった。**リーダーたちはそのような関係性を構築する者である**。彼らの個人的で専門的な資質や価値観（率直さ，公平性，尊敬，思いやり，才能の洞察力のようなもの）は，学校のコミュニティのチームワークを良い感じにし，発展させる中心的なものであった。それらが，VITAE 研究の中の多くの教師たちから見受けられた。

例えば，教職歴25年の小学校教師Pennyは，校長のリーダーシップが，コミットメントと教える資質に影響を与えていると考えていた。なぜなら「校長はビジョンをもっていて，そこへたどり着くにはどうしたらいいかわかっていた。我々に命令するよりもむしろビジョンを示してくれた。それによって，皆が一緒にやっていきたいと思うようになった」からだ。キャリア後期の中等学校の英語教師であるMerylにとって，校長が教職員とともにつくっている可視性と，仕事への正しい評価が，学科の教員たちの動機づけに好影響を与えていた。「もし，あなたが良いことをしたら，校長が来てあなたにお礼を言う」といったように。

> ここの校長は素晴らしい。校長は生徒たちをわかっていて，最後の片づけの職務を担当し，教師たちにお疲れさまと言う。彼は休憩時間には職員室にいて，多くの校長がするように自分のオフィスに隠れたりしない。

Bryk and Schneider (2002) は，そのような関係性は，信頼関係に基づくものと同じだと述べている。それは，

> 1つの組織的な財産という観点から適切に見れば，その構成要素は，ある学校コミュニティの参加者間での互恵的なやりとりの中で，社会的に定義されたものである。その存在（あるいは欠如）は，学校が機能し，根本的に変化する能力への重要な結果をもたらす。
> (Bryk and Schneider, 2002: 22)

拡大解釈すると，**学校コミュニティにおいてコミットメントやレジリエンスの集団意識を形成することは，集団的な努力であり，組織的な支援を必要とす**る。キャリア前期の小学校教師のClareの経験では，「相互支援のコミュニティを創造するために招かれていると，皆が感じられるような開かれた場を，リーダーがつくれるように変われるなら」，そこが授業や学習への情熱をより共有できる場所となるだろうことを示している (Palmer, 2007: 166)。

3. 生徒たちとの関係的レジリエンスの構築

教師と生徒の信頼関係は，生徒の学習にきわめて重要である（Bryk and Schneider, 2002）。またそれらは，教師の仕事の充足感とコミットメントを維持するために不可欠である（6章参照）。VITAE研究による成果もこれを再確認しており，教師と生徒の肯定的な関係性を楽しんでいる教師たちは，生徒の学習や成長に力を発揮するためのレジリエンスやコミットメントの維持ができていると報告されていた。コミットメントと教えることに最善を尽くす資質を示した89％の教師たちは，そうでない71％の教師に比べて，生徒たちとの良い関係性を楽しんでいた。カイ2乗検定の結果も，この差異には統計的有意があることを示していた（χ^2=7.635, df=1, p<0.01）。さらに，前者のうち6人に1人（15％）は，そのような関係性を，「学級に良いダイナミズムを生み出している」（若手数学教師Mike）と言い，「学級内での子どもたちとの関係」（中堅英語教師Anita）が，彼らの動機づけや効力感に最もすばらしい好影響をもたらしている，と強調していた。例えば，

> 私は，自分の生徒たちと本当に良い関係性をつくろうと意識的にやっている。実際に私が，彼らに価値を見いだしていると生徒たちは実感している。私は実際に彼らが好きで，彼らに学業達成してほしいと思っている。我々は今や，お互いにとても尊敬している。　　　　　　　　（小学校中堅教師，Ruth）

我々がこのインタビューや他の研究から学んだのは，教師と生徒の信頼関係が，2つの集団間の前向きで，寛大で，ケア的な感情面でのつながり以上のものを含んでいるということだ。また，彼らは**生徒の学業達成への努力を教師が信じる**ことを強調する。例えば，教職26年目の小学校教師のMaggieは，生徒たちを「かわいい子ども集団」と表現し，「私は彼らを信じられる。だってとても良い子たちで，彼らが課題をやり遂げられると私にはわかっている。そしてそれは私をいい気分にしてくれる」と感じていた。

キャリア後期の数学教師Barbaraにとって，「授業は今や，個人に目が向けられたものとなった。…私は彼らが成長するのを見るという楽しみを覚えた」。

同様に，教職歴26年の英語教師Malcomにとっても，彼の授業の楽しさは，彼と英語科の同僚が生徒たちと築いた良い関係性に基づいていた。困難を抱えた生徒たちが，そのような関係性によって向上し，彼の見方では，それが良い結果になり，「通常以上の」好影響を与えたのだ。

　それ（関係性）は，生徒たちのふるまい，彼らが行っていること，その結果にも反映していた。また，学校のどこかほかのところで彼らがどうふるまっているのかということと相互に関連づけられていた。生徒たちと話していて，態度やふるまいという点で，ここではあまり問題がない。彼らは英語を楽しんでいる。

● 教師のレジリエンスを維持する挑戦：フィールドからの2つの物語

　本章の目的のために，初任者教師と中堅教師のポートレイトを，VITAEプロジェクトの対象者の教師たちから選んだ。この2人は，3年のフィールドワーク期間中，高いレジリエンスを報告していた。これにより，個人的，関係的，組織的な歴史と現在の文脈が，彼らのレジリエンスの資質にどう影響しているのかを，詳細に叙述していく。彼らのプロフィールは，職業観とコミットメントに関する意識と効力感が，職場状況の支援の結果としてどのように持続されているのかを知るうえで，類似した経験を報告した教師たちの中で典型となるものであった（6章も参照）。

1．初任教師のポートレイト：学校の問題

　スクールリーダーシップからの強力な支援から，また，良いリーダーがつくり出し，方向づけを行い，変化させている協同的な学校文化から，初任教師の職能成長と発達がどのように利益を得ているのかについて，この最初の事例によって，わかったことを示していく。この教師が自身のレジリエンス，効力感，コミットメントを確立し，生徒たちの学業達成と自身の職業生活の進歩を楽し

み続けることができていると感じられるのは，このような前向きな職場環境の中にいるからであった。

> 　Pat は 26 歳，最初の学校で担任と理科コーディネーターを経験し，そこで3 年間教えた。これより前に，彼女は「両親と幼児（幼い子ども）」のグループを任されていた。
> 　220 人の児童が在籍し，裕福で民族的に多様なコミュニティにある都市部の小学校で，彼女は働いていた。彼女は，そこで「昇任したいという人生のポイント」に到ったと考えた。この学校で教えて 2 年後，パットはシニアリーダーシップ・チーム（SLT）のメンバーに昇進した。彼女は，VITAE 研究の期間中，期待以上に良く成長している児童たちによって正しく評価されていた。

①教えることへの内なる使命感から強さを得る

　Pat はいつも，子どもたちとともに働けることを楽しんでいて，その子どもたちを彼女は「人を愉快にさせる」と評していた。彼女はしばしば「本当に疲れきった」と感じるが，児童たちの学びと成長からはかりしれない喜びと報酬を得続けていた。彼女の自信と効力感は，良い成績の結果として非常に増大していた。

　　　子どもを動かし，成長の最も小さなサインを見ること，それがほんのちょっとであっても，私は本当にそれが大好き。動機づけ，信頼を築くこと，自立，それは私が彼らの人生をどう変えられるのかという，重要な部分だ。ものすごく計画された授業が思うようにいかなかったときでさえ，進み続けるように喚起する。それは愉快で，でも疲れもする。その日に十分な時間がないかもしれないが，正しくあるためにそうでありたい。

　彼女の子どもたちへの愛は，校門の内にとどまらなかった。彼女は，自分の余暇でもピアノや「その他の楽器」の演奏の学習を企画しており，結果，児童たちは「学級でそれを楽しむ」ことができた。

8章 教職歴全体を通したコミットメントと有能さに関するレジリエンスの役割…現場から明らかになったこと

②児童や同僚たちとつながる

　Patのレジリエンスに関する意識は，仕事への強力なコミットメントから，すべて生じたのではなかった。それは，学校環境におけるいくつかの要因の結果，形成され維持されていた。1つは，児童たちと楽しむ良い関係性の中にあった。学校を越えた子どもの全体的な向上が，学級での生徒たちとの関係性を良くすると彼女は感じていた。社会経済的な背景が，学級での彼女の授業に課題をつきつけることがあったが，学校での子どもたちの全般的なふるまいは概して非常に良かったので彼女は嬉しかった。「規律は向上した，これは主に期待が高くなったおかげだ。また，1人の教師だけでなく，学校全体で問題行動に対処している」。我々が接触した3年間，Patはまた，スタッフが専門的にも社会的にも，お互いに非常に支援的だと述べていた。彼女の同僚教師たちは，彼女の強いコミットメントと動機づけの維持を助けていた。

③自己効力感の向上：リーダーシップの効果

　Patがその学校に最初に入ってまもなく，Ofstedはその学校を「特別処置」に位置づけた（基礎的な教育水準に達し損ねたため，閉鎖対象となった）。しかし，1年後，新しい校長と副校長によるリーダーシップのもとで，それを回避した。例えば，「あまりに柔軟性がない時間割に固定することなく」子どものスキルを開発する，より大きな自由を教師がもつ。そして，授業に再び集中させるために，学校の信頼性をあげる。こういったことが，重要な影響を与えた。このように，時間経過とともに，学校は改善していった，そして2年のつらい年月の後，Patの言葉では，「学校は今や，『ある場所にたどり着いた』」。彼女の上向きのコミットメントの軌道は，これと平行していた。

　自己効力感の増大の一端として，Patは自身が後退しないように，より気をつけるようになっていた。なぜなら「もし何らかの後退を許したら，それは増えて，増えて，─そして自分自身がとにかく良くないと感じるようになる」。このように，彼女は自分自身の目標を決め，「より整理しよう」としていた。

　学校からの力強いリーダーシップによる支援と評価，そして否定的な学校文化が変化したことで，彼女の授業への長期間のコミットメントに再び火がつい

た。彼女は学校のリーダーシップに非常に好意的な見方をしている。それはもっともなことだ。「すべてのものが実際に良く浸透していて、すべてが率直に議論され、決定はすべての教職員で行われる。皆が成長することが許されている」。彼女は新しい校長を「優秀だ」と述べていた。

　　新しい校長といると、学校での立場の意識に関して、あなた自身が成長するのにかなり多くの支援が得られる。それは、学校で意思決定を促進する。また、地域自治体（学区）のリテラシー・アドバイザーが素晴らしい。ティーム・ティーチング、共同観察が非常に良い。

彼女は家族生活を「上手にやりくりするのに苦心」していたが、授業への情熱は増大し続けていると感じていた。彼女の信頼、熱意とコミットメントを上昇させたのは、シニアリーダーシップ・チームに昇進したことであった。それは、学校管理者からの彼女の潜在能力と仕事の評価の承認だと彼女には思えた。この内部昇進は、学校管理者と同僚たちからの、前向きで専門的なフィードバックであった。そして、それは、専門的で個人的なサポートを兼ね備えていて、彼女を今まで以上に駆り立てている、と彼女は理解した。「OK、私は今まで以上に良くできる」。

2. キャリア中期の教師のポートレイト：予想外にレジリエンスとコミットメントと有能さを維持している

仕事と私生活の緊張と格闘する職業生活局面にいる教師たちにとって、年齢に応じた家族へのコミットメント、そして国家規模の改革や調査が、有害な影響をどのようにもたらしているかについて、この2つ目の事例で説明する。また、リーダーシップからの支援に加えて、同僚たちのコミュニティに所属しているという感覚が、彼らのコミットメント、知的で感情的な成長に非常に前向きな効果をもつことについても示す。それは、特に、あまりに恵まれていないコミュニティにある学校で、教職を続け、成功しようと努力している教師たちにとっての影響についてである。

8章 教職歴全体を通したコミットメントと有能さに関するレジリエンスの役割…現場から明らかになったこと

> Katherineは，37歳で，11～16歳のコンプリヘンシブ・スクール（総合制中等学校）で英語科長をしている。彼女の学校は，平均をはるかに上回る割合（23％）で，生徒たちが特別な教育的ニーズの登録簿に載るような，社会経済的に不利な都市部のコミュニティにあった。彼女はこの学校で3年教えており，その前に2つの学校で勤務していた。仕事を始めたとき，彼女は妊娠8か月で，2年間リーダーがいなかった部門を引き継いだ。彼女のリーダーシップのもとで，成長し学業達成した生徒たちは，期待以上に，Katherineへの愛情を表現した。

①レジリエンスを維持する内なる使命感

　Katherineは，教職家系の出身で，子どもと仕事をするという考えをいつも愛していた。刺激的で手応えがあるとわかると，彼女は教職を人生の仕事として選ぶ決意をした。彼女は，自身の教科に深い関心があり，子どもの学習を助ける機会に価値を見いだしてもいた。教職に就いて14年になるが，自身の教職への使命感と情熱は高いままだと感じていた。

　彼女は自分を仕事人間と言い，いつも生徒の学習と成長に最善を尽くしたいと言った。現在の学校に移った当初，彼女のモチベーションは非常に高かった。彼女は英語科の教科主任という責任感を楽しんでいた。しかし，家で仕事のスペースを与えてくれて，特に2人目の子どもがいる生活で新しい家にそれを設置してくれたパートナーの理解と支援なしには，仕事への情熱は維持できなかっただろうと，彼女は振り返っていた。

②関係性の論点

　Katherineにとって，学校は社会的場所であり，そこで関わる同僚や生徒たちとの関係性は，仕事の満足感と楽しさで毎日を満たしてくれるという非常に大きな役割を果たしていた。現在の学校の生徒たちは，彼女と良い関係性を築けていて，「新鮮な空気」のようだと表現していた。

　そのような健全な関係性と生徒への前向きな態度は，学級での健康的な環境をつくり出す手助けとなっていた。生徒たちは学習に乗り気になっていた。学

校の多くの保護者たちは自分たちの子どもに「十分に高い期待」をもっていなかったが，生徒たちと到達したその関係性や，それが生徒たちの学習と成長に与える好影響を，Katherineは特に嬉しく思っていた。

しかし，彼女が学科長としての役割を最初に引き継いだときは，「チーム」がないと感じていた。なぜなら彼女が赴任する前は，学科長代理がいて，この時代にもカリキュラムの変革があった。赴任後，彼女は，良い実践をモデル化し共有することを通して，チーム精神を育成することを熱望した。そのため「皆を一緒に引っぱる」ためにより多くの時間を割くことも望んでいた。彼女は，同僚たちと良い関係性をつくり上げるのに成功し，彼女の努力の成果を喜んだ。Ofstedによる学校視察の間や，たまに彼女の仕事量と複雑さが深刻になりすぎたとき，そのような同僚たちとの良い関係性は，彼女にとって特に助けとなった。

しかし，学校への外部からの視察は，彼女の教師としての効力感と自信をつけさせる要因にはならなかった。彼女は疲れ果てて，過重負担になり，自信喪失を経験した。彼女は自分を制御不能だと感じ，結果として，「教師として良いと本当に感じ」られなくなったと嘆いた。にもかかわらず，彼女は高いモチベーションとコミットメントを維持した。

> 私のモチベーションは決して揺るがなかったが，効力感は揺らいだ。完全に過労の状態であるにもかかわらず，私は今，9月を前向きに感じている。しかし，学級担任としての私の自信は，今のところ低い…私にはまとめて整理する時間が必要で，個人的な自信を取り戻すためにはどこかからの後押しが必要だ。

同時期，実際に彼女は，まだ仕事へ強くコミットメントしていたが，家事と仕事の忙しい生活を同時にこなすことから生じる深刻な不安に苦しんでいた。そのため，パートタイムの仕事に移ろうかとまで考えていた。彼女は2人の子どもとフルタイムの仕事で，社会生活が「完全に失われた」と悟った。週末すべてと休日の時間中ずっと仕事という状態は，彼女にとって，「現実のもの」になった。しかし，同僚からの支援によって，仕事での効力感を管理し維持す

る数々の方法を使えるようになった結果，彼女の自己への自信が回復した。

③スクールリーダーシップの問題

　Katherine が現在の学校に赴任した当初，熱意に満ちていて，効力感が急速にあがっていた。彼女の仕事への充足感は1年をすぎて揺れ動いたが，それはまだその学校では新参者だからだと結論づけていた。

　Katherine は，とりわけ学校での最初の時期に，学校の構造とシニアリーダーシップが，彼女の生き残りと成功を助けるのに重要な貢献をしたと感じていた。「もし何かがそのシステムを通して伝えられれば，システムはすばやくそれを処理してくれるだろう。そうやって，バックアップしてくれるとわかる」

　シニアリーダーシップ・チームは，学校と個人と両方の問題について一緒に考えてくれた，と彼女は加えて言った。彼らがスタッフを100％助けてくれるだろうという信頼は，全スタッフがチームとして一丸となる，「個人を大切にした」学校文化をつくる助けとなっている。

　Katherine は，校長から受けた専門的で個人的な支援に特に感謝していた。この支援で彼女は生き残り，学校視察から前向きな結果を達成することができた。その時期は，彼女が2人目の子どもを妊娠していて，「校長の介入とサポートが得られなかったら，おそらく神経衰弱に陥っていただろう」と彼女は感じていた。

　Katherine にとって非常に重大事だった視察は，最後には，立派な結果を残し，これが彼女の「自信，プライド，モチベーション」を促進した。Katherine は，結果として，自信を再構築するのに成功し，同僚との肯定的な関係性を補強することができたと感じていた。そういった困難だった時期に落ち込んだ彼女の効力感が回復した後，今は，さらなる昇進の準備に向けてマネジメントのトレーニングの受講を検討している。

● レジリエンスと関係的な有能さのつながり

　VITAE プロジェクトの結果として明らかになったことは，教師の仕事と生活の中にある異なる関係性が，様々な条件を与えているということだった。そ

Part 3 教師のレジリエンスで何が問題となるか

れらの条件は，彼らの学習，発達，レジリエンスの構築のプロセスを担っていて，これを通して，個人的で集団的な効力感や有能さを促進し，育んでいる。この研究チームは，教師へのブラインド・チェックを通じて，彼らの認められた経歴とレジリエンスの軌道の分類を実証し，教師のレジリエンスに関する意識と効力感の関係性について探究した。付加価値をみるために，2年間（コーホート1と2）のデータが用いられ，そこで統計的に優位な関係が，得られた（$\chi^2=8.320, df=2, p<0.05; \chi^2=9.402, df=2, p<0.01$）。継続的にコミットメントとレジリエンスの意識を示す，教師が担当する生徒たちは，予測されたレベルかそれ以上に，付加価値と見られる結果に達する可能性がより高かった。図8.1はコーホート2（n=162）の知見を表している。全体で，69%のレジリエンスを維持した教師たちは，59%のそうでない教師たちに比べて，我々の生徒の学力向上の測定において，自分たちの生徒たちが期待通りか期待以上の成績をおさめたと見ている。反対に，レジリエンスグループの18%の教師たちは，ヴァルネラブル（傷つきやすい）グループの41%の教師たちと比べて，生徒の学力到達度が期待値以下だと見ている。その連関は決して完璧ではないが，偶然のつながりだとは思えない。むしろ結果は，スタンダードと学力向上のた

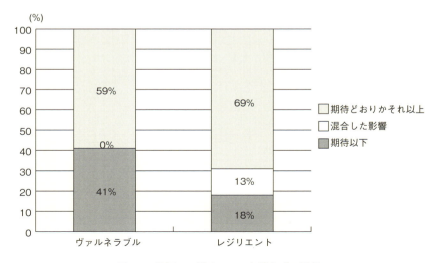

図8.1　教師のレジリエンスと効力感の関係

めの教師のレジリエンス維持の意義について，他の文脈やより大きなサンプル数で行う，今後の研究への興味深い道筋を立ち上げた，と我々は考えている。

結論

教師のレジリエンスと効力感の関係について明らかになったことから（本人たちによって知覚されたものと，生徒の学業達成や成長の成果から測定されたものの両方），レジリエンスの性質と教師の質の保持に関わる2つの鍵となる点を述べることができる。

1つ目は，最も重要なこととして，「はね返す，すぐ立ち直る」能力として，広く使われるレジリエンスの定義は，教師のもつレジリエンスの性質を，必ずしも適切にあるいは正確に叙述していないことがあげられる。なぜなら，少なくとも一部で，教師が自身のレジリエンスを確立する方法は，本来的に日々の専門的な生活の中に埋め込まれているという認識が欠けているからである。それは，複雑で，継続的で，変動的なプロセスである。それは，職場と個人的な要因の組み合わせの影響を受け，また，それらを管理する教師やリーダーの認知的・感情的能力によって影響される。教師のもつレジリエンスは，教職の現実の日々の挑戦をやりくりする資質に関わる。授業の質を通して，生徒たちすべての成長と学業達成を確かにするという決意と並んで，道徳的目的やケアの感覚を維持することである。これが，我々が「日常的レジリエンス」という言葉を使う理由である。

2つ目に，教師のレジリエンスの性質は，生得的なものではなく，教師の仕事と生活に埋め込まれている重層的な関係性の中での信頼の強さによって影響される，という先行研究でいわれていたことを再確認できたことがあげられる（Gu and Day, 2007; Beltman et al., 2011）。教師のレジリエンスは，関係的で，多面的で，ダイナミックな構成物である。そのため，レジリエンスを確立する過程は，対人関係の網の中に埋め込まれている。教師たちによって知覚されるレジリエンスの全般的なレベルに相互作用的に影響する網の中にである。それは，道徳的目的の共通理解によって動かされる，集団的で協同的な努力の積み重ねと連続性それ自体でもある。それは，教師が仕事をし生活をする社会的で

知的な環境によって育まれるのであって，自然に決定されるのではない。

我々の研究の証拠は，3つの重要な関係性の組み合わせを指摘している。それは，同僚と，リーダーと，生徒たちである。それぞれが，教師の学習，成長，最善の教育を目指して教える能力について，特徴的な役割を果たしている。

1. 教師－教師関係

    同僚との集合的で協同的なつながりは，相互努力によってもたらされる最も良い状態であり，そしてそれが続いている状態である。より深いレベルでの永続的で強い仲間とのつながりは，子どもの学力達成のためのコミットメント，誠実さ，原動力に関する意識の共有に基づいている。それらは，専門的な学習共同体が学校内に出現し，発達し，成熟するために不可欠な社会資本を提供する。OECDの国際教員指導環境調査（Teaching and Learning International Survey: TALIS）★は，専門的な学習共同体により活発に参加する教師たちが，自己効力感のより高いレベルを報告したことを明らかにしている（OECD, 2012b）。VITAE研究は，教師たちの経験，つまり彼らの高まった自信，効力感，仕事への充足感が，集団の効力感や関係的レジリエンスを養う職場において，知恵，専門的知識，共感の集団的感覚を使用可能にする点で，貢献していると示している。

2. 教師－生徒関係

    子どもの生活に効果をもたらすことは，多くの教師たちを専門職にひきつける（Hansen, 1995; OECD, 2005b; Day et al., 2007a）。様々な教職人生の局面にいる多くの教師たちにとって，生徒たちとの良い関係は，充足感とコミットメントの感覚の中心であり続ける。

3. 教師－リーダー関係

    スクールリーダーは学校組織の社会的，感情的，知的設計者である。彼らは，重大な文化的タペストリーの中に，様々な人的で物的なリソースを「織り込む」（Deal and Peterson, 2009）。すなわち，個々の強さやコミットメントを，集合的で協同的な全体へ組み込み，その具体化に向けて同僚間の対話のための舞台を提供する。

Part 3　教師のレジリエンスで何が問題となるか

耐え抜くことを超えて
変革期にあって教師のレジリエンスと質を維持するために

　1章から8章までにおいて，レジリエンスとは，いくつかの力が複雑に融合した結果であり，そして，それら力の相互作用であることを確認してきた。各教師を取り巻く異なる個人的シナリオ，職場のシナリオ，社会文化的なシナリオの相対的な強さが，レジリエンスを構成する力に影響を与えること，また，教育価値の内なる強さや，これらをマネジメントする資質も，レジリエンスを構成する力に作用することである。このように，教師が，逆境において，仕事をうまくこなしたり，耐え抜いたりしていく資質としてだけ，レジリエンスをとらえるのは，浅い理解である。その次元を超えて，どちらかと言えばレジリエンスは，日々の学校生活において良い教育を維持するための重要な（しかし唯一ではない）条件を示す概念である。この最終章では，組織とスクールリーダー，教師教育者と教師自身に対して，質の高い教師の定着と持続的な成長に関して，レジリエンスが果たす鍵となる役割，その理解や認識について論じていく。

● 教師の定着率：質の問題

　スタンダードへの到達度を高め，教育成果を変革していくうえで，重要な役割を果たすのは教職の質の高さであると，国内外の研究論文や政策文書において強調され続けている。教師の有能さに関する研究は，彼らの教室における実践が，子どもの学習や成績にとって最も大きな影響を与えることを，繰り返し報告している（Rockoff, 2004; Hallinger, 2005; Rivkin et al., 2005; Leithwood

191

et al., 2006a)。質の高い授業がもたらす好影響は，社会文化的に不利な背景をもつ子どもたちにとって，とりわけ重要である。有能な教師に教えられたとき，子どもは何年か分の学習と同様の成果を得ることができることを示唆する証拠も存在している（Hanushek, 1992; Sutton Trust, 2011）。経済協力開発機構（OECD）の国際比較調査の結果も，「教師の質」こそ，子どもの成績に影響を与える唯一最大の学校変数であることを支持している（OECD, 2005b）。実際，OECD 国際教員指導環境調査（TALIS）の近年の報告では，学習効果を確実なものにし，高めていくために，授業をより魅力的にし，より効果的な仕事にすることが，すべての学校組織において最優先事項になるべきであると結論づけられている（OECD, 2009, 2011）。同様に，世界において優秀な成績を誇る学校組織に関する McKinsey の見聞記は，組織を成功に導き，持続的改善という重要な営みを可能にするうえで，適切な人材を教職に就かせ，彼らを有能な教師へと育てることが中核的な役割を果たすと結論づけている（Barber and Mourshed, 2007; Mourshed et al., 2010）。

しかし，多様で複雑な社会文化的，政治的背景のために，多くの国々で，学齢期にあるすべての子どもたちに対して教育を提供することは，教師不足という壁の存在によって引き続き難題のままである。子どもたちの就学率が上昇しつつある多くの開発途上国を，例としてあげよう。深刻なことに，就学率上昇の一方で，小学校教師や教員免許を有する中等学校教師が不足している状況にある（UNESCO, 2011）。教員免許所持者を教職に就かせるための資金や奨励策の不足によって，質よりも量的な面――つまり各教室に必ず教師がいるように配置できるかどうか――に，基礎教育を提供するための努力を払うことが最重要の懸案事項であり続けている。不幸なことに，このことは，最も教師を必要としている国々において，子どもたちが，教員免許を有さない職員によって教えられている傾向にあることを意味している（UNESCO, 2006）。対照的に，アメリカや英国，そして多くの欧州諸国といった先進国においては，数学や現代外国語，科学といった主要教科等における教師不足が喫緊の課題となっている（European Commission, 2012）。また，社会文化的に困窮した地域にある学校での教師不足も，同様である（Ingersoll, 2001, 2003b; Guarino et al., 2006; Boyd et al., 2008）。

9章　耐え抜くことを超えて…変革期にあって教師のレジリエンスと質を維持するために

　教師不足やその離職率，退職率は，慢性的な問題である。Grissom（2011）は，不利な条件におかれた学校に在籍する教師の高い離職率は，校長の力量不足に起因することを明らかにした。彼が国立学校と教師を対象に行った調査の分析結果は，校長のリーダーシップが弱く，有能でない場合において，教師の満足度は低下傾向を示し，彼らの潜在的な離職率が高まることを示している。さらに，特別なニーズの高いコミュニティに位置する学校においては，教師の質が低いことを示す困った指標もある（Loeb et al., 2005; Boyd et al., 2008; Goldhaber and Hansen, 2009）。そうしたコミュニティで生活するほとんどの子どもたちは，幼少の頃から，社会的資本にアクセスして，その恩恵を得ることが困難である。それゆえに，彼らが就学年齢に達したときには，受ける権利のある質の高い教育を受けることができない。

　このほかにも，先進国において，教師の供給や質に関する問題が，現在表面化し，進行しつつある。近年，欧州の多くの国々で，教師教育プログラムを受ける大学卒業者数が，顕著に少なくなっている。その結果，緊急に教育状況を改善し，それを通して教職に適した人材を引きつけるための，さらなる対策を呼びかける事態となった（Auguste et al., 2010; OECD, 2011; European Commission, 2012）。同時に，現在勤務している教師の高齢化は，今後その構図に緊急課題をもたらすことになる（Grissmer and Kirby, 1997; Guttman, 2001; Chevalier and Dolton, 2004; OECD 2005b; Matheson, 2007; Aaronson, 2008; European Commission, 2012）。例えば，イングランドにおいては，正規採用の教師の約半分（46％）が40歳以上であり，そのうち23％が50歳以上である（DfE, 2012）。ドイツやイタリア，スウェーデンは，さらに際立ったケースとなっている。これらの国々の小学校では，正規採用の教師の約半数が50歳以上の年齢に達している（European Commission, 2012）。

　初任教師は，5年以内に退職する割合が高い（Darling-Hammond, 1997; Ingersoll, 2003a; Kados and Johnson, 2007[訳注3]; Burghes et al., 2009; Shen and Palmer, 2009; OECD, 2005b, 2011）。この点も，教師の定着率をめぐる慢性的

訳注3：この文献は原書の文献一覧に記載がないが，以下の文献と思われる。なお，KadosはKardosの記載ミスか。Kardos, S. M., and Johnson, S. M. (2007) On their own and presumed expert: New teachers' experience with their colleagues, *Teachers College Record*, 109(9), 2083–2106.

Part 3 教師のレジリエンスで何が問題となるか

な問題となっている。キャリアの前期において教職を去った教師と，長く続けた教師とを比較したいくつかの調査では，平均して，後者のクラスに在籍する子どもたちのスコアのほうが高いことが，つまり後者の教師のほうがより効果的であったことが報告されている（Henry et al., 2011; Goldhaber et al., 2011; Boyd et al., 2011）。また，他の調査では，教員免許よりも有利な資格取得者や競争率の高い大学の出身者は，早期に退職する傾向にあると指摘されている（Lankford et al., 2002; Boyd et al., 2005; Guarino et al., 2006; Feng and Sass, 2011）。

　教職から身を引くという決断へと至る背景は複雑である。共通する批判は，少なくとも部分的には，「説明責任，パフォーマンス，および測定可能な文化」（Luke, 2011: 370; Rots and Aelterman, 2008; Smith and Kovacs, 2011）によって引き起こされた，いく度とない政策立案者による教師の専門性の大規模な再定義に向けられている。Luke（2011）は，「規範や倫理，文化といった価値観の問題が，政策の論議（Ladwig, 2010）から，静かに抜け落ちてしまっている。測定可能，説明可能，そして費用対効果や質保証と呼ばれるものによって，それらが覆い隠されている」（2011: 368）と，嘆いている。このような成果主義の文化の下で，国家の教育政策は，教育的成功を比較的狭義に，道具的に定義しがちである。そして，教師には，それらにより密接した整合的な専門性が求められるようになった（Furlong et al., 2008）。それと同時に，スダンダードの設定と判断に関する政府の統括機関は，ゆっくりと，しかし顕著にその権力を増大してきた。教師が教室で行う実践とその方法に対して，より詳細で官僚的なモニタリングを行うことで，その整合性が補完されてきた（Luke, 2011）。つまり，教師の同意の有無にかかわらず，彼らは政府からの課題や戦略に対して，日々の実践においてそれを達成していくことが要求されている（Furlong, 2008）。

　アカウンタビリティや成果主義といった高圧的な新自由主義的文化が，教師の専門的地位や判断，能力に対する深い信頼を幅広く損ねる結果をもたらすと，研究者たちが批判していることは，驚くことではない。何人かの研究者は，そのような自律性の喪失が，教師の専門性がもたらすヴァルネラビリティを高めたり，高水準のストレスを彼らに与えたりすることに繋がったと

194

指摘する (Hargreaves, 1994; Macdonald, 1999; Kyriacou, 2000; Lasky, 2005; Kelchtermans, 2009)。また，労働条件に対する教師たちの不満を高めることになったと指摘している (Helen, 2007; Smethem, 2007)。

教師たちの葛藤，ひいてはそのまま退職に至る要因に関する一連の先行研究は，我々の理解を刷新してきた。しかし同時に，我々の見解では，これらの先行研究の知見は，ある問いに対して限定的にしか説明できていない。それは，成果を求める教育システムのなかで働いている教師のなかに，意欲的に，自らの最善を目指し，身を尽くして教え続けることができる者たちが，なぜこれほど多く存在しているのであろうか，という問いである。教師のストレスや退職，仕事の満足度に関する多くの調査において見落とされる傾向にあるのは，教師が，日々，教授学習に関する課題に対応するうえで不可欠な専門性，役割と組織アイデンティティ，ウェルビーイング，そして職業観の重要な役割についてである。また，スクールリーダーが時折，教育政策の悪影響を中和したり，すべてではないにしても，教師たちの仕事に対する充足感やコミットメント，効力感を，磨き高めたりしている。こうしたスクールリーダーの役割についても，見落とされる傾向にある。教師の定着率の高さと積極的で支援的スクールリーダーシップとの間に強い関連性があることを示す証拠がある (Ladd, 2009; Boyd et al., 2011)。支援的な学校文化を構築し，理想的な労働環境を創造することを通して強力なリーダーシップを発揮することが，子どもたちの学習に影響を与える。この点は，教師教育や学校改善，効果的な学校に関する数多くの文献において指摘されている (Hallinger, 2005; Johnson, 2004; Leithwood et al., 2004, 2006b; Gu et al., 2008; Day et al., 2011; Sammons et al., 2011)。さらに，学校内に知的で感情的な社会的資本を構築するうえで，職員の強い同僚意識がきわめて重要であることが明らかにされている。そうした資本があれば，教師，とりわけそれが社会文化的に恵まれないコミュニティに位置する学校に勤務している教師が，変革の時期にあって，誠実さやコミットメントを維持できる (Gu and Day, 2007; Allensworth et al., 2009; Day et al., 2011; Holme and Rangel, 2012)。さらに重要なことに，高いコミットメント状態にある教師に教えられる子どもたちは，学術的には，より高いパフォーマンスを発揮する傾向にある (Day et al., 2007a)。

そして，教師の仕事や人生に関する内外面に焦点をあてた研究，学校組織やスクールリーダーシップ，そして国の教育政策やそれらの成果に関する多数の研究が存在している。一方で，これは我々が本書の随所において言及してきたことだが，質の高い教師や質の高い授業のための環境や実践を構成する要素を包括する視点を提供する研究の蓄積が進んでいない。我々は，本書において，この点に挑戦してきた。生徒の学習と成績にコミットし続けることを決意した教師を取り上げ，そうすることができた要因に対してより大きな注意が払われるならば，実りは多く，教育上も意義深いであろう。これを証明しようと，我々は努力してきた。要するに，これは，**質の高い教師の定着率**という問題なのである。Jhonson et al. の共同研究（2005）において主張されているように，教師の定着率を物理的に保持すること，それ自体は，価値のある目標ではない。

> 学区が質を無視して教師を留まり続けさせた場合，生徒たちに良い結果がもたらされることはない。学区が，能力のない，あまり良くない，意欲的でもない，もしくはバーンアウトしている教師たちの離職を防いだ場合，それは，良い結果をほとんどもたらさない（そして多くが失われてしまうだろう）。その代わりに，学校は，生徒の学習を目的とし，教室において熟達し有能であることを示し，彼らの学習にコミットし，なおかつ学校改善に寄与する準備ができている，あるいはそれができる教師を引き留めるよう努める必要がある。
> 　　　　　　　　　　　　　　　　　　　　　　　　（Jhonson et al., 2005: 2）

● 耐え抜くことを超えて：教師や学校の質を維持する

Jhonson et al. の共同研究において示された教師の定着に関する定義は，我々が本書を執筆した動機に立ち返らせる。教育を巡る国内外の社会的，文化的，そして政策的背景の変革期にあたる現代において，長年にわたって展開してきた傑出した教師や傑出した学校を対象とした研究から得られた証拠は，我々に次のような確信を与えてくれた。それは，年齢，経験，ジェンダーや学校の状況にかかわらず，教師や学校は，彼らの教え子たちの世界を変えることができ

るし，実際に多くの子どもたちの世界が**変化している**！という確信である。彼らは，単なる絶えぬく者ではなく，すべての子どもや若者たちの学習や生活，成績の向上を任された専門的職業の中核であるという誇りを有した優秀な専門家であり，組織である。彼らは，Hargreaves and Fullan が提唱する「専門的資本」を有する（2012: 3）。Nieto（2011）は，自分自身の専門家としてのキャリアを振り返って，かつてともに働いたそのような教師たちに尊敬の念を表しているが，その言葉をここで共有しよう。彼女曰く，「私の教師に関する信用はかつてないほどに強まっている。それは，時折，厳しい状況の中にあっても最善を目指している，信じられないような教師たちの姿を目にしたからである」（2011: 3）。彼らこそ，本書の随所において述べた「日常的レジリエンス」の本質的な意味を体現する存在である。

　我々の用いる教師の「質」の定義は，可能な限り広い意味で理解される必要がある。成果主義やテストスコアといったテクノクラティックな関心を超えるものである。まとめると，質を追求することへの持続的な切望感は，教師の職業意識や，子どもたちをケアする心によって，引き起こされる。これは，意欲的に一人ひとりの子どもたちに寄り添い，学習するように丁寧に動機づけ，そしてたどり着き得る最高の成績を彼らにもたらすために，優れた教師たちが行っているさらなるの努力のことである。教師の質は，教師が自らの学習や成長に寄せる情熱，コミットメント，持続的な熱中と関連している。重要なのは，こうした学習や成長が学校の支援を受けていることである。また，学習や成長が，クラスを改善し続けることができるという変わらぬ効力感や，希望と信念をもたらしていることである。教師の質は，個人および集団の両方レベルで，道徳的目的と，協同的な学習と成長に関する同僚との持続的なエンゲージメントと，関連している。そして最後に，教師や授業の質の改善は，校長という教育設計者によってデザインされ，助成され，磨かれた学校が有する，社会的，文化的，組織的な環境の文脈から理解される必要がある。

　長年にわたって，研究者たちは，学校や学校組織の質をめぐる問題を探究する際に，異なる概念や方法論のレンズを用いてきた。我々は，レジリエンスというレンズを選んだ。それは教師の内外に広がる専門的な世界の探索を可能にしてくれるからである。そして，この探索は，日々の学校生活の予測不可能さ

や，それに起因する多くの身体的，感情的，知的な挑戦の渦中にあって，多くの教師がなぜ従事し続けるのか，改善を持続的に行う情熱を有しているのかについて，その謎を追究するものである。では，我々は，レジリエンスの景色を探索することで，安定した教師を見つけ出そうとしているのか。いや，そうではない。教師たちは圧力の下にあり，多様な理由から途中で挫折する。本書で言及した多くの教師，つまり情熱があり，熟達した，コミットメントやレジリエンスを有する教師のすべてが教職に留まるわけではないことを，我々は理解している。しかしながら，レジリエンスのレンズを通すことで，とりわけ**日常的レジリエンス**と**関係的なレジリエンス**を用いることで，本書を通して，教師やスクールリーダーの勤勉さの原動力となるものや，彼らの仕事内容とその過酷さを描こうとしている。そして，彼らの仕事が子どもたち，同僚，学校を取り巻くコミュニティに影響をもたらしていることを描こうとしている。それゆえに，我々は，8つの重要なメッセージをもって，本書を締めくくるものである。

● メッセージ1: 教えるためには，そして良い授業を積み重ねるには，「日常的レジリエンス」が必要となる

ある教師の旅路を振り返りながら，Ayers（2010）は，教師になることは「生涯を通じた出来事」であると結論づけている（2010: 160）。

> 教えることを学ぶことは，時間とエネルギーを要する大変な仕事だ。より良く教えることについて学ぶことは，さらに大変だ。冒険心を抱きながら真摯で持続的なエンゲージメントを有し，子どもの人生に熱心に心を注ぎ，未来の―つまり，生徒たちが受け継いで改善していくであろうコミュニティの―，そして子どもたちを待ち受ける世界や切り拓いていく世界について，情熱的な関心を寄せることが必要である。　　　　　　　　（Ayers, 2010: 160）

ここまでで確認してきたように，レジリエンスに関する研究分野の主流は，対立する状況や繰り返される挫折をレジリエンスの前提条件としてみなす研究である。そうした研究においては，レジリエンスは挑戦的な状況のなかで

「個々人が立ち直る（bounce back）」資質であると定義されている（例えば，Oswald et al., 2003; Tait, 2008）。しかし，そのような定義は，教師の日々の教職生活を主に構成する不確実で予測不可能な状況やシナリオを明らかにしたり，反映したりはしていない。このような状況は授業の本質が本来的に有する部分であり，日々，懸命に最善の教育を目指して教えている教師たちに対する，日常的な知性と理性の両面にわたる挑戦を示している。それゆえ，レジリエントな教師であることは，日常的な危機や困難から迅速かつ効果的に「立ち直る」以上の意味を有する。

　本書で確認してきたように，授業それ自体は，予測された，あるいは予測しえなかった政策，社会，職場の状況の変革という文脈に位置づいている。またそれは，不確実で脆い教室の真っただ中で行われる。教職生活を送るなかで，政策，社会文化の影響，職場や個人の挑戦や変革が生じてくる。認知的にも感情的にも，それらの挑戦や変革の組み合わせによって生じる影響を教師がどうマネジメントするかによって，自らのレジリエントを保つための資質は変動するだろう。そのような状況では，課題や変革の程度の差にかかわらず，すべての教師が最善の教育を目指して教えるために，レジリエントな状態を保つための資質を有することが求められる。単に耐えぬこうとするよりも，日常的に授業の質を維持しようと努力するほうが，うまくいくものである。

● メッセージ2：レジリエンスは，教師のアイデンティティ意識やコミットメントと密接している

　授業に関する自明の理は，それが「難しく非常に複雑な活動」であるという点にある（Olsen, 2008）。Goodlad（2004）の重要な研究である『学校と呼ばれる場所（*A Place Called School*）』では，以下の結論が呈されている。

> 初等学校のクラスで毎日5時間ほど，27人のヤングスターたちに積極的かつ支援的に手を差し伸べると，大変な努力を要するために，疲労困憊する。25人かそれ以上の生徒数の学級サイズを有する中学校で，1日4〜6時間続けて授業が入っていると，小学校と同様に子どもに対応をすることは，不可

能であろう。 (Goodlad, 2004: 112)

　ほとんどの教師が効果を上げることを目指して教職に就き，彼らの多くは，それをなし得る前には教職から退かない。Neito（2003）は，「何があっても仕事を続ける教師は，授業が単なる労働以上であることを知っている」（2003: 128）と述べている。経験豊かなスクールリーダーや教師と，仕事をともにしてきた我々の経験は，彼らを教職に留まらせているのは，役割を果たすための献身さであり，子どもたちや若者たちの生活や成績を改善へと導いたという喜びである，という信念を再確認するものであった。本書の序論において触れたが，我々は，そうしたスクールリーダーや教師が育てた子どもたちにヒアリングを行っている。我々の質問に，子どもたちはこう答えた。「私たちの先生はお金を稼ぐために学校にいるんじゃなくて，私たちを大切に思うから学校にいるんだ」。

● メッセージ3: レジリエンスは，教師としての道徳的目的意識と密接な関係にある

　レジリエントな学校は，教師と子どもが自らの学びや成長を切望する場所であり，明確な道徳的目的意識が共有され，価値づけられ，日々の学校生活に埋め込まれている場所である。道徳的目的，自己を省察し学ぶ意欲，全体的で協同的な変革や改善のための同僚やリーダーからの支援がなければ，レジリエンスは不十分である。多くの教師にとって，教えることは，人間の育成にコミットメントすることを本質的に意味している。

　　物事を知り，彼らとコミュニケーションをとる術を知ること，学習が生起する環境を生み出すこと，感覚を研ぎ澄ませて教室のなかを歩いてスキャンし，チャンスをうかがうこと。これらはすべて，他者を成長させるための支援である。人間の育成にコミットメントするという目的は，教師の仕事が，直接的に，倫理的領域と道徳的領域に位置づくことを意味する。

(Rose, 2010: 168)

多くの懸命に働く教師たちやリーダーたちにとって，おそらくこの目的が最も教職の使命を表す供述であろう。そしてまた，おそらくこの目的が，彼らの強い感情的な報酬である。この考えと一致するのが，ボーナスや奨励金は教師のモチベーションや質に影響しないという，調査から得られた確かな証拠である（Heneman, 1998; Kelley, 1999; Gamoran, 2012; Yuan et al., 2013）。なぜならば，「教師はボーナスの支給明細を，一生懸命働くことを奨励するものとしてではなく，彼らの懸命な労働の承認としてとらえている」（Marsh et al., 2011／Yuan et al., 2013: 17 において引用）からだ。道徳的目的意識や教師であることの誇りは，コミットしている教師にとって，すべての子どもたちが学び，成長し，達成していくことを支える内なる原動力や強さ，前向きさの源泉となる。レジリエントな教師は，それゆえ，傑出したヒーローである必要はない。しかしながら，ごくごく日常の学校生活において，非常に優れた成果を，クラスにもたらすために働くことができる教師であるし，実際に，そうである。

● メッセージ 4: 教師のレジリエンス形成プロセスは関係論的である

本書を通して，我々は，関係的なレジリエンスのレンズを用いて，以下の点を示そうとしてきた。子どもと大人との関係性の構築が，教師の仕事への充足感やコミットメントを持続させる。そのための知的，社会的，感情的な資本の協創を，どのように支援するのか。教師は，学校内において，自らのレジリエンス意識を信頼関係ネットワークの内部で構築し，ネットワークを用いてそれを育んでいく。このレジリエンスの関係論モデルにおいて，レジリエンス形成プロセスの中心には，互いにエンパワーメントし合い成長していく資質と相互支援の重要性とが，位置づけられている（Jordan, 2004）。この考え方によって，我々は，教師のレジリエンスを状況や文脈から理解することが可能になる。

教師という専門職の世界は，「異なる集団間の網目関係」によって構成されている（Palmer, 2007: 97）。教師の専門的な仕事と生活の中核にあるのは，次の 3 タイプの関係性である。それは，教師－生徒の関係性，教師－教師の関係性，教師－リーダーの関係性であり，それぞれがレジリエンス意識を形成し維

持するために,ゆっくりと時間をかけて特色ある役割を果たす。例えば,教師と子ども間にある信頼関係は,教師の職業的なコミットメントの心臓の鼓動にあたる。教師と子ども間にある信頼し合える関係は,教師が最善の教育を目指して教え,子どもはベストを尽くして学んでいるという,相手に対する相互の確信を示唆するものである。自分たちを教育に最初に引き入れた,まさにその子どもたちが,学業的にも個人的にも幸福を手にすることによって,教師たちは懸命な仕事が報われ評価されたと感じることができる。そうした経験が,長期にわたる教師の仕事に対する充足感の源泉として機能する。

　教師間の同僚性は,協同的な学びや成長のために必要となる知的,感情的な環境を提供する。同僚性というレンズを用いてレジリエンス形成プロセスを探究することで,レジリエンスは選ばれた少数の「ヒーロー的な」教師が有する資質ではないという,我々の初期の見解が再確認できる。ましてや,レジリエンスの資質を形成,維持することは,個々人の教師の責任として考えられるべきではない。むしろ,教師のレジリエンス形成は,道徳的目的意識を共有することで構築される学校コミュニティ内部における個人的なプロセスであり,かつ組織的なプロセスでなければならない。そして,教師相互の支援的「成長促進関係」の構築が共通のゴールとなっている学校でのプロセスでなければならない(Jordan, 2006: 83)。

> 　感情的な関心,有益な支援,情報,評価と定義づけられているソーシャルサポート(social support)は,レジリエンスの生命線であるととらえられてきた。多くのソーシャルサポートに関する調査は,片道方向の支援,そして愛や手助けの獲得を強調してきた。関係論的な観点は,繋がりをもつすべての人々に貢献するという,相互関係のなかで何かに取り組むことの重要性を指摘する。ソーシャルサポートは,自分が支援を得ることよりも,互いに支援し合うことで得られる力なのである。　　　　　　(Jordan, 2006: 83)

　最後に,教師とスクールリーダーとの間にある信頼し合える関係は,レジリエントな教師の育成とレジリエントな学校の構築にとって必要不可欠である。Fullan (2003) が記しているように,信頼し合える関係は,「職員が新た

な課題に取り組む際のヴァルネラビリティを軽減する」、そして教師の動機づけ、コミットメントや定着に影響する「学校改善の道徳的なリソースを生み出す」（Fullan, 2003: 42）。成功を収めるスクールリーダーシップが生徒の学習成果に与える影響に関する我々の調査（Day et al., 2011）は、そのような信頼し合える関係が、多様な戦略的アクションの幾度にも及ぶ累積的な展開によって形成されることを明らかにした。組織的な信頼の向上は、多様なレベルでのアクションによって引き起こされる。しかし、すべての戦略的アクションは、組織メンバーからの協力にかかっている。コミュニケーション、モデリングアクション、コーチングとメンタリング、職員研修、ビジョン（vision）の共有、価値と信念の明確化、教育学的決定とカリキュラム決定の顕在化と実行可能化、組織構造や文化の適切な再編、役割や機能のリデザインはすべて、道徳的、知的、社会的、健康的、そして学校改善に関わる資質に寄与する。

● メッセージ5: スクールリーダーシップを発揮する事項である

　参加者が、そのような仕事に従事するためにコミットメントを示し、そして他者が同様に取り組むのを目撃した場合にのみ、信頼し合える関係に根差した偽りのない専門的な組織が出現する。校長は、率先して他者に支援の手を差し伸べ、それを広げていくべきである。時々、校長は、意気投合していない同僚に、少なくとも最初のうちは信頼を示す必要があろう。しかし、専門的な基準に照らして機能していない学校コミュニティを改革するために、強制力を用いる準備を進めるべきである。興味深いことに、一度新たな基準がしっかりと打ち立てられた後は、そのような権限を行使する必要性は、めったに引き起こされない。　　　　　　　　　　　　　　（Fullan, 2003: 64）

　スクールリーダーシップの質は、学校内外において、知的、社会的そして感情的な資本を創造し、開発し、拡大していくために重要である。そして、職員の間に、レジリエンス意識やコミットメント、効力感を維持するために、関係論的、そして組織論的にも最善の状況を提供するうえで、その質は重要である。支援的な組織的コミュニティは、偶発的に誕生したりしない。その構築には、

良いリーダーシップが必要である。Knoop (2007) は，次のように主張する。「現代の社会文化的な変革の速度から考えると，過去のいずれの時代よりも，優れたリーダーシップの重要性が高まっている。つまり，リーダーシップを欠くことの危険性も高まっていることになる」(2007: 223)。

権力，アカウンタビリティと教師の質の間にある関係性を再検討するとき，Ingersoll (2012) は，「わかりやすく言えば，運営のまずい学校は，優れた教師をあまり優れていない状態へと変えてしまう」ことを明らかにしている (2012: 98)。その延長線上で考えると，運営のまずい学校は，教師のコミットメントとレジリエンスを伸ばし維持するための資質を豊かにするというよりも，弱めてしまう。本書の8章に登場したKatherineのケースを引き合いに出そう。もしシニアリーダーシップ・チームや校長から，彼女の自信と効力感を高めるきめ細かな専門的・個人的な支援が提供されなければ，どうなっていたか。おそらく彼女は，神経が衰弱し，慢性的なうつ状態に陥ってしまったであろう。

学校内外の文脈の本質を理解し，それらがスクールリーダーシップ，とりわけ校長のそれによってどのように調整されるか。その相互作用が学校の日常の基礎構造にどのような好影響，または悪影響を与えるか。これらの把握が，時間をかけて，学校の成功（あるいは失敗）の秘密を深く理解するうえで重要となる。

● メッセージ6: レジリエントな状態を維持することは，成功するスクールリーダーの重要な資質である

Henry and Milstein (2006) は，自らが行ったレジリエンスの取り組みから，「教師，生徒，保護者，支援員は，学校の素材であり，リーダーはそのレジリエンス・イニシアチブ（resilience initiative）の織工である」という結論を出している (Henry and Milstein, 2006: 8)。

教育に関する政策や社会的文化的な文脈に時折巻き込まれながらも，その調整に成功しているだけではなく，子どもたちの学習と成績のために職員を育成し続ける校長は，組織内の人材をレジリエントな状態を保つために，どのように資質を形成したり，それを維持したりしているのか。この点に焦点をあてた

研究は，ほとんどない。21世紀において，多くの社会的政策的な変革と課題を乗り越えることに成功した学校へと導くためには，強い道徳的目的意識と信頼性，粘り強さ，柔軟な思考，学術の進歩と子どもの成績に対するコミットメントに加えて，個々人のウェルビーイングや平等のための情熱とレジリエンスが求められる。リーダーは，以下のようにたとえられる。

> 組織的なエネルギー（レジリエンス）の管理人…彼らは，他者を触発するか，あるいは士気をくじく。まず，いかに効果的に彼らが自身のエネルギーをマネジメントするか，そして次に，いかにうまく彼らが導く人々の集合的なエネルギー（レジリエンス）を，良く管理し，焦点化し，運用し，更新するか。
> （Loehr and Schwartz, 2003: 5）

レジリエントな教師のように，レジリエントなリーダーは，強い道徳的目的意識によって生み出される。そうしたリーダーたちは，生徒の学習ニーズと教師の専門的成長を大事にするし，それを重視する。そして社会変革の使命を帯びた学校の役割を高めるために，懸命に働く。Leithwood et al.（2010）は，例えば，「根本的には，学校で学ぶ子どもの生活を向上させるチャンスであり，新たな機会を彼らに提供する」ことになるため，不振な学校の再建に勝る報酬はないと主張している（2010: 258）。

● メッセージ 7: 教師にレジリエンスは必要不可欠であるが，彼らが有能であるための唯一無二の条件ではない

子どもの学習の質に唯一最大の影響を与えるのは，教師の教室における行為である（Hattie, 2009）。また，職務に従事するレジリエントな教師のクラスに在籍する子どもたちは，期待されるレベルを達成する，あるいはそれを超える傾向にある。なぜなら，少なくとも部分的に，「人は人生において挑戦的な状況に対して行動し，その状況をつくりかえたりする。その結果，自分自身を前方へと駆り立て成長していく。そういった証拠を示す個人と実践との間には，力学的あるいは弁証法的に生じるものがある」。それをレジリエンスは説明し

ているからである（Edwards, 2010）。

　レジリエントな教師は皆有能であるというわけではない。個人と実践との持続的な弁証法は，個々人の専門的な学習や成長を支援する環境にある学校で生起しやすい。そうした環境が，職員間の信頼し合える関係構築，集団効力感やレジリエンスの伸長，そして継続的な改善をもたらす。しかしながら，近年になるまで，この概念に関する研究の多くは，教育外の分野において進められてきた。ビジネス界の文脈では，Hamel and Välikangas（2003）があげられる。彼らは，真にレジリエントな組織は，興奮に満ちている職場のことであると説明している。また，例えば，「創造的な再建」は，「組織の生得的なレジリエンスから導かれる自然な結論であるべき」という戦略的再生を主張している（2003: 2-3）。

● メッセージ8: レジリエンスを形成，維持する資質は，個々人の責任に留まらない

　長年にわたって，我々は教師たちと一緒に仕事をしてきた。彼らは，厳しい仕事に追われながらも，コミットメントし，道徳的目的や子どもたちの教育に対する熱心さをもって，必死に成果を改善しようとしていた。しかし，彼らのような優れた教師やその優れた子どもたちは，自力だけでそうなったわけではない。一人ひとりの教師には，自らの最善を目指して教えるという明白な責任がある。その一方で，個々の学校，学区，そして政府には，質の高いリーダーシップや物理的なリソース，その他のリソースを提供することを保証する責任がある。**政策立案者，教師教育者，そして校長は，レジリエントな状態を保つための教師の資質を形成したり，その状態を維持したりする方法をデザインする必要がある**。それゆえ，学校内において質やスタンダードへの到達を高めることに関係するすべての人々にとって，中心的な課題は，教師のレジリエンスが，彼らのキャリア形成においてどのように影響するかについて理解を深めることだけにあるのではない。さらに，キャリアが維持されるために必要となるレジリエンスが，彼らが働く文脈においてどのように育まれるかについて，理解を深めることにある。学校内に，健やかな個人と集団的な学びと学業達成の

文化を形成したり，それを促進したりすることは，自らの仕事についての教師の感じ方，そして専門家としての自らのとらえ方に，直結する。どの程度，教師たちが，専門家としても個人としても持続的に充足感を得ることができるか。時間とともに，最善を目指して教え続けるためにコミットメントを維持できるか。これらの大部分は，レジリエントな状態を保つための資質を育み，それを維持，刷新する機会に彼らが恵まれるかによって決まる。

引用文献

〈引用文献中の＊印は邦訳文献を末尾に記している〉

Aaronson, D. (2008) 'The impact of baby boomer retirements on teacher labor markets', *Chicago Fed Letter*, 254, September: http://www.chicagofed.org/publications/fedletter/cflseptember2008_254.pdf

Aboujaoude, E., Koran, L. M., Gamel, N., Large, M. D and Serpe, R. T. (2006) 'Potential markers for problematic internet use: a telephone survey of 2,513 adults', *CNS Spectr. 2006*; 11(10): 750–5.

Aelterman, A., Engels, N., Van Petegem, K. and Verhaeghe, J. P. (2007) 'The well-being of teachers in Flanders: the importance of a supportive school culture', *Educational Studies*, 33(3): 285–97.

Allensworth, E., Ponisciak, S. and Mazzeo, C. (2009) 'The schools teachers leave: Teacher mobility in Chicago Public Schools', Chicago: Consortium on Chicago School Research. Retrieved 1 April 2012 from http://ccsr.uchicago.edu/publications/CCSR_Teacher_Mobility.pdf

Alliance for Excellent Education (2004) *Tapping the potential: Retaining and developing high quality new teachers* (Report). Washington, DC. Retrieved 16 June, 2008, from http://www.all4ed.org/publications/TappingThePotential/TappingThePotential.pdf

Ambler, T. B. (2012) 'Autobiographical vignettes: a medium for teachers' professional learning through self-study and reflection', *Teacher Development*, 16(2): 181–97.

Andrews, D. W. (2006) *Inspiring Innovation in Learning and Living*. College of Education and Human Ecology E-News. Columbus, OH: Ohio State University.

Angle, H., Gilbrey, N. and Belcher, M. (2007) *Teachers' workload diary survey, March 2007*. London: Office of Manpower Economics, School Teachers' Review Board.

Ansell, N., Barker, J. and Smith, F. (2007) 'UNICEF Child Poverty in Perspective Report: A View from the UK', *Children's Geographies*, 5(3): 325–30.

Aspfors, J. and Bondas, L. (2013) 'Caring about Caring – Newly qualified teachers' experiences of their relationships within the school community', *Teachers and Teaching: Theory and Practice*, 19 (3): 243–59.

Auguste, B., Kihn, P. and Miller, M. (2010) *Closing the Talent Gap: Attracting and Retaining Top-Third Graduates to Careers in Teaching*. New York: McKinsey and Company.

Australian Education Union (2006) National beginning teacher survey results. http://www.acufederal.org.au?Publications?Btsurvey06.html

Avey, J. B., Luthans, F., Smith, R. M. and Palmer, N. F. (2010) 'Impact of positive psychological capital on employee well-being over time', *Journal of Occupational Health Psychology*, 15(1): 17–28.

引用文献

Ayers, W. (2010) *To Teach: The Journey of a Teacher* (3rd edn). New York: Teachers College Press.
Baker, D. and LeTendre, G. (2005) *National Differences, Global Similarities: World Culture and the Future of Schooling*. California: Stanford University Press.
Ball, S. (2000) 'Performativities and fabrications in the education economy: towards the performative society', *Australian Educational Researcher*, 17(3): 1–24.
——(2003) 'The teachers' soul and the terrors of performativity', *Journal of Education Policy*, 18 (2): 215–28.
Bandura, A. (1994) 'Self-efficacy'. In V. S. Ramachaudran (ed.) *Encyclopedia of human behaviour*, 4. New York: Academic Press, pp. 71–81.
——(1997) *Self-efficacy: The Exercise of Control*. New York: Freeman.
Barbalet, J. (2002) *Emotions and Sociology*. London: Wiley.
Barber, M. and Mourshed, M. (2007) *How the World's Best Performing School Systems Come Out On Top*. New York, NY: McKinsey and Company.
Barth, R. (1976) 'A principal and his school', *The National Elementary Principal*, 56 (November/December): 9–21.
Beard, K. S, Hoy, W. K. and Hoy, A. W. (2010) 'Academic Optimism of Individual Teachers: Confirming a new construct', *Teaching and Teacher Education*, 26: 1136–44.
Beck, U., Giddens, A. and Lash, S. (1994) (eds) *Reflexive Modernization*. Cambridge: Polity Press.
Becker, H. S. (1960) 'Notes on the Concept of Commitment', *American Journal of Sociology*, 66: 32–40.
Beijaard, D. (1995) 'Teachers' Prior Experiences and Actual Perceptions of Professional Identity', *Teachers and Teaching: Theory and Practice*, 1: 281–94.
Beijaard, D., Meijer, P. C. and Verloop, N. (2004) Reconsidering research on teachers' professional identity, *Teaching and Teacher Education*, 20(2): 107–28.
Beltman, S., Mansfield, C. and Price, A. (2011) 'Thriving not just surviving: A review of research on teacher resilience', *Educational Research Review*, 6: 185–207.
Benard, B. (1991) *Fostering Resiliency in Kids: Protective Factors in the Family, School, and Community*. San Francisco: WestEd Regional Educational Laboratory.
——(1995) *Fostering Resilience in Children*, ERIC/EECE Digest, EDO-PS-99.
——(2004) *Resiliency: What we have learned*. San Francisco: West Ed.
Bernstein, B. (1996) *Pedagogy, Symbolic Control and Identity*. London: Taylor and Francis.
Birkbeck, S. (2011) *Fostering Resilience through School Leadership 2, Beyond Survival: Teachers and Resilience*. www.nottingham.ac.uk/education/…/teachersandresilience/index.aspx (retrieved 25/10/12).
Blackmore, J. (1996) 'Doing "emotional labour" in the education market place: Stories from the field of women', *Management Discourse: Studies in the Cultural Politics of Education*, 17(3): 337–49.
Borman, G. D. and Dowling, N. M. (2008) 'Teacher attrition and retention: A meta-analytic and narrative review of the research', *Review of Educational Research*, 78: 367–409.
Bowen, G. L., Ware, W. B., Rose, R. A. and Powers, J. D. (2007) 'Assessing the Functioning of Schools as Learning Organizations', *Children and Schools*, 29(4): 199–207.

Boyd, D., Lankford, H., Loeb, S. and Wyckoff, J. (2005) 'Explaining the short careers of high-achieving teachers in schools with low-performing students', *American Economic Review*, 95: 166–71.

Boyd, D., Grossman, P., Lankford, H., Loeb, S. and Wycoff, J. H. (2008) *Who Leaves? Teacher Attrition and Student Achievement.* NBER Working Paper No. W14022.

Boyd, D., Lankford, H., Loeb, S., Ronfeldt, M. and Wyckoff, J. (2011) 'The role of teacher quality in retention and hiring: Using applications-to-transfer to uncover preferences of teachers and schools', *Journal of Policy Analysis and Management*, 30(1), 88-110.

Bracey, G. W. (2009) *Education hell: Rhetoric vs. reality.* Alexandria, VA: Educational Research Service.

Braun, A., Maguire, M. and Ball, S. J. (2010) 'Policy enactments in UK secondary schools: examining policy, practice and school positioning', *Journal of Education Policy*, 25(4): 547–60.

Bridges, S. J. (1992) *Working in tomorrow's schools: Effects on primary teachers.* University of Canterbury Research Report No. 92–3. Canterbury: Education Department, University of Canterbury.

Bridges, S. and Searle, A. (2011) Changing workloads of primary school teachers: 'I seem to live on the edge of chaos', *School Leadership and Management*, 31(5): 413–33.

Brunetti, G. (2006) 'Resilience under fire: Perspectives on the work of experienced, inner city high school teachers in the United States', *Teaching and Teacher Education*, 22: 812–25.

Bryk, A. and Schneider, B. (2002) *Trust in Schools: A Core Resource for Improvement.* New York, NY: Russell Sage Foundation.

Bryk, A., Sebring, P., Allensworth, E., Luppescu, S. and Easton, J. (2010) *Organizing Schools for Improvement: Lessons from Chicago.* Chicago: University of Chicago Press.

Bubb, S. and Earley, P (2006) 'Induction rights and wrongs: the "educational vandalism" of new teachers' professional development', *Journal of In-service Education,* 32(1), March 2006: 5–12.

Bullough, R. V. Jnr. (2005) 'Teacher vulnerability and teachability: A case study of a mentor and two interns', *Teacher Education Quarterly*, 32(2): 23–40.

Bullough, R. V. and Hall-Keynon, K. M. (2011a) 'On Teacher Hope, Sense of Calling and Commitment to Teaching', *Teacher Education Quarterly*, 39(2): 127–40.

——(2011b) 'The call to teach and teacher hopefulness', *Teacher Development*, 15(2): 127–40.

Bullough, R. V. Jnr., Knowles, J. G. and Crow, N. A. (1991) *Emerging as a Teacher.* London: Routledge.

Burghes, D., Howson, J., Marenbon, J., O'Leary, J. and Woodhead, C. (2009) *Teachers Matter: Recruitment, Employment and Retention at Home and Abroad.* London: Politeia.

Burke, P. J. and Stets, J. E. (2009) *Identity Theory.* Oxford: Oxford University Press.

Cable, D. M. and Edwards, J. R. (2004) 'Complementary and supplementary fit: a theoretical and empirical integration', *Journal of Applied Psychology*, 89: 822–34.

Caprara, G. V., Barbarenelli, C., Steca, P. and Malone, P. S. (2006) 'Teachers' self-efficacy beliefs as determinants of job satisfaction and students' academic achievement: A study at the school level', *Journal of School Psychology*, 44: 473–90.

211

Carver, C. S. and Scheier, M. F. (2002) 'Optimism'. In C. R. Snyder and S. J. Lopez (eds), *Handbook of Positive Psychology*. New York: Oxford University Press.

Caspersen, J. (2013) *Professionalism Among Novice Teachers: How They Think, Act, Cope and Perceive Knowledge*. Phd thesis, Oslo and Akershus University College of Applied Sciences.

Castells, M. (1997) *The Power of Identity, The Information Age: Economy, Society and Culture Vol. II*. Cambridge, MA and Oxford, UK: Blackwell.

Castro, A., Kelly, J. and Shih, M. (2010) 'Resilience strategies for new teachers in high-needs areas', *Teaching and Teacher Education*, 26: 622–29.

Changying, W. (2007, September) 'Analysis of Teacher Attrition', *Chinese Education and Society*, 40(5): 6–10.

Chevalier, A. and Dolton, P. (2004) 'Teacher shortage: Another impending crisis?', *CentrePiece*, Winter, 15–21.

Cicchetti, D. (1993) 'Developmental psychopathology: Reactions, reflections, projections', *Developmental Review*, 13: 471–502.

Cicchetti, D. and Garmezy, N. (eds) (1993) 'Milestones in the development of resilience [Special issue]', *Development and Psychopathology*, 5(4): 497–774.

Cicchetti, D. and Valentino, K. (2006) 'An ecological–transactional perspective on child maltreatment: Failure of the average expectable environment and its influence on child development'. In D. Cicchetti and D. J. Cohen (eds), *Developmental Psychopathology: Vol. 3. Risk, disorder, and adaptation* (2nd ed., pp. 129–201). New York: Wiley.

Cohen, R. M. (2009) 'What it takes to stick it out: Two veteran inner-city teachers after 25 years', *Teachers and teaching*, 15(4): 471–91.

Cohen, S., Doyle, W. J., Turner, R. B., Alper, C. M. and Skoner, D. P. (2003) 'Emotional style and susceptibility to the common cold', *Psychosomatic Medicine*, 65: 652–7.

Collinson, V. (2008) 'Leading by Learning: new directions in the twenty-first century', *Journal of Educational Administration*, 46(4): 443–60.

Collinson, V. and Cook, T. F. (2007) *Organizational Learning: Improving Learning, Teaching in School Systems*. Thousand Oaks, CA: Sage.

Craig, C. (2007) *The potential dangers of a systematic, explicit approach to teaching social and emotional skills* (SEAL). Glasgow: Centre for Confidence and Wellbeing.

Crawford, M. (2009) 'Emotional coherence in primary school headship', *Educational Management Administration and Leadership*, 35(4): 521–34.

Csikszenthmihalyi, M. (1996) *Creativity: Flow and the Psychology of Discovery and Invention*. New York, NY: Harper Collins.

Curtis, W. J. and Cicchetti, D. (2003) 'Moving research on resilience into the 21st century: Theoretical and methodological considerations in examining the biological contributors to resilience', *Development and Psychopathology*, 15: 773–810.

Damasio, A. (2004) *Looking for Spinoza: Joy, Sorrow and the Feeling Brain*. London: Vintage. * 1

Darling-Hammond, L. (1997) *Doing What Matters Most: Investing in Quality Teaching*. New York: National Commission on Teaching and America's Future.

——(2005) 'Policy and change: Getting beyond bureaucracy'. In A. Hargreaves (ed.), *Extending Educational Change: International Handbook of Educational Change*. Dordrecht, Netherlands: Springer, pp. 362–87.

Davidson, R. J. (2012) 'The neurobiology of compassion'. In C. K. Germer and R. D. Siegel (eds), *Wisdom and Compassion in Psychotherapy: Deepening Mindfulness in Clinical Practice* (Chapter 8). New York, NY: Guilford Press.

Davidson, R. J. and Begley, S. (2012) *The emotional life of your brain: How its unique patterns affect the way you think, feel, and live – and how you can change them.* New York, NY: Hudson Street Press. * 2

Day, C. (1999) *Developing Teachers: The Challenges of Lifelong Learning,* Hong Kong: Falmer Press.

——(2004) *A passion for Teaching.* London: Routledge Falmer.

——(ed.) (2011) *International Handbook of Teacher and School Development.* London: Routledge.

Day, C. and Sachs, J. (2004a) *International Handbook on the Continuing Professional Development of Teachers.* Berkshire: Open University Press.

——(2004b) 'Professionalism, performativity and empowerment discourses in the politics, policies and purposes of continuing professional development'. In: C. Day and J. Sachs (eds), *International Handbook on the Continuing Professional Development of Teachers.* Maidenhead: Open University Press.

Day C. and Leithwood, K. (eds) (2007) *Successful Principal Leadership in Times of Change: An International Perspective.* Dordrecht: Springer.

Day, C. and Johansson, O. (2008) 'Leadership with a difference in Schools Serving Disadvantaged Communities: Arenas for Success'. In: K. Tirri, (ed.), *Educating Moral Sensibilities in Urban Schools.* Rotterdam, Netherlands: SENSE Publishers.

Day, C. and Kington, A. (2008) 'Identity, well-being and effectiveness: the emotional contexts of teaching', *Pedagogy, Culture and Society,* 16(1): 7–24.

Day, C. and Gu, Q. (2009) 'Teacher Emotions: Well Being and Effectiveness'. In M. Zembylas and P. Schutz (eds), *Advances in Teacher Emotion Research: The Impact on Teachers' Lives.* Dordrecht, Netherlands: Springer, pp. 15–31.

——(2010) *The New Lives of Teachers.* Abingdon, Oxon: Routledge.

Day. C. and Lee, J. C. H. (2011) *New Understandings of Teacher's Work: Emotions and Educational Change.* London: Springer.

Day, C. and Gurr, D. (2013) *Leading Schools Successfully: Stories from the Field.* London: Routledge.

Day, C., Harris, A., Hadfield, M., Tolley, H. and Beresford, J. (2000) *Leading Schools in Times of Change.* Buckingham: Open University Press.

Day, C., Harris, A. and Hadfield, M. (2001) 'Challenging the orthodoxy of effective school leadership', *International Journal of Leadership in Education,* 4(1): 39–56.

Day, C., Harris, A. and Parsons, C. (2001) *Improving Leadership: Critical Reflections on the Leadership Programme for Serving Headteachers: Room for Improvement?* British Educational Research Association Conference.

Day, C., Elliot, B. and Kington, A. (2005) 'Reforms, standards and teacher identity: Challenges of sustaining commitment', *Teaching and Teacher Education,* 21: 563–77.

Day, C., Kington, A. and Gu, Q. (2005) 'The role of identity in variations in teachers' work, lives and effectiveness'. Paper presented at ESRC Teaching and Learning Research Programme: Thematic Seminar Series, 15 March 2005.

Day, C., Kington, A., Stobart, G. and Sammons, P. (2006) 'The Personal and Professional Selves of Teachers: stable and unstable identities', *British Educational Research Journal,* 32(4): 601–16.

Day, C., Sammons, P., Stobart, G., Kington, A. and Gu, Q. (2007a) *Teachers Matter: Connecting Lives, Work and Effectiveness*. Maidenhead: Open University Press.

Day, C., Sammons, P., Hopkins, D., Harris, A., Leithwood, K., Gu, Q., Penlington, C., Mehta, P. and Kington, A. (2007b) *The Impact of Leadership on Pupil Outcomes: Interim Report*, DSCF Research Report RR018. Nottingham: Department of Children, Families and Schools/National College of School Leadership.

Day, C., Edwards, A., Griffiths, A. and Gu, Q. (2011a) *Beyond Survival: Teachers and Resilience*. Key messages from ESRC-funded Seminar series.

Day, C., Sammons, P., Leithwood, K., Hopkins, D., Gu, Q. and Brown, E., with Ahtaridou, E. (2011b) *School Leadership and Student Outcomes: Building and Sustaining Success*. Maidenhead: Open University Press.

Deal, T. E. and Peterson, K. D. (2009) *Shaping School Culture* (2nd edn). San Francisco, CA: Jossey-Bass.

Denzin, N. (1984) *On Understanding Emotion*. San Francisco: Jossey-Bass.

DfE (2012) *School Workforce in England: November, 2011*. Retrieved January 2013 from https://www.gov.uk/government/publications/school-workforce-in-england-november-2011

——(2012) *Statistical First Release: School Workforce in England: November 2011*. London: Department for Education, 25 April 2012.

DfES (Department for Education and Skills) (2005) *Primary national strategy. Excellence and enjoyment: Social and emotional aspects of learning*. London: DfES. (DfES ref: 1378_2005 G)

Dinham, S. and Scott, C. (2000) 'Moving into the third, outer domain of teacher satisfaction', *Journal of Educational Administration*, 38(4): 379–96.

——(2002) 'Pressure points: School executive and educational change', *Journal of Educational Enquiry*, 3(2): 35–52.

Dixon, J. (2001) 'Contact and boundaries: "locating" the social psychology of intergroup relations', *Theory and Psychology*, 11: 587–608.

Dokoupil, T., *The Sunday Times*, News Review, 15 July 2012, p. 2.

Ecclestone, K. and Lewis, L. (2014) 'Interventions for Resilience in Educational Settings: Challenging Policy Discourses of Risk and Vulnerability', *Journal of Educational Policy* (in press).

Edwards, A. (2007) 'Relational agency in professional practice: A CHAT analysis', *Actio: An International Journal of Human Activity Theory*, 1: 1–17.

——(2010) *Being an Expert Professional Practitioner: The Relational Turn in Expertise*. Dordrecht: Springer.

Edwards, E. A. (2003) *Retention and Motivation of Veteran Teachers: Implications for Schools*. Unpublished dissertation presented to the Faculty of the Department of Educational Leadership and Policy Analysis, East Tennessee State University.

Eilam, B. (2009) 'Learning to teach: Enhancing pre-service teachers' awareness of the complexity of teaching-learning processes', *Teachers and Teaching: Theory and Practice*, 15(1): 87–107.

Eisenhart, M. (2001) 'Educational ethnography past, present and future: Ideas to think with', *Educational Researcher*, 30(8): 16–27.

Emmet, D. (1958) *Function, Purpose, and Powers*. London: Macmillan.

Engh, A. E., Beehner, J. C., Bergman, T. J., Whitten, P. L., Hoffmeier, R. R., Seyfarth, R. M. and Cheney, D. L. (2006) 'Behavioural and hormonal responses to predation in female chacma baboons (Papio hamadryas ursinus)', *Proceedings of the Royal Society of London*, Series B, 273: 707–12.

Eraut, M., Maillardet, F., Miller, C., Steadman, S., Ali, A., Blackman, C. and Furner, J. (2004) 'Learning in the professional workplace: Relationships between learning factors and contextual factors', AERA Conference Paper, San Diego, 12 April.

Eraut, M., Steadman, S., Maillardet, F., Miller, C., Ali, A., Blackman, C., Furner, J. and Caballero, C. (2007) 'Early career learning at work: Insights into professional development during the first job', *Teaching and Learning Research Briefing*, 25 March (retrieved 1 November 2009, from www.tlrp.org/pub/documents/Eraut%20RB%2025%20FINAL.pdf).

ETUCE (2011) *Teachers' Work-related Stress: Assessing, Comparing and Evaluating the Impact of Psychosocial Hazards on Teachers at their Workplace*. Brussels: European Trade Union Committee for Education.

European Commission (2012) *Key Data on Education in Europe 2012*. Brussels: Education, Audiovisual and Culture Executive Agency.

Feng, L. and Sass, T. (2011) 'Teacher quality and teacher mobility', National Center for Analysis of Longitudinal Data in Education, Research Working Paper 57.

Field, J. (2008) *Social Capital* (2nd edn). London and New York: Routledge.

Fielding, M. (2000) 'Community, philosophy and education policy: Against effectiveness ideology and the immiseration of contemporary schooling', *Journal of Education Policy*, 15(4): 397–415.

Flintham, A. J. (2003a) *Reservoirs of Hope: Spiritual and Moral Leadership in Headteachers*. Nottingham: National College for School Leadership.

——(2003b) *When Reservoirs Run Dry: Why Some Headteachers Leave Headship Early*. Full Practitioner Enquiry Report. Nottingham: National College for School Leadership.

Flores, M. A. (2004) 'The impact of school culture and leadership on new teachers' learning in the workplace', *International Journal of Leadership in Education*, 7(4): 297–318.

Flores, M. A. and Day, C. (2006) 'Contexts which shape and reshape new teachers' identities: A multi-perspective study', *Teaching and Teacher Education*, 22: 219–32.

Foresight Mental Capital and Wellbeing Project (2008) *Final Project Report*. London: The Government Office for Science.

Fredrickson, B. L. (2001) 'The role of positive emotions in positive psychology: the broaden-and-build theory of positive emotions', *American Psychologist*, 56(3): 218–26.

——(2004) 'The broaden-and-build theory of positive emotions', *Philosophical Transactions of the Royal Society B: Biological Sciences*, 359: 1367–77.

Fried, R. (2001) *The Passionate Teacher: A Practical Guide* (2nd edn). Boston: Beacon Press.

Frijda, N. H. (2000) 'The psychologists' point of view'. In M. Lewis and J. M. Haviland-Jones (eds), *Handbook of Emotions* (2nd edn). New York/London: The Guilford Press, pp. 59–74.

Fullan, M. (1999) *Change Forces: The Sequel*. Philadelphia, PA: Falmer Press.

——(2003) *The Moral Imperatives of School Leadership*. Thousand Oaks, CA: Corwin Press.

Fuller, F. and Brown, O. (1975) 'Becoming a teacher'. In: K. Ryan (ed.), *Teacher Education: Seventy-fourth Yearbook of the National Society for the Study of Education*. Chicago: University of Chicago Press.

Furlong, J. (2008) 'Making teaching a 21st-century profession: Tony Blair's big prize', *Oxford Review of Education*, 34(6): 727–39.

Furlong, J., McNamara, O., Campbell, A., Howson, J. and Lewis, S. (2008) 'Partnership, policy and politics: initial teacher education in England under New Labour', Special issue of *Teachers and Teaching: Theory and Practice*: 'Research and Policy in Teacher Education: International Perspectives', 14(4): 307–18.

Furu, E. M. (2007) 'Emotional aspects of action learning'. In: E. M. Furu, T. Lud and T. Tiller (eds), *Action Research. A Nordic Perspective*. HoyskoleForlaget: Norwegian Academic Press, pp. 185–202.

Gamoran, A. (2012) 'Improving teacher quality'. In S. Kelly (ed.), *Assessing Teacher Quality: Understanding Teacher Effects on Instruction and Achievement*. New York, NY: Teachers College Press, pp. 201–14.

Glaser-Zikuda, M. and Fuss, S. (2008) 'Impact of Teacher Competencies on Student Emotions: A Multi-Method Approach', *International Journal of Educational Research*, 47(2): 136–47.

Glasser, W. (1965) *Schools Without Failure*. New York: Harper & Row.

Goddard, R. (2002) 'Collective efficacy and school organisation: A multilevel analysis of teacher influence in schools', *Theory and Research in Educational Administration*, 1: 169–84.

Goddard, R., Hoy, W. K. and Hoy, A. W. (2004) 'Collective efficacy beliefs: Theoretical developments, empirical evidence, and future directions', *Educational Researcher*, 33(3): 1–13.

Goldhaber, D. and Hansen, M. (2009) 'National board certification and teachers' career paths: Does NBPTS certification influence how long teachers remain in the profession and where they teach?', *Education Finance and Policy*, 4(3): 229–62.

Goldhaber, D., Gross, B. and Player, D. (2011) 'Teacher career paths, teacher quality and persistence in the classroom: Are public schools keeping their best?', *Journal of Policy Analysis and Management*, 30(1): 57–87.

Goleman, D. (1995) *Emotional Intelligence*. New York: Bantam.

——(2006) *Social Intelligence: The New Science of Human Relationships*. New York, NY: Bantam Dell. * 3

Gonzalez, N., Moll, L. C. and Amanti, C. (2005) *Funds of Knowledge: Theorizing Practices in Households, Communities, and Classrooms*. London: Routledge.

Goodlad, J. (2004) *A Place Called School*. New York, NY: McGraw-Hill.

Goodwin, R. (2005) 'Why I Study Relationships and Culture', *The Psychologist*, 18(10): 614–15.

Gordon, K. A. (1995) 'The self-concept and motivational patterns of resilient African American high school students', *Journal of Black Psychology*, 21: 239–55.

Gordon, K. A., Longo, M. and Trickett, M. (2000) 'Fostering Resilience in Children', *The Ohio State University Bulletin*, 875–99: http://ohioline.osu.edu/b875.

Gore, S. and Eckenrode, J. (1994) 'Context and process in research on risk and resilience'. In: R. Haggerty, L. R. Sherrod, N. Garmezy and M. Rutter (eds) *Stress, Risk and Resilience in Children and Adolescents: Process, Mechanisms and Interventions*. New York: Cambridge University Press, pp. 19–63.

Gorman, C. (2005, January 17) 'The importance of resilience', *Time*, 165(3): A52-A55.

Gray, J. (2012) 'Wellbeing Matters Too', *Research Intelligence*, 117: Spring, 2012: 30.

Gray, J., Galton, M., McLaughlin, C., Clarke, B. and Symonds, J. (2011) *The Supportive School: Wellbeing and the Young Adolescent*. Newcastle upon Tyne: Cambridge Scholars Publishing.

Greenberg, M. (2006) 'Promoting resilience in children and youth: Preventive interventions and their interface with neuroscience', *Annals of the New York Academy of Sciences*, 1094: 139–50.

Grissmer, D. and Kirby, S. N. (1997) 'Teacher turnover and teacher quality', *Teachers College Record*, 99(1): 57–61.

Grissom, J. A. (2011) 'Can good principals keep teachers in disadvantaged schools? Linking principal effectiveness to teacher satisfaction and turnover in hard-to-staff environments', *Teachers College Record*, 113(11): 2552–85.

Grubb, N. W. (2007) 'The elusiveness of educational equity: From revenues to resources to results'. In: S. H. Fuhrman, D. K. Cohen and F. Mosher (eds), *The State of Education Policy Research*. New York, NY: Routledge, pp. 157–78.

Gu, Q. (2014) 'The role of resilience in teachers' career long commitment and effectiveness', *Teachers and Teaching: Theory and Practice*, 20(5): 502–529.

Gu, Q. and Day, C. (2007) 'Teachers' resilience: A necessary condition for effectiveness', *Teaching and Teacher Education*, 23: 1302–16.

——(2013) 'Challenges to teacher resilience: Conditions count', *British Educational Research Journal*, 39(1): 22–44.

——(forthcoming) 'Understanding teacher resilience in times of change', *Teachers and Teaching: Theory and Practice*.

Gu, Q. and Li, Q. (2013) 'Sustaining resilience in times of change: stories from Chinese teachers', Special Issue of *Asia-Pacific Journal of Teacher Education*, 41(3): 288–303.

Gu, Q. and Johansson, O. (2013) 'Sustaining school performance: school contexts matter', *International Journal of Leadership in Education*, 16(3): 301-326. DOI: http://www.tandfonline.com/doi/abs/10.1080/13603124.2012.732242

Gu, Q., Sammons, P. and Mehta, P. (2008) 'Leadership characteristics and practices in schools with different effectiveness and improvement profiles', *School Leadership and Management*, 28(1): 43–63.

Guardian, Saturday 16 June, 2007, Work, p. 3.

Guarino, C. M., Santibanez, L. and Daley, G. A. (2006) 'Teacher recruitment and retention: A review of the recent empirical literature', *Review of Educational Research*, 76(2): 173–208.

Guttman, C. (2001) 'A hard sell for teaching'. *The Courier UNSCO*, October.

Hakanen, J. J., Schaufeli, W. B. and Ahola, K. (2008) 'The Job Demands-Resources model: A three year cross-lagged study of burnout, depression, commitment, and work engagement', *Work and Stress*, 22: 224–41.

Hall, D. T. (1996) 'Long live the career'. In: D. T. Hall and Associates (eds) *The Career is Dead – Long Live the Career*. San Francisco, CA: Jossey-Bass.

Hallinger, P. (2005) 'Instructional leadership and the school principal: A passing fancy that refuses to fade away', *Leadership and Policy in Schools*, 4(3): 1–20.

Hamel, G. and Välikangas, L. (2003) 'The quest for resilience', *Harvard Business Review*, September: 1–13.

Hamon, H. and Rotman, P. (1984) *Tant qu'il y aura des profs*. Paris: Editions du Seuil.

Hansen, D. T. (1995) *The Call to Teach*. New York: Teachers College Press.

Hanushek, E. A. (1992) 'The trade-off between child quantity and quality', *Journal of Political Economy*, 100(1) (February): 84–117.

Hargreaves, A. (1994) *Changing teachers, changing times: Teachers' work and culture in the postmodern age*. London: Cassell.

——(1998) 'The emotional practice of teaching', *Teaching and Teacher Education*, 14(8): 835–54.

——(2000) 'Mixed emotions: teachers' perceptions of their interactions with students', *Teaching and Teacher Education*, 16: 811–26.

——(2011) 'System redesign for system capacity building', *Journal of Educational Administration*, 49(6): 685–700.

Hargreaves, A. and Fullan, M. (1999) 'Mentoring in the new millennium', *Professionally Speaking*, December 1999, pp. 19–23.

Hargreaves, A. and Fink, D. (2006) *Sustainable Leadership*. San Francisco, CA: Jossey-Bass.

Hargreaves, A. and Fullan, M. (2012) *Professional Capital: Transforming Teaching in Every School*. New York, NY: Teachers College Press.

Harré, R. and Van Langenhove, L. (eds) (1999) *Positioning Theory: Moral Contexts of Intentional Action*. Malden: Blackwell.

Harris, P. L. (2005) 'Conversation, pretense, and theory of mind'. In: J. W. Astington and J. A. Baird (eds), *Why Language Matters for Theory of Mind*. New York: Oxford University Press, pp. 70–83.

Hastings, R. P. and Bham, M. S. (2003) 'The relationship between student behaviour patterns and teacher burnout', *School Psychology International*, 24: 115–27.

Hattie, J. (2009) *Visible Learning: Synthesis of over 800 Meta-analyses Relating to Achievement*. London: Routledge.

Heck, R. H. and Hallinger, P. (2005) 'The study of educational leadership and management: Where does the field stand today?', *Educational Management Administration and Leadership*, 33(2): 229–44.

Heck, R. and Hallinger, P. (2009) 'Assessing the contribution of principal and teacher leadership to school improvement', *American Educational Research Journal*, 46: 659–89.

Helen, G. (2007) 'Remodelling the school workforce in England: A study in tyranny', *Journal for Critical Education Policy Studies*, 5. Retrieved from http://www.jceps.com/index.php?pageID=article&articleID=84

Henderson, N. and Milstein, M. (2003) *Resiliency in Schools: Making it Happen for Students and Educators*. Thousand Oaks, CA: Corwin Press.

Heneman, H. G. (1998) 'Assessment of the motivational reactions of teachers to a school-based performance award programme', *Journal of Personnel Evaluation in Education*, 12: 43–59.

Henry, D. A. and Milstein, M. (2006) 'Building leadership capacity through resiliency', Paper presented at the Commonwealth Council for Educational Administration and Management, Lefcosia, Cyprus.

Henry, G. T., Bastian, K. C. and Fortner, C. K. (2011) 'Stayers and leavers: early career teacher effectivness and attrition', *Educational Researcher*, 40(6): 271–80.

Herzberg, F. (1966) *Work and the Nature of Man*. Cleveland, OH: World Publishing Company.

Higgins, G. O. (1994) *Resilient Adults: Overcoming a Cruel Past*. San Francisco: Jossey-Bass.

Hobson, A. and Ashby, P. (2010) 'Scaffolding or reality aftershock: second year teachers' experiences of post-induction support', draft paper, University of Nottingham.

Hochschild, A. (1983) *The Managed Heart: Commercialization of Human Feeling*. Berkeley: University of California Press. * 4

Holme, J. and Rangel, V. (2012) 'Putting school reform in its place: Social geography, organizational social capital, and school performance', *American Educational Research Journal*, 49(2): 257–83.

Hong, J. (2010) 'Pre-service and beginning teachers' professional identity and its relation to dropping out of the profession', *Teaching and Teacher Education*, 26(8): 1530–43.

——(2012) 'Why do some beginning teachers leave the school, and others stay? Understanding teacher resilience through psychological lenses', *Teachers and Teaching: Theory and Practice*, 18(4): 417–40.

Hopkins, D. (2008) 'Realising the potential of system leadership'. In: B. Pont, D. Nusche and D. Hopkins (eds), *Improving School Leadership Volume 2: Case Studies on System Leadership*. Retrieved from OECD website: http://www.oecd-ilibrary.org (pp. 21–35).

——(2009) *The Emergency of System Leadership. A report*. Nottingham: National College for School Leadership.

Howard, S., Dryden, J. and Johnson, B. (1999) 'Childhood resilience: review and critique of literature', *Oxford Review of Education*, 25(3): 307–23.

Hoy, W. K. and Tschannen-Moran, M. (1999) 'Five faces of trust: An empirical confirmation in urban elementary schools', *Journal of School Leadership*, 9(4): 184–208.

Hoy, W. K. and Sweetland, S. (2001) 'Designing better schools: The meaning and measure of enabling school structures', *Educational Administration Quarterly*, 39(3): 296–321.

Hoy, W. K. and Miskel, C. G. (2005) *Educational Administration: Theory, Research and Practice* (7th edn). New York: McGraw Hill.

HSE (Health and Safety Executive) (2000) *The Scale of Occupational Stress: A Further Analysis of the Impact of Demographic Factors and Type of Job*. Retrieved 9 July 2011 from http://www.hse.gov.uk/research/crr_pdf/2000/crr00311.pdf

——(2011) *Stress-related and Psychological Disorders: Occupation and Industry (2007/8-2009/10)*. Retrieved 9 July 2011 from http://www.hse.gov.uk/statistics/causdis/stress/occupation.htm

Huberman, M. (1989) 'The professional life cycle of teachers', *Teachers College Record*, 91(1), Fall, 31–57.

——(1993) *The Lives of Teachers*. London: Cassell.

Huisman, S., Singer, N. R. and Catapano, S. (2010) 'Resiliency to success: supporting novice urban teachers', *Teacher Development*, 14(4): 483–99.

Huxham, C. and Vangen, S. (2005) *Managing to Collaborate: The Theory and Practice of Collaborative Advantage*. Abingdon, Oxon: Routledge.

Ingersoll, R. M. (2001) 'Teacher turnover and teacher shortages: An organizational analysis', *American Educational Research Journal*, 38(3): 499–534.

Ingersoll, R. (2003a) 'Is there really a teacher shortage?' Philadelphia, PA: Consortium for Policy Research in Education, University of Pennsylvania. Retrieved from http://www.gse.upenn.edu/pdf/rmi/Shortage-RMI-09-2003.pdf

——(2003b) *Who Controls Teachers' Work?* Cambridge, MA: Harvard University Press.
——(2012) 'Power, accountability and the teacher quality problem'. In: S. Kelly (ed.) *Assessing Teacher Quality: Understanding Teacher Effects on instruction and Achievement*. New York: Teachers College Press, pp. 97–109.
Ingersoll, R. M. and Smith, T. M. (2003) 'The wrong solution to teacher shortages', *Educational Leadership*, 60(8): 30–3.
Ingersoll, R. and Perda, D. (2011) 'How high is teacher turnover and is it a problem?' Philadelphia: University of Pennsylvania, Consortium for Policy Research in Education.
Isen, A. M. (1990) 'The influence of positive and negative affect on cognitive organization: some implications for development'. In: N. Stein, B. Leventhal and T. Trabasso (eds), *Psychological and Biological Approaches to Emotion*. Hillsdale, NJ: Erlbaum, pp. 75–94.
Isenberger, L. and Zembylas, M. (2006) 'The emotional labour of caring in teaching', *Teaching and Teacher Education*, 22(1): 120–34.
Jesus, S. N. and Lens, W. (2005) 'An integrated model for the study of teacher motivation', *Applied Psychology: An International Review*, 54(1): 119–34.
Johnson, B. and Down, B. (2012) 'Reconceptualising early career teacher resilience: A critical alternative'. Paper presented at the Annual European Conference on Education, Vienna.
Johnson, B., Howard, S. and Oswald, M. (1999) 'Quantifying and prioritising resilience-promoting factors: teachers' views'. Paper presented at the Australian Association for Research in Education and New Zealand Association for Research in Education conference, Melbourne, 29 November–2 December.
Johnson, B., Down, B., Le Cornu, R., Peters, J., Sullivan, A., Pearce, J. and Hunter, J. (2010) 'Conditions that support early career teacher resilience'. Paper presented at the Annual Conference of the Australian Teacher Education, Townsville.
Johnson, B., Down, B., Le Cornu, R., Peters, J., Sullivan, A. M., Pearce, J. and Hunter, J. (2012) *Early Career Teachers: Stories of Resilience. Report from an ARC Linkage Project (2008-2012): 'Addressing the Teacher Exodus: Enhancing Early Career Teacher Resilience and Retention in Changing Times'*. Adelaide, South Australia: University of South Australia.
Johnson, N. (2003) *Perspectives on Education. Working in Teams*. Melbourne: Department of Education and Training (Victoria).
Johnson, S. M. (2004) *Finders and Keepers*. San Francisco, CA: Jossey-Bass.
Johnson, S. M., Berg, J. H. and Donaldson, M. L. (2005a) *A Review of the Literature on Teacher Retention*. Cambridge, MA: Harvard Graduate School of Education.
Johnson, S., Cooper, C., Cartwright, S., Donald, I., Taylor, P. and Millet, C. (2005b) 'The experience of work-related stress across occupations', *Journal of Managerial Psychology*, 20(2): 178-87.
Jones, N. (2002) 'The Tandem Project: inspiring the teacher – South West regional pilot programme 2001', *Education Review*, 15: 29–34.
Jordan, J. (1992) 'Relational resilience'. Paper presented on 1 April 1992 as part of the Stone Centre Colloquium Series.
——(2004) 'Relational resilience'. In: J. Jordan and M. Walker (eds) *The Complexity of Connection: Writings from the Stone Center's Jean Baker Miller Training Institute*. New York: Guildford Press, pp. 28–46.

——(2006) 'Relational resilience in girls'. In: S. Goldstein and R. B. Brooks (eds) *Handbook of Resilience in Children*. New York, NY: Springer, pp. 79–90.
——(2010) *Relational-cultural Therapy*. Washington, DC: American Psychological Association.
——(2012) 'Relational resilience in girls'. In: S. Goldstein and R. B. Brooks (eds) *Handbook of Resilience in Children* (2nd edn). New York, NY: Springer, pp. 73–86.
Kanter, R. M. (1972) *Commitment and Community: Communes and Utopias in Sociological Perspective*. Cambridge, MA: Harvard University Press.
Karasek, R. A. (1979) 'Job demands, job decision latitude, and mental strain: implications for job redesign', *Administrative Science Quarterly*, 24(2): 285–308.
Karasek, R. and Theorell, T. (1990) *Healthy Work: Stress, Productivity, and the Reconstruction of Working Life*. New York: Basic Books.
Kelchtermans, G. (1993) Getting the stories, understanding the lives: From careers stories to teachers' professional development. *Teaching and Teacher Education*, [9 (5/6): 443–456].
——(2005) 'Teachers' emotions in educational reforms: self-understanding, vulnerable commitment and micropolitical literacy', *Teaching and Teacher Education*, 21: 995–1006.
——(2009) 'Who I am in how I teach is the message: self-understanding, vulnerabilty and reflection', *Teachers and Teaching: Theory and Practice*, 15(2): 257–72.
——(2010) 'Narratives and biography in teacher education'. In: P. Penelope, B. Eva and M. Barry (eds), *International Encyclopedia of Education*. Oxford: Elsevier, pp. 610–14.
Kelchtermans, G. and Ballet, K. (2002) 'The micropolitics of teacher induction: A narrative biographical study on teacher socialisation', *Teaching and Teacher Education*, 18: 105–20.
Kelley, C. (1999) 'The motivational impact of school-based performance awards', *Journal of Personnel Evaluation in Education*, 12: 309–26.
Kennedy, A. (2005) 'Models of continuing professional development: a framework for analysis', *Journal of Inservice Education*, 31(2): 221–7.
Kennedy, M. M. (2008) 'Sorting out Teacher Quality', *Phi Delta Kappa International Inc*, 90(01), Sept 2008: 60.
——(2010) 'Attribution Error and the Quest for Teacher Quality', *Educational Researcher*, 39(8): 591–8.
King, B. and Newman, F. (2001) 'Building school capacity through professional development: conceptual and empirical considerations', *International Journal of Educational Management*, 15(2): 86–94.
Kirk, J. and Wall, C. (2010) 'Resilience and loss in work identities: a narrative analysis of some retired teachers' work-life histories', *British Educational Research Journal*, 36(4): 627–41.
Kitching, K., Morgan, M. and O'Leary, M. (2009) 'It's the little things: Exploring the importance of commonplace events for early-career teachers' motivation', *Teachers and Teaching: Theory and Practice*, 15(1): 43–58.
Klassen, R. M. and Anderson, C. J. K. (2009) 'How times change: Secondary teachers' job satisfaction and dissatisfaction in 1962 and 2007', *British Educational Research Journal*, 35(5): 745–59.

Klassen, R., Usher, E. and Bong, M. (2010) 'Teachers' collective efficacy, job satisfaction, and job stress in cross-cultural context', *The Journal of Experimental Education*, 78: 464–86.
Knoop, H. H. (2007) 'Control and responsibility'. In H. Gardener (ed.) *Responsibility at Work*. San Francisco, CA: Jossey-Bass.
Kyriacou, C. (2000) *Stress Busting for Teachers*. Cheltenham: Stanley Thornes Ltd.
Ladd, H. (2009) 'Teachers' perceptions of their working conditions: How predictive of policy-relevant outcomes', National Center for Analysis of Longitudinal Data in Education, Research Working Paper No. 33. Washington, DC: Calder.
Ladwig, J. G. (2010) 'Beyond academic outcomes', *Review of Research in Education*, 34: 113–41.
Lankford, M., Loeb, S. and Wyckoff, J. (2002) 'Teacher sorting and the plight of urban schools: a descriptive analysis', *Educational Evaluation and Policy Analysis*, 13(3): 256–68.
Lasky, S. (2003) 'Teacher professional vulnerability in a context of standards based reforms'. Paper presented at the annual meeting of the American Educational Research Association, Chicago.
—— (2005) 'A sociocultural approach to understanding teacher identity, agency and professional vulnerability in a context of secondary school reform', *Teaching and Teacher Education*, 21: 899–916.
Lazarus, R. S. (1991) *Emotion and Adaptation*. New York: Oxford University Press.
Leana, C. (2011) 'The Missing Link in School Reform', *Stanford Social Innovation Review*, Fall. Leland Stanford Jr. University. Retrieved on 1 April 2012 from http://www.ssireview.org/articles/entry/the_missing_link_in_school_reform
Leitch, R. (2010) 'Masks as self study. Challenging and sustaining teachers' personal and professional personae in early–mid career life phases', *Teachers and Teaching: Theory and Practice*, 16(3): 329–52.
Leithwood, K. (2012) *The Ontario Leadership Framework with a Discussion of the Research Foundations*, March, 2012. Ontario, Canada: The Institute of Educational Leadership.
Leithwood, K. and Jantzi, D. (2008) 'Linking leadership to student learning: The contributions of leader efficacy', *Educational Administration Quarterly*, 44: 496–528.
Leithwood, K. and Seashore Louis, K. (2012) *Linking Leadership to Student Learning*. San Francisco, Jossey-Bass.
Leithwood, K., Seashore Louis, K., Anderson, S. and Wahlstrom, K. (2004) *How Leadership Influences Student Learning*. St. Paul, MN: Center for Applied Research and Educational Improvement.
Leithwood, K., Day, C., Sammons, P., Harris, A. and Hopkins, D. (2006a) *Successful School Leadership: What it is and how it influences pupil learning*. London, UK: DfES. Available at http://www.dfes.gov.uk/research/data/uploadfiles/RR800.pdf
Leithwood, K., Day, C., Sammons, P., Harris, A. and Hopkins, D. (2006b) *Seven Strong Claims about Successful School Leadership*. Nottingham: National College for School Leadership.
Leithwood, K., Harris, A. and Strauss, T. (2010) *Leading School Turnaround*. San Francisco, CA: Jossey-Bass.
Lieberman, A. and Miller, L. (1992) *Teachers – Their World and Their Work: Implications for School Improvement*. New York: Teachers College Press.

Lieberman, A. and Miller, L. (eds) (2008) *Teachers in Professional Communities.* New York and London: Teachers College Press.

Little, J. W. (1990) 'The persistence of privacy: Autonomy and initiative in teachers' professional relations', *Teachers College Record*, 91: 509–36.

Loeb, S., Darling-Hammond, L. and Luczak, J. (2005) 'How teaching conditions predict teacher turnover in California schools', *Peabody Journal of Education*, 80(3): 44–70.

Loehr, J. and Schwartz, T. (2003) *The Power of Full Engagement.* New York: Free Press.

Louis, K. S. (2007) 'Trust and improvement in schools', *Journal of Educational Change*, 8: 1–24.

——(2012) 'Learning communities in learning schools: Developing the social capacity for change'. In: C. Day (ed.) *The Routledge International Handbook of Teacher and School Development.* London and New York: Routledge, pp. 477–92.

Lovett, S. and Cameron, M. (2014) 'The impact of working conditions on teacher job satisfaction, retention and career decisions: Findings from the Teachers of Promise Study 9 years on', in *Teachers and Teaching: Theory and Practice* (in press).

Luke, A. (2011) 'Generalizing across borders: policy and the limits of educational science', *Educational Researcher*, 40(8): 367–77.

Luthans, F., Avolio, B. J., Avey, J. B. and Norman, S. M. (2007) 'Positive psychological capital: Measurement and relationship with performance and satisfaction', *Personnel Psychology*, 60: 541–72.

Luthans, F., Avey, J. and Patera, J. (2008) 'Experimental analysis of web-based training intervention to develop positive psychological capital', *Academy of Management, Learning and Education*, 7(2): 209–21.

Luthar, S. (1996) *Resilience: A Construct of Value?* Paper presented at the 104th Annual Convention of the American Psychological Association, Toronto.

——(2006) 'Resilience in development: A synthesis of research across five decades'. In: D. Cicchetti and D. J. Cohen (eds) *Developmental Psychopathology: Risk, Disorder, and Adaptation* (2nd edn). New York: Wiley, pp. 739–95.

Luthar, S. and Brown, P. (2007) 'Maximizing resilience through diverse levels of inquiry: Prevailing paradigms, possibilities, and priorities for the future', *Development and Psychopathology*, 19: 931–55.

Luthar, S. S., Cicchetti, D. and Becker, B. (2000) 'The construct of resilience: A critical evaluation and guidelines for future work', *Child Development*, 71: 543–62.

McCormack, A. and Thomas, K. (2003) 'Is survival enough? Induction experiences of beginning teachers within a New South Wales context', *Asia-Pacific Journal of Teacher Education*, 31(2): 125–38.

Macdonald, D. (1999) 'Teacher attrition: a review of literature', *Teaching and Teacher Education*, 15: 835–48.

McIntyre, F. (2003) *Transition to Teaching: New Teachers of 2001 and 2002. Report of their first two years of teaching in Ontario.* Toronto, ON: Ontario College of Teachers. Retrieved 12 June, 2003, from www.oct.ca

McLaughlin, C. (2008) 'Emotional well-being and its relationships to schools and classrooms: a critical reflection', *British Journal of Guidance and Counselling*, 36(4): 353–66.

MacLure, M. (1993) 'Arguing for yourself: identity as an organising principle in teachers' jobs and lives', *British Educational Research Journal*, 19(4): 311–22.

Maddi, S. R. (2002) 'The story of hardiness: Twenty years of theorizing, research, and practice', *Consulting Psychology Journal*, 54: 173–85.
—— (2006) 'Hardiness: The courage to grow from stresses', *The Journal of Positive Psychology*, 1: 1–9.
Mansfield, C. F., Beltman, S., Price, A. and McConney, A. (2012) '"Don't sweat the small stuff": Understanding teacher resilience at the chalkface', *Teaching and Teacher Education*, 28: 357–67.
Manuel, J. (2003) '"Such are the ambitions of youth": Exploring issues of retention and attrition of early career teachers in New South Wales', *Asia-Pacific Journal of Teacher Education*, 31(2): 140–51.
Markow, D. and Martin, S. (2005) *The MetLife Survey of the American Teacher: Transitions and the Role of Supportive Relationships*. New York: MetLife.
Marsh, J. A., Springer, M. G., McCaffrey, D. F., Yuan, K., Epstein, S., Koppich, J. E., Kalra, N., DiMartino, C. and Peng, A. (2011) *A Big Apple for Educators: New York City's Experiment with Schoolwide Performance Bonuses*. Santa Monica, CA: RAND Corporation.
Marzano, R. J. (2000) *A New Era of School Reform: Going Where the Research Takes Us*. Aurora, CO: Mid-Continent Research for Education and Learning.
Masten, A. (1994) 'Resilience in individual development: successful adaptation despite risk and adversity'. In: M. C. Wang and E. W. Gordon (eds) *Educational Resilience in Inner-City America: Challenges and Prospects*. Hillsdale, NJ: Erlbaum, pp. 3–25.
Masten, A. S. (2001) 'Ordinary magic: resilience process in development', *American Psychologist*, 56: 227–39.
Masten, A. and Garmezy, N. (1985) 'Risk, vulnerability, and protective factors in developmental psychopathology'. In: B. Lahey and A. Kazdin (eds), *Advances in Clinical Child Psychology*, 8: 1–52. New York: Plenum Press.
Masten, A. S., Hubbard, J. J., Gest, S. D., Tellegen, A., Garmezy, N. and Ramirez, M. (1999) 'Adaptation in the context of adversity: Pathways to resilience and maladaptation from childhood to late adolescence', *Development and Psychopathology*, 11: 143–69.
Matheson, I. (2007) 'Current demographics in the school teacher population in Scotland', Paper presented at the Scottish Educational Research Association conference.
Mawhinney, H., Hass, J. and Wood, C. (2005) 'Teachers' collective efficacy beliefs in professional learning communities', *Leading and Managing*, 11(2): 12–45.
Mayer, J. D., Salovey, P. and Caruso, D. R. (2004) 'Emotional intelligence: Theory findings and implications', *Psychological Inquiry*, 15: 197–215.
Meister, D. G. and Ahrens, P. (2011) 'Resisting plateauing: Four veteran teachers' stories', *Teaching and Teacher Education*, 27: 770–8.
Melucci, A. (1996) *Challenging Codes: Collective Action in the Information Age*. New York: Press Syndicate of the University of Cambridge.
Miller, R. (2008) 'Tales of Teacher Absence: New Research Yields Patterns that Speak to Policymakers', *Center for American Progress*, October, 2008. Retrieved from http://www.americanprogress.org/wp-content/uploads/issues/2008/10/pdf/teacher_absence.pdf
Ministerial Council on Education (2003) *Employment, Training and Youth Affairs*. Retrieved 1 March 2013 from http://www.mceecdya.edu.au/mceecdya/teacher-demand-and-supply-200311940.html

Mitchell, C. and Sackney, L. (2000) *Profound Improvement: Building Capacity for a Learning Community*. Lisse, Netherlands: Swets & Zeitlinger.

Moe, A., Pazzaglia, F. and Ronconi, L. (2010) 'When being able is not enough. The combined value of positive effect and self efficacy for job satisfaction in teaching', *Teacher and Teacher Education*, 26: 1145–53.

Moore-Johnson, S. with the Project on the Next Generation of Teachers (2004) *Finders and Keepers: Helping New Teachers Survive and Thrive in Our Schools*. San Francisco, CA: John Wiley & Sons.

Moos, L., Johansson, O. and Day, C. (eds) (2012) *How School Principals Sustain Success over Time: International Perspectives*. Dordrecht: Springer.

Morgan, M., Ludlow, L., Kitching, K., O'Leary, M. and Clarke, A. (2010) 'What makes teachers tick? Sustaining events in new teachers' lives', *British Educational Research Journal*, 36(2): 191–208.

Mourshed, M., Chijioke, C. and Barber, M. (2010) *How the World's Most Improved School Systems Keep Getting Better*. New York, NY: McKinsey and Company.

Müller, K., Alliata, R. and Benninghoff, F. (2009) 'Attracting and retaining teachers: A question of motivation', *Educational Management Administration and Leadership*, 37(5): 574–99.

NAHT (National Association of Headteachers) (2011) *Annual Report of the State of the Labour Market for Senior Staff in Schools in England & Wales*. Haywards Heath, West Sussex: NAHT.

Nash, P. (2005) Speech to Worklife Support Conference. London Well Being Conference, London, 21 April 2005.

NCSL (National College for School Leadership) (2003) *School Leadership 2003*. Nottingham: National College for School Leadership.

Neenan, M. (2009) *Developing Resilience*. Hove, East Sussex: Routledge.

NEF (New Economics Foundation) (2007) *National Accounts of Well-being: Bringing real wealth onto the balance sheet*. London: NEF.

——(2009) *National Accounts of Well-being: Bringing real wealth onto the balance sheet*. London: NEF.

Nias, J. (1981) 'Commitment and motivation in primary school teachers', *Educational Review*, 33(3): 181–90.

——(1989) *Primary Teachers Talking*. London: Routledge.

——(1996) 'Thinking about feeling: The emotions in teaching', *Cambridge Journal of Education*, 26(3): 293–306.

——(1999) 'Teachers' moral purposes: Stress, vulnerability, and strength'. In: R. Vandenberghe and A. M. Huberman (eds), *Understanding and Preventing Teacher Burnout: A Sourcebook of International Research and Practice*. Cambridge: Cambridge University Press, pp. 223–37.

Nieto, S. (2003) *What Keeps Teachers Going?* New York: Teachers College Press.

——(2010) 'Foreword'. In: W. Ayers, *To Teach: The Journey of A Teacher* (3rd edn). New York, NY: Teachers College Press, pp. ix–x.

——(2011) 'Critical hope, in spite of it all'. In: R. F. Elmore (ed.) *I Used to Think ... and Now I Think*. Cambridge, MA: Harvard Education Press, pp. 127–33.

Noddings, N. (2005) *The Challenge to Care in Schools*. New York and London: Teachers College Press. * 5

——(2010) *The Maternal Factor: Two Paths to Morality*. Berkeley and Los Angeles, CA: University of California Press

O'Connor, K. E. (2008) '"You choose to care": Teachers, emotions and professional identity', *Teachers and Teacher Education*, 24(1): 117–26.
O'Connell Higgins, G. (2004) *Resilient Adults: Overcoming a Cruel Past*. San Francisco, CA: Jossey-Bass.
OECD (2005a) *Education at a Glance*. Paris: OECD.
——(2005b) *Teachers Matter: Attracting, Developing and Retaining Effective Teachers*. Paris: OECD.
——(2008) *Improving School Leadership*. Paris: OECD.
——(2009) *Creating Effective Teaching and Learning Environments: First Results from TALIS*. Paris: OECD.
——(2010) *Education Today: The OECD Perspective*. Paris: OECD.
——(2011) *Building a High-Quality Teaching Profession: Lessons from Around the World*. Paris: OECD.
——(2012a) *Preparing Teachers and Developing School Leaders for the 21st Century*. Paris: OECD.
——(2012b) *Education Today 2013*. Paris: OECD.
——(2013) *OECD Guidelines on Measuring Subjective Well-being*. Paris: OECD.
Olsen, B. (2008) *Teaching What They Learn, Learning What They Live*. Boulder, CO: Paradigm Publishers.
Olsen, B. and Sexton, D. (2009) 'Threat rigidity, school reform, and how teachers view their work inside current education policy contexts', *American Educational Research Journal*, 46(1): 9–44.
Oswald, M., Johnson, B. and Howard, S. (2003) 'Quantifying and evaluating resilience-promoting factors – teachers' beliefs and perceived roles', *Research in Education*, 70: 50–64.
Palmer, P. J. (1998) *The Courage to Teach: Exploring the Inner Landscape of a Teacher's Life*. San Francisco, CA: Jossey-Bass.
——(2007) *The Courage to Teach: Exploring the Inner Landscape of a Teacher's Life* (10th Anniversary edition). San Francisco: Jossey-Bass.
Patterson, J. and Kelleher, P. (2005) *Resilient School Leaders: Strategies for Turning Adversity into Achievement*. Alexandria, VA: Association for Supervision and Curriculum Development.
Pence, A. R. (ed.) (1998) *Ecological Research with Children and Families: From Concepts to Methodology*. New York: Teachers' College Press.
Peters, J. and Pearce, J. (2012) 'Relationships and early career teacher resilience: a role for school principals', *Teachers and Teaching: Theory and Practice*, 18(2): 249–62.
Peterson, C. (2006) *A Primer in Positive Psychology*. New York: Oxford University Press.
Peterson, S. J. and Luthans, F. (2003) 'The positive impact and development of hopeful leaders', *Leadership and Organization Development Journal*, 24: 26–31.
Pillen, M., Beijaard, D. and van Brok, P. (2012) 'Tensions in learning to teach: accommodation and the development of teacher identity', *European Journal of Teacher Education*, 55(1): 8–24.
PricewaterhouseCoopers (2001) *Teacher Workload Study*. London: DfES.
Prieto, L. L., Soria, M. S., Martinez, I. M. and Schaufeli, W. (2008) 'Extension of the Job Demands-Resources model in the prediction of burnout and engagement among teachers over time', *Psicothema*, 70: 354–60.
Putnam, R. D. (1993) 'The prosperous community: Social capital and public life', *The American Prospect*, 4(13): 11–18.

Pyhältö, K., Pietarinen, J. and Salmeha-Aro, K. (2011) 'Teacher-working environment fit as a framework for burnout experienced by Finnish teachers', *Teaching and Teacher Education*, 27(7): 1101–1110.

Rhodes, C., Nevill, A. and Allan, J. (2004) 'Valuing and supporting teachers: A survey of teacher satisfaction, dissatisfaction, morale and retention in an English local education authority', *Research in Education*, 71: 67–80.

Richardson, G. E., Neiger, B. L., Jenson, S. and Kumpfer, K. L. (1990) 'The resiliency model', *Health Education*, 21(6): 33–9.

Rinke, C. (2008) 'Understanding teachers' careers: Linking professional life to professional path', *Educational Research Review*, 3: 1–13.

Rivkin, S. G., Hanushek, E. A. and Kain, J. F. (2005) 'Teachers, schools and academic achievement', *Econometrica*, 73(2): 417–58.

Robinson, V., Hohepa, M. and Lloyd, C. (2009) *School Leadership and Student Outcomes: Identifying What Works and Why. Best Evidence Syntheses Iteration (BES)*, Ministry of Education, New Zealand. Available from http://educationcounts.govt.nz/goto/BES

Rockoff, J. E. (2004) 'The impact of individual teachers on student achievement: evidence from panel data', *American Economic Review Papers and Proceedings*, 94(2): 247–52.

Ronfeldt, M., Loeb, S. and Wykckoff, J. (2013) 'How Teacher Turnover Harms Student Achievement', *American Educational Research Journal*, 50(1): 4–36.

Roosmarijn, M. C., Zwetsloot, G. I. J. M., Bos, E. H. and Wiezer, N. M. (in press) 'Exploring teacher and school resilience as a new perspective to solve persistent problems in the educational sector', *Teachers and Teaching: Theory and Practice*.

Rose, M. (2010) 'Afterward'. In: W. Ayers, *To Teach: The Journey of a Teacher*. New York, NY: Teachers College Press, pp. 167–9.

Rots, I. and Aelterman, A. (2008) 'Two profiles of teacher education graduates: A discriminant analysis of teaching commitment', *European Educational Research Journal*, 7: 523–34.

Rutter, M. (1990) 'Psychosocial resilience and protective mechanisms'. In: J. Rolf, A. S. Masten, D. Cicchetti, K. H. Nuechterlein and S. Weintraub (eds), *Risk and Protective Factors in the Development of Psychopathology*. New York: Cambridge University Press, pp. 181–214.

——(2006) *Genes and Behavior: Nature–nurture Interplay Explained*. Malden, MA: Blackwell.

Rutter, M., Maughan, B., Mortimore, P., Ouston, J. and Smith, A. (1979) *Fifteen Thousand Hours: Schools and Their Effects on Children*. Cambridge, MA: Harvard University Press.

Ryan, R. M. and Deci, E. I. (2000a) 'Intrinsic and Extrinsic Motivations: Classic Definitions and New Directions', *Contemporary Educational Psychology*, 25: 54–67.

——(2000b) 'Self-Determination Theory and the Facilitation of Intrinsic Motivation, Social Development and Well-Being', *American Psychologist*, 55: 68–78.

Sachs, J. (2001) 'Teacher professional identity: competing discourses, competing outcomes', *Journal of Education Policy*, 16(2): 149–61.

——(2003a) *The Activist Teaching Profession*. Buckingham: Open University Press.

——(2003b) 'The activist professional', *Journal of Educational Change*, 1: 77–95.

——(2011) 'Skilling or Emancipating? Metaphors for Continuing Teacher Professional Development'. In: N. Mockler and J. Sachs (eds), *Rethinking Educational Practice Through Reflexive Inquiry*. Dordrecht: Springer, pp. 153–68.

Salovey, P. and Mayer, J. D. (1989) 'Emotional Intelligence', *Imagination, Cognition, and Personality*, 9: 185–211.

Sammons, P., Day, C., Kington, A., Gu, Q., Stobart, G. and Smees, R. (2007) 'Exploring variations in teachers' work, lives and their effects on pupils: key findings and implications from a longitudinal mixed-method study', *British Educational Research Journal*, 33(5): 681–701.

Sammons, P., Gu, Q., Day, C. and Ko, J. (2011) 'Exploring the impact of school leadership on pupil outcomes', *International Journal of Educational Management*, 25(1): 83–101.

Schaufeli, W. B. and Buunk, B. P. (2003) 'Burnout: An overview of 25 years of research in theorizing'. In: M. J. Schabracq, J. A. M. Winnubst and C. L. Cooper (eds) *The Handbook of Work and Health Psychology*. Chichester: Wiley, pp. 383–425.

Scheopner, A. J. (2010) 'Irreconcilable differences: Teacher attrition in public and catholic schools', *Educational Research Review*, 5(3): 261–77.

Schlichte, J., Yssel, N. and Merbler, J. (2005) 'Pathways to burnout: Case studies in teacher isolation and alienation', *Preventing School Failure*, 50(1): 35–40.

Schutz, P. A. and Zembylas, M. (eds) (2009) *Advances in Teacher Emotion Research: The Impact on Teachers' Lives*. New York: Springer.

Scott, C., Stone, B. and Dinham, S. (2001) '"I love teaching but..." International patterns of teacher discontent', *Educational Policy Analysis Archives*, 9(28): 1–16.

Scott, C. and Dinham, S. (2002) 'The beatings will continue until quality improves: carrots and sticks in the search for educational improvement', *Teacher Development*, 6(1): 15–31.

Seashore Louis, K. (2007) 'Trust and Improvement in Schools', *Journal of Educational Change*, 8: 1–24.

Seashore Louis, K. and Miles, M. B. (1990) *Improving the Urban High School: What Works and Why?* New York, NY: Teachers College Press.

Seldon, A. (2009) *Trust: How we lost it and how to get it back*. London: Biteback Publishing.

Seligman, M. (1998) *Learned Optimism: How to change your mind and your life*. New York: Pocket Books.

Sharp, P. (2001) *Nurturing Emotional Literacy*. London: David Fulton.

Shen, J. and Palmer, L. B. (2009) 'Inadequate preparation does impact teacher attrition'. In: J. Shen (ed.), *School Leaders: Professional and Demographic Characteristics*. New York: Peter Lang, pp. 125–40.

Shulman, L. (1998) 'Theory, practice, and the education of professionals', *The Elementary School Journal*, 98(5): 511–26.

Simecka, M. (1984) 'A world with utopias or without them?' In: P. Alexander and R. Gill (eds), *Utopias*, London: Duchworth.

Smethem, L. (2007) 'Retention and intention in teaching careers: Will the new generation stay?', *Teachers and Teaching: Theory and Practice*, 13: 465–80.

Smith, M. K. (2004) 'Nel Noddings, the ethics of care and education'. Retrieved from: www.infed.org/thinkers/noddings.htm

Smith, T. and Ingersoll, R. (2004) 'What are the effects of induction and mentoring on beginning teacher turnover?', *American Educational Research Journal*, 41(3): 681–714.

Smith, J. M. and Kovacs, P. E. (2011) 'The impact of standards-based reform on teachers: the case of "No Child Left Behind"', *Teachers and Teaching: Theory and Practice*, 7(2): 201–225.

Smithers, A. and Robinson, P. (2003) *Factors affecting teachers' decisions to leave the profession. Research report 430*. London: Department for Education and Skills.

Snyder, C. R., Irving, L. and Anderson, J. R. (1991) 'Hope and health: Measuring the will and the ways'. In: C. R. Snyder and D. R. Forsyth (eds), *Handbook of Social and Clinical Psychology: The Health Perspective*. Elmsford, New York: Pergamon Press, pp. 285–305, cited in C. R. Snyder (2000) 'Hypothesis: There is Hope'. In: C. R. Snyder (ed), *Handbook of Hope Theory, Measures and Applications*. San Diego: Academic Press, pp. 3–21.

Sockett, H. (1993) The Moral Base for Teacher Professionalism. New York: Teachers College Press.

Solomon, R. C. and Flores, F. (2001) *Building Trust in Business, Politics, Relationships and Life*. New York: Oxford University Press.

Stanley, J. (2012) 'How Can Teachers Be Stressed?', 10 September 2012: Huffington Post. http://www.huffingtonpost.co.uk/julian-stanley/teachers-how-can-they-be-stressed_b_1864160.html

Starratt, R. J. (2012) *Cultivating the Ethical School*. Abingdon, Oxon: Routledge.

Steptoe, A., Wardle. J. and Marmot, M. (2005) 'Positive affect and health-related neuroendocrine, cardiovascular, and inflammatory processes', *Proceedings of the National Academy of Sciences*, USA.

Sternberg, R. J. (ed.) (2000) *Handbook of Intelligence*. Cambridge: Cambridge University Press.

Stets, J. E. and Burke, P. J. (2000) 'Identity theory and social identity theory', *Social Psychology Quarterly*, 63(3): 224–37.

Stoll, L. (2009) 'Capacity building for school improvement or creating capacity for learning? A changing landscape', *Journal of Educational Change*, 10: 115–27.

Stronach, I., Corbin, B., McNamara, O., Stark, S. and Warne, T. (2002) 'Towards an uncertain politics of professionalism: Teacher and nurse identities in flux', *Journal of Educational Policy*, 17(1): 109–38.

Sutton, R. and Wheatley, K. F. (2003) 'Teachers' emotions and teaching: A review of the literature and directors for future research', *Educational Psychology Review*, 15(4): 327–58.

Sutton Trust (2011) *Improving the Impact of Teachers on Pupil Achievement in the UK – Interim Findings*. London: The Sutton Trust.

Swann, M., McIntyre, D., Pell, T., Hargreaves. L. and Cunningham, M. (2010) 'Teachers' conceptions of teacher professionalism in England in 2003 and 2006', *British Educational Research Journal*, 36(4): 549–71.

Tait, M. (2008) 'Resilience as a contributor to novice teacher success, commitment, and retention', *Teacher Education Quarterly*, 35(4): 57–75.

Talbert, J. E. and McLaughlin, M. W. (2006) *Building School-Based Teacher Learning Communities: Professional Strategies to Improve Student Achievement*. New York: Teachers College Press.

Taris, T. W., Kompier, M. A., De Lange, A. H., Schaufeli, W. B. and Schreurs, P.J.G. (2003) 'Learning new behaviour patterns: a longitudinal test of Karasek's active learning hypothesis among Dutch teachers', *Work and Stress*, 17(1): 1–20.

Taylor, S. (2007) 'Social support'. In: H. S. Friedman and R. C. Silver (eds), *Foundations of Health Psychology*. New York: Oxford University Press, pp. 145–71.

Thomson, P. (2009) *School Leadership – Heads on the Block?* London: Routledge.

Torres, A. S. (2012) '"Hello, goodbye": Exploring the phenomenon of leaving teaching early', *Journal of Educational Change*, 13: 117–54.

Tricarico, K. M., Jacobs, J. and Yendol-Hoppey, D. (2012) Reflection on their first five years of teaching: understanding staying and impact power. Paper presented at AERA, Vancouver, Canada, April 2012.

Troman, G. and Woods, P. (2001) *Primary Teachers' Stress*. London: Routledge.

Tschannen-Moran, M. (2004) *Trust Matters: Leadership for Successful Schools*. San Francisco, CA: Jossey-Bass.

Tschannen-Moran, M. and Hoy, A. W. (2001) 'Teacher efficacy: Capturing an elusive construct', *Teacher and Teacher Education*, 17: 783–805.

——(2007) 'The differential antecedents of self-efficacy beliefs of novice and experienced teachers', *Teaching and Teacher Education*, 23: 944–56.

Tschannen-Moran, M. and Barr, M. (2004) 'Fostering student learning: The relationship of collective teacher efficacy and student achievement', *Leadership and Policy in Schools*, 3(3): 189–209.

Tucker, M. (2011) *Surpassing Shanghai*. Harvard: Harvard Educational Publishing Group.

UNESCO (2006) *Teachers and Educational Quality: Monitoring Global Needs for 2015*. Paris: UNESCO.

——(2011) *The Global Demand for Primary Teachers – 2011 Update*. Paris: UNESCO.

Ungar, M. (2004) 'A constructionist discourse on resilience: multiple contexts, multiple realities among at-risk children and youth', *Youth and Society*, 35: 341–65.

UNICEF (2007) *Child Poverty in Perspective: Overview of Child Well-Being in Rich Countries: A Comprehensive Assessment of the Lives and Well-Being of Children and Adolescents in the Economically Advanced Nations*. Florence: UNICEF, Innocenti Research Centre.

Van den Berg, R. (2002) 'Teachers' meanings regarding educational practice', *Review of Educational Research*, 72(4): 577–625.

van Veen, K. and Lasky, S. (2005) 'Editorial: Emotions as a lens to explore teacher identity and change: different theoretical approaches', *Teaching and Teacher Education*, 21: 895–8.

van Veen, K. and Sleegers, P. (2006) 'How does it feel? Teachers' emotions in a context of change', *Journal of Curriculum Studies*, 38(1), 85–111.

Wallace Foundation (2013) *The School Principal as Leader: Guiding Schools to Better Teaching and Learning*, Jan 2013. New York, NY: The Wallace Foundation.

Waller, M. (2001) 'Resilience in ecosystemic context: Evolution of the concept', *American Journal of Orthopsychiatry*, 7(3): 290–7.

Walsh, F. (1998) *Strengthening Family Resilience*. New York: Guildford Press.

Wang, J. L. (2004) 'Rural–urban differences in the prevalence of major depression and associated impairment', *Social Psychiatry and Psychiatric Epidemiology*, 39(1): 19–25.

Wang, M. (1997) 'Next steps in inner city education: focusing on resilience development and learning success', *Education and Urban Society*, 29(3): 255–76.
Watson, C. (2006) 'Narratives of practice and the construction of identity in teaching', *Teachers and Teaching*, 12: 509–26.
Webb, R., Vulliamy, G., Hämäläinen, S., Sarja, A., Kimonen, E. and Nevalainen, R. (2004) 'Pressures, rewards and teacher retention: a comparative study of primary teaching in England and Finland', *Scandinavian Journal of Educational Research*, 48(2): 169–88.
Weiss, E. M. (1999) 'Perceived workplace conditions and first-year teachers' morale, career choice commitment, and planned retention: A secondary analysis', *Teaching and Teacher Education*, 15: 861–79.
Wenger, E. (1998) *Communities of Practice: Learning, Meaning, and Identity*. Cambridge: Cambridge University Press. * 6
Werner, E. and Smith, R. (1988) *Vulnerable but Invincible: A Longitudinal Study of Resilient Children and Youth*. New York: Adams Bannister & Cox.
Wilshaw, M. (2012) 'The Good Teacher', *Journal of the Royal Society of Arts*, Summer 2012: 16–17.
Wood, A. (2005) 'The importance of principals: Site administrators' roles in novice teacher induction', *American Secondary Education*, 33(2): 39–62.
Wright Mills, C. (1959) *The Sociological Imagination*. New York: Oxford University Press.
Wriqi, C. (2008) 'The structure of secondary school teacher job satisfaction and its relationship with attrition and work enthusiasm', *Chinese Education and Society*, 40(5): 17–31.
Yendol-Hoppey, D., Dana, N. and Jacobs, J. (2009) Critical concepts of mentoring in an urban setting. *The New Educator*, 5, 22–44
Yuan, K., Le, V., McCaffrey, D., Marsh, J., Hamilton, L., Stecher, B. and Springer, M. (2013) 'Incentive pay programs do not affect teacher motivation or reported practices: results from three randomized studies', *Educational Evaluation and Policy Analysis*, 35(1): 3–22.
Zembylas, M. (2005) 'Discursive practices, genealogies, and emotional rules: A poststructuralist view on emotion and identity in teaching', *Teaching and Teacher Education*, 21(8): 935–48.
——(2011) 'Teaching and teacher emotions: A post-structural perspective'. In: C. Day and J. Chi-Kin Lee (eds), *New Understandings of Teachers' Work*. Dordrecht, Netherlands: Springer, pp. 31–43.
Zembylas, M. and Schutz, P. (eds) (2009) *Teachers' Emotions in the Age of School Reform and the Demands for Performativity*. Dordrecht: Springer.
Zucker, R. A. (2006) 'Alcohol use and the alcohol use disorders: A developmental-biopsychosocial systems formulation covering the life course'. In: D. Cicchetti and D. Cohen (eds), *Developmental Psychopathology: Vol. 3. Risk, disorder, and adaptation* (2nd edn), pp. 620–56. New York: Wiley.

引用文献

邦訳文献一覧

＊1 アントニオ・R・ダマシオ（著），田中三彦（訳）（2005）『感じる脳：情動と感情の脳科学 よみがえるスピノザ』ダイヤモンド社

＊2 リチャード・J・デビッドソン，シャロン・ベグリー（著），茂木健一郎（訳）（2013）『脳には，自分を変える「6つの力」がある。―前向き，共感，集中力，直感…etc.』三笠書房

＊3 ダニエル・ゴールマン（著），土屋京子（訳）（1996）『EQ こころの知能指数』講談社

＊4 A.R. ホックシールド（著），石川 准，室伏亜希（訳）（2000）『管理される心：感情が商品になるとき』世界思想社

＊5 ネル・ノディングズ（著），佐藤 学（監訳）（2007）『学校におけるケアの挑戦：もう一つの教育を求めて』ゆみる出版

＊6 エティエンヌ・ウェンガー，リチャード・マクダーモット，ウィリアム・M・スナイダー（著），野村恭彦（監修），野中郁次郎（解説），櫻井祐子（訳）（2002）『コミュニティ・オブ・プラクティス：ナレッジ社会の新たな知識形態の実践』翔泳社

用語解説（50音順）

アイデンティティ（identity）
　環境や時間の変化があっても，自分は連続する同一のものであること。つまり「自分は何者であり，何をなすべきか」など，「自分とは〜である」という自分自身のよりどころを明確にすること。

ヴァルネラビリティ（vulnerability）
　「傷つきやすさ」や「被傷性」と訳されることもある。物理的ないし精神的に「傷つきやすい，〜に曝される，攻撃を受けやすい」といった意味合いをもつ。「ケアの倫理」は，この「（身体的・精神的に）傷つけられうる」弱き他人への配慮や責任感から生じたものとして位置づけられている。

VITAE 研究・VITAE プロジェクト（VITAE Project, VITAE Research）
　イングランドで，Day et al. によって行われた教員調査のこと。この調査は，4 年という期間に 100 の初等学校と中等学校に勤務する教師 300 人を対象に行われた。教職生活を異なる局面に分けて，その仕事と生活の様々な姿を調べたものであった。

ウェルビーイング（well-being）
　身体的，精神的，そして社会的に良好な状態（Well-Being）であること。これは 1946 年に，世界保健機関（WHO）が，同機関憲章草案において示した健康の定義である。

エージェンシー（agency）
　一般的には代理権・代理行為・代理業・代理機関を意味し，ある業務に関わって権限の一部を荷い活動する組織のこと。

エンゲージメント（engagement）
　何かに従事している状態を表しており，近年，大学教育に関する研究で，「学生の関与・参加」と訳され注目されている。

ofsted
　Office for Standards in Education, Children's services, and Skill. の略称。「教育水準監査院」と訳されることが多い。国会に対して責任を負った，教育省から独立した政府機関である。主たる業務は，成人教育機関や地方自治体，教員養成課程，また保育・幼児教育機関の監査や，これらの教育機関のサービスの質に関する情報と助言を教育大臣に提供することである。

用語解説

学業達成 (achievement)
＝成績，評定。教科指導によって子どもがどのような学力実態にあるかを量的に測定するためのテスト（学力テスト）の結果を意味する。英国では，学校ごとの結果が順位表で公開されている。

構え (disposition)
物事の取り組み方に対する姿勢や状況に対する見方に現れる傾向性。

仮面をつくる (mask-making)
教師のアイデンティティを理解するための創造的なセルフスタディの方法である。Jung の分析心理学の考え方をふまえたものである。

感情的知性 (emotional intelligence)
Daniel Goleman の提唱した，知能指数（IQ）重視の伝統から脱却し，脳の働きの体系的研究を踏まえ，「感情」の重要性に着目した新しい概念。

感情労働 (emotional labour)
教育や医療など，職務において人と接する中で，感情のコントロールが求められる労働のあり方。アメリカの社会学者 Arlie R. Hochschild によって示された働き方に関する概念である。

ケアリング (caring)
従来，看護学の領域では他者（患者）に対する「配慮」や「世話」などの意味をもつ言葉だった。教育学においては，教育哲学者の Nel Noddings が，「ケアする人」と「ケアされる人」との関係性の観点に立脚するものとして解釈し，他者との関係をめぐる「関わり」「気にかける」「関心をもつ」「世話する」といった人間存在を規定する志向性ないし傾向性を有する言葉として概念化した。

後天的楽観主義 (learned optimism)
「学習性楽観主義」とも訳され，悲観主義的傾向をもつ人でも楽観的な説明スタイルを身につけることで楽観主義になれるという考えのこと。Martin Seligman の同名の著作は，ポジティブ心理学の土台となった。

効力感 (efficacy)
自らが果たすべき役割を遂行できているという感覚や自己に対する自信。

コミットメント (commitment)
教員が，教職が社会的に価値のある営みであることを旨として，それに関わり続けようとする意志をもつこと。教職においては，困難な状況にあっても，そうした関与を持続できることが期待される。

コンピテンシー (competency)
単なる知識やスキルだけではなく，様々な心理的・社会的なリソースを活用して，特定の文脈の

中で要求される課題に対応することができる力。

コンプリヘンシブスクール（comprehensive school）
11歳で小学校を卒業した際に進学するイギリスの総合制中等学校のこと。

思考習慣（habit of mind）
容易には答えの得られない問題に直面したときに，賢明な人が行う「思考習慣」。Costa, A. and Lallick, B. によって，16の問題解決思考の様式で特徴づけられている。

シニアリーダーシップ・チーム（senior leadership team）
イギリスの学校において，校長や副校長など，管理的な立場にある複数のリーダーによって構成されるチーム。

常時出勤主義（presenteeism）
心身の病気によってとりあえず出勤しているだけの状態。出社・出勤しているのにもかかわらず，心身の状態の悪さから生産性が思うように上がらない状態のことを指す。

真正な評価（authentic assessment）
子どもたちが日常生活に即した「リアルな課題」を解決するプロセスにおいて，彼らの発揮したパフォーマンスに基づき，その資質や能力等を評価するという考え方。

スタンダード（standard）
子どもたちの学習内容とその到達目標のこと。アメリカでは，州ごとに多様なスタンダードが設けられ，テストによってその到達度が測られている。

専門的資本（professional capital）
Andy Hargreaves and Michael Fullan（2012）が提唱した概念。授業改善や学校改革のために投資すべき教職の専門性を意味する。人的資本，社会的資本，意思決定的な資本という要素で構成される。

TIMSS：Trends in International Mathematics and Science Study
IEA（国際教育到達度評価学会）による「国際数学・理科教育動向調査」のこと。小学校4年と中学校2年の年齢の子どもを対象とし，算数・数学，理科の到達度を測定する。

TALIS：Teaching and Learning International Survey
OECDによる，学校の学習環境と教員の勤務環境に関する国際調査（国際教員指導環境調査）である。2013年に実施された第2回調査には，日本を含む34か国・地域が参加した。日本の教員の仕事時間の長さや自己効力感の低さが明らかになった。

用語解説

定着（率）（retention）
＝残留（率）・居つづけること。この場合，ある一定期間，同じ学校内で働き続ける教員がどのくらいいるかを示す尺度のこと。

PISA：Programme for International Student Assessment
OECDが進めている国際的な学習到達度調査。15歳児を対象に，読解力，数学的リテラシー，科学的リテラシーの三分野について，3年ごとに実施している。身につけてきた知識や技能を，実生活の様々な場面で直面する課題にどの程度活用できるかを測ることが目的。

学びに関する楽観主義（academic optimism）
効果的に教えることができるという信念であり，信じること。

有能さ（effectiveness）
「効果」「望ましい成果」をもたらすことができるという意味を含んだ，「有能さ」。

リーグテーブル（league table）
イギリス（イングランド・ウェールズ）において，政府が公表した全国学力テストの成績結果をマスメディア等がランキングにしたもの。学校番付とも呼ばれる。イギリスでは，1988年教育改革法によってナショナルカリキュラム（全国共通教育課程）がつくられ，同時に7,11,14歳児を対象に全国学力テストが導入されていた。

人名索引

● A
Aelterman, A. 42
Aspfors, J. 67

● B
Bandura, A. 133
Beard, K. S. 153
Bondas, L. 67
Brown, O. 106
Brunetti, G. 10, 79
Bryk, A. 144
Bullough, R. V. 64, 117
Burke, P. J. 74

● C
Cameron, M. 108
Cohen, R. M. 111

● D
Davidson, R. J. 54, 56
Day, C. 6, 32, 75, 80, 112, 132, 162, 165, 171

● E
Eraut, M. 59

● F
Flintham, A. J. 163
Fredrickson, B. L. 4
Fullan, M. 21, 48, 202
Fuller, F. 106

● G
Goleman, D. 51
Gu, Q. 11, 32, 85, 171

● H
Hansen, D. T. 85
Hargreaves, A. 5, 21, 48
Hattie, J. 18, 35
Hochschild, A. 50
Hong, J. 92
Huisman, S. 116

● J
Jacobs, J. 113
Jhonson, S. 196
Johansson, O. 162, 165
Johnson, B. 141
Jordan, J. 12

● L
Leitch, R. 109
Leithwood, K. 150
Lovett, S. 108
Luthar, S. 4, 7

● M
Miller, R. 24

● N
Nieto, S. 6

● P
Pearce, J. 131
Peters, J. 131
Pyhältö, K. 57

● S
Sachs, J. 136
Schneider, B. 144
Steptoe, A. 53
Stets, J. E. 74

人名索引

● T
Tait, M.　　88
Thomson, P.　　152
Tricarico, K. M.　　113

● W
Wenger, E.　　73

● Y
Yendol-Hoppey, D.　　113

事項索引

● あ行

アイデンティティ　9, 11, 32, 72, 79, 80, 97, 103
アイデンティティの損失　110
アカウンタビリティ　194
インストラクション　134
インダクション　134
ヴァルネラビリティ　49, 56, 152, 173
ウェルビーイング　11, 12, 14, 19, 27, 42, 43, 45, 46, 48, 77, 108
内なる使命感　182, 185
影響を与える力　113
エージェント　34
エキスパート　32
エゴ・レジリエンス　7
エンゲージメント　98, 108
エンパワーメント（empowerment）　13, 201
教えるための勇気　90

● か行

外発的動機づけ　92
「回復」の連続体　56
学習共同体（learning community）　6, 45
学習する組織　139
拡張-形成理論　4, 5
学校改善　155
学校の信頼性　183
学校文化　127, 142, 154, 187
活動的専門家（active professional）　90
構え（disposition）　14
関係性の緊密さ　171
関係的なレジリエンス　11, 12, 170, 190, 198, 201
還元主義者のアプローチ　142
感情　86
感情的ウェルビーイング　67, 70, 131
感情的エネルギー　37, 42, 47, 50, 52, 58, 87, 104, 106
感情的技量　51
感情的コミットメント　31, 84
感情的コンピテンシー　66, 88
感情的・社会的知性　51
感情的スタイル　54, 55, 77
感情的知性（emotional inteligence）　30, 51, 52
感情的投資（emotional investment）　49
感情的なウェルビーイング　29, 47
感情的な実践　174
感情的なバーンアウト　92
感情的な報酬　201
感情的なリテラシー　29
感情的なレジリエンス　46
感情的理解（emotional understanding）　47, 41
感情的リテラシー　47, 51
感情労働（emotional labour）　50, 70, 88
関心の源泉（sources of interest）　85
カンファレンス　96, 134
管理的言説（management discourse）　76
危険因子　136
技術的目標（technological goals）　83
帰属意識　124
期待（hope）　157
希望尺度　64
期待のタンク　165
キャパシティ　20
教育的価値　72
教育的理想　80
教科に対する情熱　112
教師-教師関係　190, 201
教師-生徒関係　190, 201
教室におけるケア　69
教師と生徒の信頼関係　180
教師のアイデンティティ　142, 199
教師のコンピテンシー　45, 62
教師の仕事　142
教師の質　192
教師の定着率　191, 196
教師の有能さ　191
教師の離職　26
教師のレジリエンスと効力感の関係　188, 189
教師不足　192
教職の感情的側面　86

事項索引

教職の質の高さ　191
教師−リーダー関係　190, 201
協調的惰性　151
協同的な学校文化　181
共同的な関係性の網　170
共有されている信念　133
ケア　42, 48
ケアと支援　67
ケアの蓄え　66
ケアの倫理　165
ケアリング（caring）　13, 14, 20, 29, 173
継続的で専門的な学び　135, 136, 141
ケイパビリティ　20
決定的資本　22
現職研修　134
後天的楽観主義（learnd optimism）　61
効力感　80, 96
コーチング　203
個々人の専門的な学習　206
個人的効力感　88
個人的自己　73
個人的な成長のニーズ　100
個人と実践との持続的な弁証法　206
個人と集団のレジリエンス　139
個人と組織のニーズ　137
個性原理（thisness）　166
異なる集団間の網目関係　201
コミットメント　2, 6, 10, 11, 13-16, 21-23, 27, 30, 32, 37, 39, 42, 46, 48, 68, 72, 79, 80, 83, 98, 101, 111, 119, 131, 199
コミットメント理論　78
コミュニケーション　203
コンピテンシー　4, 46, 50, 58
コンプリヘンシブ・スクール　185

● さ行

支援的スクールリーダーシップ　195
支援的な学校文化　195
思考習慣（habit of mind）　140
自己管理システム　122
自己効力感　12, 22, 23, 41, 53, 61, 66, 86, 88, 98, 101, 125, 129, 183
仕事での効力感　186
仕事の充足感　171
「仕事−要求度−コントロール−支援」モデル　60
自己への愛着　111

持続的なエンゲージメント　197
自尊感情　32
実践の共同体（community of practice）　6
実務的能力（ケイパビリティ）　20, 151
シニアマネジメント　110
シニアリーダーシップ・チーム（SLT）　182, 184
社会正義（social justice）　79
社会的システム　94
社会的資本　14, 21, 98, 193, 195
社会的・職業的関係性　169
社会的知性　47
社会的な脳　11
社会的なパーソナリティ　109
社会−文化的な気づき　119
集団アイデンティティ　166
集団意識　179
集団的効力感　61, 190
集団的な教師の効力感　125
集団的効力感　133, 171
集団倫理的価値　150
十分に高い期待　186
主観的ウェルビーイング　44
常時出勤主義　24
情熱（passion）　20
職員研修　203
職業意識　27
職業的コミットメント　85
職業的自己　89, 169
職業の内面世界　89
職能開発　135, 136, 141
職能成長　119
職能成長のシステム　94
職場の条件　126
職場の要因　122
所属意識　32
自律　40
自律性　7, 18
新自由主義的文化　194
身体的エネルギー　104, 106
人的資本　21
信念のネットワーク　163
信頼　40, 155
信頼ある関係性（リーダーと教職員の）　176
信頼関係ネットワーク　201
信頼とケアリングの関係　177
遂行性（performativity）　90, 132
スクールリーダー　148

240

スクールリーダーシップ　129, 167, 203
ストレス　23, 26, 28, 39, 43, 53, 55, 88, 106
ストレスフル　167
成果重視　63
成果主義　38, 194
精神的エネルギー　106
成長を支援する環境　206
セルフスタディ（self-study）　109
宣教師的な熱意（missionary zeal）　90
潜在的資質　20, 151
専門職としてのアイデンティティ　39, 69, 72, 92
専門職としてコミットメント　109
専門職としてのニーズ　100
専門職のライフフェーズ　95
専門的ウェルビーイング　87
専門的自己　73
専門的の資本　21, 22, 197
専門的の職能開発　49
専門的自律性　59
専門的な学習共同体（professional learning communities）　82, 190
専門的倫理　158
相互支援のコミュニティ　179
組織アイデンティティ　73, 75, 195
組織の信頼　22
組織的なレジリエンス　41
組織の効力感　129

● た行

退職率　193
多重所属（multi-belonging）　74
チーム　186
知的・感情的なエネルギー　21, 19, 30
知的・実践的ウェルビーイング　59
知の基底　140
超個人主義的なアプローチ　142
天職（calling）　10, 85, 92
天職意識　115
道具主義的　18
道徳的価値　150
道徳的目的　10, 16, 72, 154, 189
道徳的目的意識　30, 159, 200
同僚意識　195
同僚からの支援　79, 124
同僚間でのケア　176
同僚間の文化　173

同僚性　40, 41, 127
特別処置　183
留まる力　113

● な行

内発的動機づけ　92
肉体的・精神的・感情的エネルギー　20
日常的レジリエンス　2, 10, 27, 33, 55, 169, 189, 197, 198
人間中心アプローチ　156
ネオリベラル　18
熱意　103
年長者との関係性　118

● は行

バーンアウト　31, 41, 57, 58, 164
パフォーマンス　133
ビジョン（vision）　157, 203
ビジョンの共有　155
批判的意識　7
標準化アプローチ　142
プロフィール　181
分散型のリーダーシップ　155
「分水嶺」の局面　172
報酬に関するシステム　94
ポートレイト　181
保護因子　136
保護者コミュニティ　165
保護要因　3, 7, 28, 88
ポジショニング理論　117
ポジティブ心理学　2, 12, 112
ポジティブな感情　4, 5

● ま行

学びに関する楽観主義（academic optimis）　41, 42, 61, 153
マネジメント　9, 98, 129, 162
見通し（outlook）　87
民主的言説（democratic discourse）　76
メンタリング　88, 118, 134, 203
モデリング　203
問題解決スキル　7

241

事項索引

● や行

役割アイデンティティ　73, 75
有益な記憶喪失　111
有能な教師　91

● ら行

ライフスタイル　84
ライフフェーズ　77
楽観主義　16, 29, 64, 87, 104
リアリティショック　124
リーグテーブル　164
リーダーシップ　9, 39, 40, 50, 58, 79, 100, 115, 126, 130, 134, 169
リーダーシップシステム　94
リーダーシップチーム　163
リーダーの効力感　150
離職率　193
リスクアセスメント　152
リスク回避　152
リスクマネジメント　153
リスク要因　88
リスニングパートナー　164
倫理的価値観　10
倫理的・道徳的目的　80
ルーチン（日課的）レジリエンス　8
レシプロカル・ティーチング（reciprocal teaching）　35
レジリエントでない教師　117
レジリエントな教師　117
レジリエントなリーダー　205
連帯のための資質　70

● わ行

ワークライフバランス　99

● A～Z

CPD　95, 96, 136, 137
INSET（現職教育）　96
McKinseyの見聞記　192
OECD国際教師指導環境調査（TALIS）　190, 192
Ofsted　178
PISA　38
TIMSS　38
VITAE研究　9, 21, 84, 95, 101, 102, 108, 112, 130, 169, 171, 172, 174, 177, 178, 190
VITAEプロジェクト　181, 187

監訳者あとがき

　「レジリエンス（resilience）」という言葉は，ここ数年，様々なところで見聞きされるようになってきました。

　例えば，内閣府は，東日本大震災の最大の教訓から，「強くてしなやかな（強靭な）」国づくりを進めていくことを掲げ，強靭化（レジリエンス）に着目してきました。そして，自然災害のみではなく，大規模事故，テロ等を含めたより備えるべき国家的リスクも含めて，国土強靭化担当大臣のもと，「ナショナル・レジリエンス（防災・減災）懇談会」を開催し，当面は大規模な自然災害を対象とする強靭化（レジリエンス）の構築について検討がされてきました。

　2014年4月には，「"折れない心"の育て方 ～『レジリエンス』を知っていますか？～」が『クローズアップ現代』（NHK）で取り上げられ，2015年4月「『レジリエンス』」心の鍛え方と効果的な食事法」が『世界一受けたい授業』（日本テレビ）で取り上げられるなど，テレビ放送などを通じてレジリエンスという言葉がよく見受けられるようになりました。

　また災害復興，ビジネス，リーダーシップ，トラウマ，子どもを育てることと関わって，「レジリエンス」を取り上げる書籍も，ここ数年多く出版されるようになってきました。

　もともとレジリエンスは，物理学の用語であり，「外力による歪みを跳ね返す力」として用いられたと言われています。そのような意味を，心にも応用し，精神医学や心理学では，「精神的回復力」「抵抗力」「復元力」「耐久力」と訳され，用いられてきました。

　本書の中でも紹介されているように，1970年頃から，貧困や親の精神疾患といった不利な状況下（生活環境下）に置かれた児童の研究から始まり，1980年代から成人も含めた精神疾患に対する危険因子に対して保護・防衛因子，抵抗力を意味する概念として徐々に注目されるようになったといわれています。さらに，単に個人の属性に関係づけられるものでなく，むしろ，それは各文脈に応じて多次元的な要因によって「社会的に構成される」ものという理解へと変わってきたことが述べられています。

監訳者あとがき

　本書が着目している「教師と学校のレジリエンス」は，上記の一連のレジリエンスに関する研究の中で，教師（自身）のレジリエンスやその教師が勤務する学校（自体）のレジリエンスという，まだ稀な分野に目を向けた研究成果であると考えられます。そしてこのような教師（自身）のレジリエンス，管理職のリーダーシップ，そして同僚性の高さによって築かれるチーム力が，子どもの学力に強い影響をもつことを実証的に示したものと考えられます。

　実際に，世界の教育研究論文（英文で書かれたモノに限る）を集めているERIC データベースを見てみると，2015 年までレジリエンスを取り上げた論文は，2,839 件見られ，そのうち半数が心理学に関する研究であり，個人の特性に着目している研究が 2 割，成人を対象にしたものが 2 割，子どもを対象にしたもの，初等中等教育を対象にしたものが 1 割であり，教師自身のレジリエンス，さらに言えば学校自体のレジリエンスを問う研究は，その中でもまだ稀な状況でした。また，国内に目を向けても，レジリエンスに関する研究は，2015年 7 月現在，960 件ほど見られ，その中で，教師自身のレジリエンスに関する研究は増えてはきているものの，それらと学校自体のレジリエンスとの関係を問う研究は，まだまだ稀な状況です。

　そのような中で，本書で著者の Day らが見いだしている教師のレジリエンスの 3 つの異なる性格（文脈固有性，役割固有性，日常性）は，今日，教員養成や現職研修と関わって「学び続ける教員」に国も注目している状況や，先頃出された教育審議会の「チームとしての学校の在り方と今後の改善方策について」（中間まとめ，2015 年 7 月 16 日）において教員の資質能力及び学校の在り方が問われている状況に照らしてみると重要だと思われました。とくに 3 つ目の日常性（日常的レジリエンス）は，「高度なトラウマ的な経験や出来事から『立ち直り』，復活してくる力と関わるものというよりも，むしろ，教えている日常世界で均衡を保ちながら，コミットメントし，行為しようとする感覚と密接な関わりをもっている」という興味深い指摘がなされ，わが国においても本書を広くとらえていく必要性が感じられました。

　本書の翻訳に至る経過としては以下の通りです。もともとは，木原氏を中心とする TT（Teaching and Teacher Education）研究会で，メンバーの 1 人である高谷氏が関連論文を取り上げ，それらに関する研究をまとめた *"The New*

監訳者あとがき

Lives of Teachers: Teacher Quality and School Development"（2010）などの輪読が行われました。そして，森氏がその系譜を，また深見氏が教師の感情に関する関連研究とレジリエンスの関係を調べるなどして学会発表を行いました。木原氏が日本の教師のレジリエンスに関して調査研究を通じて論文をまとめるなど，メンバーで研究を発展させてきました。

　そのようななか，小柳が英国で本書の著者 Day, C. と話す機会を得たことにより，最近までの成果をコンパクトにまとめた本をわが国でも紹介しようと翻訳の計画が進められました。

　本書が形をなすためには，多くの方々の支援がありました。とくに北大路書房の奥野浩之氏には，並々ならぬ，また寛容なご対応をいただき，出版が実現しました。この場を借りて感謝申し上げます。

　学び続ける教師，学校の組織的教育力が標榜される中で，本書が，今後の研究や実践の参考になるべく，多くの方に読まれることを希望しております。

訳者を代表して
小柳和喜雄

訳者一覧（執筆順）

小柳	和喜雄	（監訳者）	1章，6章
木原	俊行	（監訳者）	2章
森	久佳	（大阪市立大学大学院文学研究科・文学部）	3章
深見	俊崇	（島根大学教育学部）	4章
島田	希	（高知大学教育学部附属教育実践総合センター）	5章
髙谷	哲也	（鹿児島大学教育学部）	7章
宮橋	小百合	（和歌山大学教育学部附属教育実践総合センター）	8章
廣瀬	真琴	（鹿児島大学教育学部）	9章

監訳者紹介

小柳和喜雄（おやなぎ・わきお）

1965年　新潟県に生まれる
1992年　広島大学大学院教育学研究科博士課程退学
現　在　奈良教育大学大学院教授　博士（教育学）
【主著・論文】
　　教職大学院の現状とスタンダード開発の取り組み　日本教師教育学会（編）　日本教師教育学会年報 教員の受容変動と「質保証」，第18号，38-48　2009年
　　教師の情報活用能力育成政策に関する研究　風間書房　2010年
　　A Graduate Teaching Program Learning Environment that Features Coordinated e-Portfolios and an Assessment Guidebook: A Descriptive Study. (2011). *International Journal for Educational Media and Technology*, 5 (1), 135-149.
　　教師を目指す人のための教育方法・技術論　学芸図書　2012年
　　教育工学選書5　教育工学における教育実践研究（共著）ミネルヴァ書房　2012年
　　新教師論：学校の現代的課題に挑む教師力とは何か（共著）ミネルヴァ書房　2014年
　　豊かな鉱脈：新しい教育方法（学）は，どのように深い学びを見いだせるか？　マイケル・フーラン，マリア・ラングワーシー（著）・小柳和喜雄（訳）　Pearson　2014年

木原俊行（きはら・としゆき）

1963年　広島県に生まれる
1990年　大阪大学大学院人間科学研究科博士後期課程中途退学
現　在　大阪教育大学大学院教授　博士（教育学）
【主著・論文】
　　新しい情報教育を創造する（共著）　ミネルヴァ書房　1993年
　　新しい環境教育を創造する（共編著）　ミネルヴァ書房　1995年
　　中学校　選択と総合的学習の新展開（共編著）　明治図書　1998年
　　総合的学習の授業づくりを深める（共著）　明治図書　1999年
　　新しい学びをひらく総合学習（共編著）　ミネルヴァ書房　2001年
　　授業研究と教師の成長　日本文教出版　2004年
　　教師が磨き合う学校研究　ぎょうせい　2006年
　　情報教育マイスター入門（共編著）　ぎょうせい　2008年
　　学校改善と校内研修の設計（共著）　学文社　2010年
　　活用型学力を育てる授業づくり　ミネルヴァ書房　2011年
　　授業研究と教育工学（共著）　ミネルヴァ書房　2012年
　　教科教育のフロンティア（共編著）　あいり出版　2015年

教師と学校のレジリエンス
― 子どもの学びを支えるチーム力 ―

| 2015年11月10日 | 初版第1刷印刷 |
| 2015年11月20日 | 初版第1刷発行 |

定価はカバーに表示
してあります。

著 者	クリストファー・デー
	キン・グー
監訳者	小柳和喜雄
	木原俊行
発行所	㈱北大路書房

〒603-8303 京都市北区紫野十二坊町12-8
電話 (075) 431-0361㈹
FAX (075) 431-9393
振替 01050-4-2083

© 2015　制作／T.M.H.　印刷・製本／㈱太洋社
検印省略　落丁・乱丁本はお取り替えいたします。
ISBN978-4-7628-2911-6　　Printed in Japan

・ |JCOPY| 〈㈳出版者著作権管理機構 委託出版物〉
本書の無断複写は著作権法上での例外を除き禁じられています。
複写される場合は，そのつど事前に，㈳出版者著作権管理機構
（電話 03-3513-6969，FAX 03-3513-6979，e-mail: info@jcopy.or.jp）
の許諾を得てください。

インストラクショナルデザインの原理

R.M.ガニェ, W.W.ウェイジャー,
K.C.ゴラス, J.M.ケラー　著
鈴木克明, 岩崎　信　監訳

A5判　464頁　本体3800+税
ISBN978-4-7628-2573-6

eラーニングの普及によりインストラクショナルデザイン（ID）が注目を浴びるようになった。IDは，分析→設計→開発→実施→評価（改善）という基本プロセスで新しい学習コンテンツや教材などを作成していく際の有力な方法論。誰がやっても一定の質が保証できるように「教えること」を科学的にデザインする。

教材設計マニュアル
独学を支援するために

鈴木克明　著

A5判　208頁　本体2200+税
ISBN978-4-7628-2244-5

学校や大学・企業などで教えることに携わっている人，これから携わろうとしている人に向けての教材作成入門。IDの入門書でもある。教材のイメージ作りから改善までを一歩ずつ進めることができるように（各章はそれぞれ，学習目標・背景・キーワード・事例・まとめ・練習問題・フィードバックの7つで）構成。

授業設計マニュアル Ver.2
教師のためのインストラクショナルデザイン

稲垣　忠・鈴木克明　編著

A5判　212頁　本体2200+税
ISBN978-4-7628-2883-6

目標の設定，教材分析，指導案の書き方から評価の仕方まで，一連のプロセスを「授業パッケージ」とし，「よい授業」をするための必須を解説。巻末の2種類のワークシートで実践的に授業の質を高められるように編集。21世紀型スキル，自ら学ぶ意欲，協同学習，反転授業など，近年の動向にも対応させた改訂新版。

学習意欲をデザインする
ARCSモデルによるインストラクショナルデザイン

J.M.ケラー　著
鈴木克明　監訳

A5判　372頁　本体3800+税
ISBN978-4-7628-2721-1

学習者の意欲を刺激し維持する学習プロセスをどう設計すればよいか。本書は，IDにおける3つの目的（効果・効率・魅力を高める）のうち，「魅力」に焦点を当てる。動機づけ概念や理論をふまえ，注意・関連性・自信・満足感という4側面から，システム的なプロセスとツール（解決策）を提供。

インストラクショナルデザインとテクノロジ
教える技術の動向と課題

R. A. リーサー,
J. V. デンプシー 編
鈴木克明, 合田美子 監訳

A5判 704頁 本体4800+税
ISBN978-4-7628-2818-8

米国教育工学コミュニケーション学会（AECT）の設計・開発部会で2012年度年間優秀書籍賞を受賞したテキストの邦訳。IDT（インストラクショナルデザインとテクノロジ）領域の定義と歴史，基盤となる理論やモデル，扱う研究範囲と実践領域，そして新しい方向性と課題等，豪華な顔ぶれの執筆陣が広い話題をカバー。

子どもの思考が見える21のルーチン
アクティブな学びをつくる

R. リチャート, M. チャーチ,
K. モリソン 著
黒上晴夫, 小島亜華里 訳

A5判 304頁 本体3000+税
ISBN978-4-7628-2904-8

思考の可視化（Making Thinking Visible）によって学習者の関与感を高め，理解を深め，自立を促す授業を構成する。考えを導入・展開し，総合・整理し，掘り下げるため21のルーチンを実践的に紹介。新しい学びを学際的に追求してきたハーバード教育大学院「プロジェクト・ゼロ」による確かな試み！

デジタル社会の学びのかたち
教育とテクノロジの再考

A. コリンズ,
R. ハルバーソン 著
稲垣忠 編訳

A5判 256頁 本体2200+税
ISBN978-4-7628-2790-7

テクノロジを活用した学習がもたらす「新たな力」と，学校教育が担ってきた「欠かすことの出来ない貢献」とを，どううまく統合していけばよいのか。この避けられない課題に正面から切り込む。認知科学系の学習論を背景にした上で，教育を学校外に持ち出そうとするテクノロジという視座から，未来の学びのかたちを考える。

21世紀型スキル
学びと評価の新たなかたち

P. グリフィン, B. マクゴー,
E. ケア 編
三宅なほみ 監訳
益川弘如, 望月俊男 編

A5判 288頁 本体2700+税
ISBN978-4-7628-2857-7

生涯に渡る学習や自らの賢さを育て続ける力の育成が希求され，その教育と評価を考える国際プロジェクトが進行している。本書は，創造性，批判的思考，メタ認知，コミュニケーション，コラボレーション，ICTリテラシー等の4カテゴリー，10スキルについて詳説。日本でどう取り組んでいくべきかの書き下ろし2章を付加。